말의 힘 말의 길

손동현(孫東鉉)
서울대 철학과 및 동 대학원을 졸업하고, 독일 마인츠(Mainz)대학에서 철학, 교육학, 신학을 수학하고 철학박사학위를 취득했다. 성균관대 철학과 교수, 학부대학 초대~3대 학장, 대전대학교 및 우송대학교 석좌교수, 부총장을 지냈으며, 철학연구회장, 한국철학회장, 전국대학교양교육협의회장, 한국교양교육학회장, 한국교양기초교육원장, 한국연구재단 이사, 포스코교육재단 이사를 역임했다. 현재 성균관대학교 명예교수, 우송대학교 교양대학 학장으로 재직 중이다.

임지원(林知源)
인지언어학으로 박사학위를 취득한 융복합학 연구자로서 한국엔터테인먼트산업학회 상임이사 및 책임편집위원장과 대학교양교육학회와 한국사고와표현학회의 이사직을 맡고 있다. 현재 우송대학교 교양대학 의사소통영역 책임 교수로 재직 중이다.

말의 힘 말의 길

2024년 3월 15일 초판 인쇄
2024년 3월 20일 초판 발행

지은이 | 손동현 · 임지원
교정교열 | 정난진
펴낸이 | 이찬규
펴낸곳 | 북코리아
등록번호 | 제03-01240호
주소 | 13209 경기도 성남시 중원구 사기막골로 45번길 14
우림2차 A동 1007호
전화 | 02-704-7840
팩스 | 02-704-7848
이메일 | ibookorea@naver.com
홈페이지 | www.북코리아.kr
ISBN | 978-89-6324-195-1 (93700)
값 25,000원

말의 힘 말의 길

손동현
임지원
지음

북코리아

머리말

우리 속담엔 의미심장한 내용을 담고 있는 것들이 많다. 구어생활에 관해서도 그러하다. 겉으로 표현되는 말이 실은 마음속에 품고 있는 생각과 깊이 연계되어 있다는 언어심리학적 사실을 드러내는 속담(1), 말하는 사람의 윤리적 태도가 현실생활에서 어떤 결과를 가져오는지 말해줌으로써 언어와 도덕성의 관계를 드러내는 속담(2), 행동을 함의하는 말과 그 말에서 유래하는 실제 행동과의 관계를 가리키는 속담(3), 구어생활의 숨겨진 사회적 함의를 드러내는 사회심리학적 의미의 속담(4), 말로써 성취하고자 하는 목표를 성공적으로 실현하는 효과적인 구어의 기법을 가리키는 속담(5), 나아가 구어생활에서 경계해야 할 처세의 태도를 암시하는 속담(6) 등 다양하고 풍성하다. 이렇게 '어려운' 말로 기술한 것들에 해당되는 '쉬운' 속담들을 열거해 보자:

(1) 말이 마음이고 마음이 말이다.

(2) 말 한마디에 천 냥 빚도 갚는다.

(3) 말이 씨 된다.

(4) 발 없는 말이 천리 간다. 말이 말을 만든다.

(5) 말이란 아 다르고 어 다르다.

(6) 말은 하는 데 달리지 않고 듣는 데 달렸다. 낮 말은 새가 듣고 밤 말은 쥐가 듣는다.

이 속담들은 크게 보아 말이 품고 있는 힘을 드러내거나 말이 따라가야 할 길을 가리킨다. 앞의 셋은 전자이고, 뒤의 셋은 후자라 할 수 있다. 말이 갖는 힘이 어떤 것이고, 그렇게 힘 있는 말을 구사하려면 어떤 태도가 요구되고 어떤 기량이 필요한지, 이에 대해서도 주제적으로 연구하고 학습해야 할 것이다. 본교의 의사소통교육과정에 '글쓰기'와 더불어 '말하기' 교육을 담당하는 과목이 필수로 편성된 것은 이런 배경에서다.

우리는 늘 말을 하며 산다. 우리가 생각하는 것, 느끼는 것, 원하는 것을 말로 표현하며 살고 있다. 말은 우리의 생각과 감정과 욕망을 표현하면서 다른 사람과 소통하는 길이다. 그런데 말은 오해를 불러일으켜 문제를 일으키기도 한다. 말하는 사람과 그 말을 듣는 사람 사이에 놓이는 '말의 길'이 반듯하고 매끄럽지 않아 생기는 일이다. 말하는 사람이 말을 잘못 사용하는 경우도 있고, 말을 듣는 사람이 그 말의 뜻을 잘못 해석하는 경우도 있다.

'말의 길'이 소통의 역할을 원활히 하려면, 말하는 사람이 첫째는 선의의 도덕적 태도를 견지해야 하고, 둘째는 그 말의 내용이 사리에 맞는 것이 되도록 해야 하며, 셋째는 그 말을 듣는 사람의 정감적 상태를 잘 살펴야 한다고 그 옛날 이미 아리스토텔레스가 설파한 바 있다. 이에 따르면, 말이 힘을 가지려면, 말이 그 길을 잘 따라가야 한다.

그런데 좀 더 깊이 생각해보면, 말은 흔히 생각하듯 단순히 생각이나 감정을 전달하는 수단만이 아니라 생각 자체를 빚어내게 하는 힘을 갖는 것이기도 하다. 우리는 혼자서 생각만 하는 경우에도 어떤 식으로든 머릿속으로는 말과 함께 생각한다. 말은 다 지운 채 순수하게 생각만 하는 것이 가능할까? 말이 다 지워진다면 우리는 아무런 생각도 할 수 없을 것이다. 말은 실은 단순히 생각을 전달하는 수단이 아니다. 오히려 말이 있어야 생각도 할 수 있다.

이를 일반화시켜 언어가 사고의 가능조건이라고 한다면, 사고가 빚어내는 의미에는 언어가 그 바탕을 이루고 있다고 보아야 할 것이다. 달리 말하자면, 인간의 삶이 의미 있는 사고를 바탕으로 해서 가능하다고 할 때, 그 의미가 만들어지는 곳은 궁극적으로 언어 자체요, 언어가 모든 의미 있는 인간의 사유와 행위의 바탕이라는 말이다. 현실을 바라보고 이해하는 우리의 관점이나 시각도 전체 언어구조에 의해 규정된다고 보기 때문이다.

가치 있고 의미 있는 삶을 영위하기 위해서는 말이 힘을 가져야 하고 그렇게 되려면 말이 그 길을 잘 따라가도록 해야 하는데, 여기서 또한 가지 중요한 것은 그 길이 언어공동체 전체의 역사적 삶을 바탕으로 하여 개인 구성원과 공동체 전체의 상호작용을 통해 형성되는 것이라는 사실이다. 언어의 이런 공동체적 성격은 우리가 마주치는 현실 세계의 의미도 전체적인 언어구조에 의해 크게 영향받는다는 사실과 긴밀히 연관된다. 왜냐하면 언어구조에 의해 영향받는 세계상의 형성은 처음부터 사적 개인적인 것이 아니라 어디까지나 공동체적인 것이기 때문이다. 이를테면 한국어를 사용하는 한국인은 현실을 바로 그 한국어의 구조로 걸러내어 바라보고 이해하며 그 의미를 파악하게 된다. 즉 각 언어마다 그에 어울리는 고유한 세계상이 있어서 서로 다른 언어공동체에 속하는 사람들이 같은 현실을 보더라도 거기서 다른 의미를 파악하고 다른 해석을 하게 되는 것은 자연스러운 일이다.

이와 같은 사실은 삶의 정서적 영역에서, 가치를 소망하는 의지의 영역에서 더 뚜렷하게 드러난다. 이를테면, 한(恨)이라는 말이 있어야 한(恨)이라는 정서가 실체적인 것이 되고, 사랑, 어짐, 아량, 용서, 옳음 등의 가치어가 있어야 그러한 도덕적 가치를 지향하는 우리의 의지도 현실적인 것이 된다. 정서적 · 도덕적 삶을 이끌어가는 힘은 바로 그런 내용을 담고 있는 말에 그 원천이 있다는 것이다.

단순히 의사소통의 수단에 그치는 것이 아니라 현실을 구성해내기까지 하는 말의 힘을 우리의 삶의 원천으로 삼으려면 공동체적 삶에서 형성되는 말의 길을 터득하고 그 길을 따라 걸어나갈 태도와 기량을 길러야 할 것이다. 말을 하는 동기의 도덕성(에토스), 그 말의 내용이 지녀야 하는 합당한 이치(로고스), 그리고 듣는 이의 정감에 대한 배려(파토스). 이 세 가지 고전적 지침을 우리의 구어생활에 온전히 구현할 수 있도록 이 〈스피치-토론〉 수업에 열성을 기울여야 할 것이다.

2024년 3월

대표저자 손동현 씀

차례

제1부

사물의 길
말의 길
생각의 길:
바른 스피치를 위한 사고

1장

예비적 서론: 비판적 사고 교육의 배경

1. 사고의 기원
2. 사고의 학, 논리학의 위상
3. 사고의 근본 원리

1.
사고의 기원

인간도 다른 동물과 마찬가지로 자연적 존재다. 자연의 일부로 자연 속에서 자연의 존재 원리에 좇아서 살 수밖에 없는 존재다. 자연의 존재 원리를 과학적으로 구명한 것이 바로 자연법칙이다. 자연법칙은 사물의 시간적 관계와 공간적 관계를 규정한다. 뉴턴 이래 자연에 관한 모든 과학적 탐구는 이러한 시간적 · 공간적 관계를 밝히는 일이다.

인간의 삶은 이런 시간적 · 공간적 관계를 벗어날 수 없다. 진화론을 수용한다면, 인간이 오늘의 모습으로 살게 된 것도 생명적 삶의 맥락에서 해명해야 할 것이요, 사고능력을 갖게 된 것 역시 그 맥락에서 해명돼야 할 것이다. 생물학적 설명이 요구된다는 말이다.

어떤 생명체든 물질로 구성돼 있다. 생명현상이 물질의 물리화학적 차원에서 다 설명되는 것은 물론 아니지만, 생명의 토대이자 재료가 물질임은 부인할 수 없다. 그러니 생명적 삶을 생물학적으로 설명하려 할 때도 공간과 시간 속에서 움직이는 물질의 존재 방식을 기초로 하지 않을 수 없다. 결론인즉 생명현상의 정점에 위치한다고 보는 인간의 사고 활동도 이를 가장 밑바닥에서 떠받치고 있는 물질의 존재 방식, 즉 시간적 · 공간적 규정에 비추어 설명되어야 한다는 것이다.

시공간은 사물의 정체성과 변화를 담아내는 기본적인 틀이다. 단적으로 말해 시공간을 벗어나는 사물은 없다. 시간적 · 공간적 규정을 벗어나는 사물은 실재하지 않는다. 그런 것은 다만 인간의 상상 속에서 관념으로만 성립할 것이다. 그런 경우에도 상상하는 사고작용 자체는 시공간적 규정을 받을 수밖에 없다.

그렇다면 시간적 규정 및 공간적 규정은 인간의 사고 활동에 어떤 영향을 미쳤을까? 시간과 공간의 본질적 속성은 어떤 것일까? 시간과 공간에 본질적 속성이 있다면, 필경 인간의 사고작용에 어떤 영향을 주었을 것이다.

시간의 본질적 속성은 그 순차성(順次性)에 있다. 사물의 운동과 변화에 앞서 일어난 것과 이에 뒤따르는 것 사이에는 반드시 순서가 있고, 이는 어떤 경우에도 뒤바뀔 수 없다는 것이 순차성의 내용이다. 이것이 사물의 운동과 변화를 담아내는 '시간'이라는 형식의 본질이다. 사물의 운동과 변화가 이런 시간의 속성을 따른다면 인간이 자연을 포함하는 세계를 경험하는 기본 양상도 이럴 수밖에 없을 것이다. 바로 이 세계 속에서 살아가야 하기 때문이다. 이러한 맥락에서 생겨난 사고의 길(양태/양상)이 곧 인과적 사고다. 사물의 변화 과정에서 앞선 것을 원인으로 보고 그 결과가 뒤따르는 것으로 나타난다고 보는 것이다. 즉, 그 선후 관계를 인과적으로 보아 그 사이에서 인과적 법칙을 찾으려는 것이 과학적 탐구라고 이해하는 것이다. 인간의 사고가 변화를 이해하는 보편적인 방식은 곧 인과적인 것이다. 이렇게 보면 인간의 사고 중 인과적 사고는 시간의 순차성에 대한 적응의 결과로 생겨난 생존 방식이라고 할 수 있다.

한편, 공간의 본질적 속성은 연장성(延長性)에 있다. 그러나 더욱 중요한 것은 그 연장성의 내용이 배타적 전유(專有) 및 독점(獨占) 양태로 구성된다는 점이다. '연장(延長)'이라는 말은 문자 그대로 "넓게 펴져 넓이를 가진다"는 뜻인데, 무엇인가가 넓게 펴져 넓이를 가지려면, 중간에 겹쳐지거나 응축되거나 해서는 안 될 것이다. 따라서 공간은 그 전체가 폐쇄된 것으로 외부에 대해 배타적이고 그 내부의 분할된 부분들도 상호 배타적이어야 한다. 그리고 이러한 전제로 공간은 동질적이어야 하고, 무차별적으로 분할 가능하며, 위치상의 차이나 방향성도 없어야 한다. 바로 이런 무차별적으로 동질적인 공간의 부분들이 독점적이고 상호 배타적이라는 점 때문에 하나의 사물이 동시에 두 곳에 있을 수 없고 두 개의 사물이 동시에 한 장소에 있을 수 없다. 바로 이런 공간의 배타적 독점성에 적응해 진화한 결과 생겨난 생존 방식, 사고 방식이 모순(矛盾)과 역설(逆說)을 수용하지 못하는 논리적 사고다.

뉴턴 이래 자연에 관한 탐구를 더 이상 철학적 사변의 방식을 취하지 않고 계산이 가능한 수학적 방식을 취함으로써 '자연과학'이 등장한 것은 인류의 문명사에서 획기적인 사건이었다. 이때 수학적으로 설명한 대상은 다름 아닌 시간적 · 공간적 규정 관계였다.[1]

---

1 뉴턴이 "물체의 운동 법칙 및 만유인력의 법칙"을 발표했다는 저술의 제목이 《자연철학의 수학적 원리(philosophiae naturalis principia mathematica)》인 점은 시사하는 바 매우 크다.

2.
사고의 학, 논리학의 위상

사고의 기원이 생물학적 존재로서 인간 자체의 생존에 있다는 것은 사고 활동이 인간의 삶에서 가장 근원적인 필수불가결한 요인임을 말해준다. 인간을 '호모사피엔스(homo sapiens, 사고인)'라 일컫는 것을 보아도 알 수 있듯이, 인간의 인간 됨을 구성하는 가장 핵심적이고도 보편적인 요인을 '사고능력'으로 보는 데는 이견이 없어 보인다. 그렇다면 이러한 능력을 함양하는 것이 동서고금을 막론하고 교육에서 매우 중요한 과제가 되리라는 것은 쉽게 생각할 수 있는 일이다.

1) 고전 시대의 자유학예(artes liberales)교육에서

교육이 공동체의 구성원 모두에게 보편화되기 이전인 고전 시대에는 동서양을 막론하고 교육의 대상이 되는 계층은 귀족 등 상류층에 국한돼 있었다. 희랍에서는 특히 자유민과 노예의 구별이 뚜렷했는데, 자유시민에게 시행되는 '자유교육(Liberal Education)'은 실은 지도층 양성을 위한 엘리트 교육이었다.

자유교육이란 문자 그대로 하면 '자유인'으로서 삶의 자세를 견지할 수 있는 자질과 능력을 함양하는 교육을 일컫는다. 구체적으로는 직업이나 생업 같은 특정 목적에 수단으로서 봉사하게 되는 지식이나 기술을 습득케 하는 교육이 아니라, 그 자체로 본래적 가치를 갖는 품성을 도야하고 자기목적적 활동을 할 수 있는 능력을 기르는 교육이다. 이 교육이 지향하는 바는 직업적 목표로부터 자유로울 뿐 아니라, 특정 사상이나 이념에도 사로잡히지 않는 데 있다.

고전 시대에 자유교육은 곧 '자유학예교육'이었다. 본래 노동에 종사하는 노예와는 신분이 다른 '자유시민'이 지도자로 성장하는 데 요구되는 자질과 능력을 함양하는 교육이었다. 실제로 의미 있는 교육이란 곧 이 자유민의 교육이었는데, 그 내용은 '자유학예'였다. 자유학예란 문법, 논리학, 수사학 외에 대수학, 기하학, 음악, 천문학이 그것이다. 앞의 세 가지는 언어능력과 관련된 학예/기예(verbal arts: grammar, logic, rhetoric)들이고 뒤의 네 가지는 수량적 사고와 관련된 학예/기예(numerical arts: arithmetic, geometry, music, astronomy)들이다. 이러한 교육내용은 면면히 이어져 중세에는 자유학예(artes liberales)가 이른바 3학(trivium) 4과(quadrivium)로 구성되어 모든 고등교육의 보편적 내용으로 정착되었다.[2] 7개 영역의 교육이 모두 통합되어 이루어질 때 그 전체가 원숙한 교육을 구현한다고 본 것이다.

---

2 tri-vium과 quadri-vium은 각각 '세 개의 길'과 '네 개의 길'을 뜻하는 말로, 이 일곱 개의 길이 교육활동이 '달려가야' 할 전체 경로를 구성한다는 뜻에서 '커리큘럼(curriculum)'이라는 말이 오늘날 '교육과정'을 가리키는 말이 되었다. 'curriculum'은 '달리다'라는 뜻의 라틴어 '쿠레레(currere)'에서 나온 말로 경주로를 가리켰다.

2) 근대 이래의 일반교육(General Education)에서

이러한 '자유교육' 이념은 근대 이후 오늘날에는 일반교육(general education)을 포함하게 된다. 자유교육 이념이 시민사회 형성과 더불어 광범한 시민계층의 교육수요로 확장된 것이 일반교육이라 할 수 있다. 이때의 일반교육이란 '전문교육'과 대조적인 것이다. 즉, 특정 분야의 전문인으로서 활동할 수 있는 특정 능력을 길러주는 교육과 달리 어떤 분야에서 어떤 전문적인 일을 하든 두루 통용될 수 있는 일반적인 자질과 능력을 함양하는 교육을 가리킨다.

이러한 변화와 더불어 근대 이후 자유학예 내용은 부분적으로 일반교육 내용으로 전이되고 그 대신 전통적인 자유학예의 자리에는 인문학, 기초사회과학, 기초자연과학(humanities, social sciences, natural sciences) 등 순수 기초 학문들이 자리 잡게 된다.

3) 3학 4과의 내용에서

자유교육 이념 아래서든 일반교육 이념 아래서든 3학으로 정립된 문법, 논리학, 수사학이 교육내용의 절반을 차지하게 된 것은 물론 임의적인 것이 아니었다. 그 근원으로 거슬러 올라가 보면 이는 플라톤의《국가론》중 교육론에 등장하는데, 이른바 '철인정치' 실현에 필수로 요구되는 통치자 양성 과정에서 그 교육내용으로 제시되는 것들이다.[3] 가장

3 이하 플라톤,《국가-정체》, 박종현 역주, 서광사, 2009(1997), 467-503쪽(525a-541a)

지혜로운 사람이 통치자가 되어야 한다고 주장하면서 그런 지혜를 얻기 위해서는 어떤 지적 연마를 해야 하는지 논하지 않을 수 없었을 것이다.

그는 먼저 추상적인 수 자체를 다루는 대수학, 공간 속의 양적 관계를 다루는 기하학, 시간의 흐름 속에서 양적 관계를 다루는 음악, 그리고 시간과 공간 속에서 일어나는 양적 관계를 다루는 천문학을 인급한다. 이 4과(quadrivium)에 대해 언급한 후 문법, 변증론/논리학, 수사학/수사기예 등 3학(trivium)을 제시한다. 문법은 오감을 통해 지각한 대상이나 정보를 언어로 정리하는 일정한 구조요 규칙이다. 변증론/논리학은 사고의 구조와 법칙을 다루는 것으로 건전한 논변을 구성하고 오류를 배제하여 신뢰할만한 지식을 얻게 하는 학과다. 수사학/수사기예는 상대방에게 지식을 전하고 자신의 견해를 설득시키는 이론이자 기술이다. "문법이 문헌에 대한 연구와 비판을 통해 바르고 정확한, 그리고 효과적인 언어 사용을 위한 것이고, 변증론/논리학이 일련의 질의와 답변 과정을 통해 새로운 지식을 발견하고 검토하는 일에 관여한다면, 수사학/수사기예는 민회나 법정에서 개인적인 혹은 공적인 일로 다른 사람을 설득시키는 것이 소관사"[4]라 할 수 있다.

이상의 서술만으로도 사고의 학인 논리학이 고전 시대 이래 고등교육의 중심학과 중의 하나였던 것은 분명하다. 아리스토텔레스가 정리한 학문의 체계[5]를 보면 논리학은 그야말로 모든 학적 탐구의 기반이 되는

참조.

4 wikipedia, "rhetoric" 항목

5 아리스토텔레스의 학문/지식 분류

1. 이론적 학문(theoretische Wissenschaft): 지식 자체를 위한 탐구; 자립적이고 불변하는 것을 탐구하는 제1철학(형이상학), 자립적이나 가변적인 것을 탐구하는 자연학, 비자립적

초석이었음을 알 수 있다, 그는 논리학을 모든 탐구의 '기관(organon)'이라고 불렀다. 이 점은 근대에 들어와 볼프가 정리해놓은 철학(=학문)의 체계에 더욱 뚜렷이 드러난다.[6]

4) 수사학/수사기예(techne rhetorike)의 내용에서

언어활동에 의해 형성된 의미 세계가 공동체 구성원들 간의 공유물이 됨으로써 공동체, 즉 '사회'가 구축되고 '역사'가 성립된다. 여기에 반드시 요구되는 것이 바로 '공동성'의 원리가 되는 객관적인 규칙이다. 개인을 넘어서서 사회가 구축되고, 시간적 흐름을 넘어서서 역사가 성립되려면 보편적으로 통하는 객관적 규칙이 있어야 한다. 그리고 그런 객관적 규칙 중 공동체마다 기본적인 것은 언어규칙, 즉 어법과 문법이다.

역사 세계의 성립을 설명하는 자리에서 딜타이(W. Dilthey, 1833~1911)

이지만 불변하는 것을 탐구하는 수학, 여기에 속하는 논리학은 모든 탐구의 기관
2. 실천적 학문(praktische Wissenschaft): 좋은(선한) 행동을 위한 탐구; 윤리학, 정치학
3. 제작적 학문(poietische Wissenschaft): 유용한/아름다운 것의 제작을 위한 탐구; 제조학/시학

6 Christian Wolff(1679~1754)

학문의 기관	논리학	
이론철학	일반형이상학	존재론(=제1철학)
	특수형이상학	인간학(=이성적 영혼론)
		이성적 우주론
		이성적 신론
실천철학	윤리학	

가 인간의 문화적 삶을 구성하는 세 가지 계기로 의미(Sinn)의 체험(Erlebnis)과 이의 표현(Ausdruck), 그리고 그것의 이해(Verstehen)를 제시한 바 있는데,[7] 이는 의미체계 세계, 즉 문화 세계 성립에 대한 설명에 다름 아니다. 이때 표현과 이해의 가능성과 관련하여 딜타이는 사고의 규칙 같은 보편적인 것보다 ① 정신적 과정과의 친숙성, ② 구체적 맥락에 대한 지식, 그리고 ③ 사회적 · 문화적 체계에 대한 지식 등을 '이해의 가능 조건'으로 제시하고 있는데,[8] 이는 지역문화적으로 서로 다른 특수한 어문규칙이다.

그런데 언어활동에 의해 구성한 의미체계가 특정 공동체를 넘어 인류의 보편적 공유재산이 되는 데는 그 의미 구성의 활동과 성과가 문화적 특수성을 수용하면서도 그것을 넘어서는 보편적 사고의 법칙이 적용되고 견지되어야 한다. 사고의 규칙을 가장 기본적인 1차적 공동성의 원리라고 한다면, 어문규칙은 2차적 공동성의 원리라 할 것이다. 그리고 사고의 규칙을 학습케 하는 것이 논리교육이라면 어문의 규칙을 습득케 하는 것은 문법교육이고 나아가 수사기예라 하겠다.

이렇게 볼 때, 표현과 이해의 보편적 공유와 확산에 요구되는 것은 1차적으로 사고의 규칙이고, 그다음으로 중요한 것은 어문규칙이다. "언어는 이미 그 형성 과정이 '객관적 공동성'을 반영하고 있다. 한 개인은 공동의 언어생활 속에 태어나 그 속에서 부지불식간에 언어생활을 함으로써 비로소 '언어적 존재'가 된다. 언어란 '객관정신'을 구현하는 문화적

---

7 W. Dilthey, GS Bd. 7, Der Aufbau der geschichtlichen Welt in den Geisteswissenschaften, p. 142.

8 Dilthey, 같은 책, 같은 곳.

현장이기도 하지만, '객관정신'을 형성해내는 문화적 실체이기도 하다. 언어가 없다면 인간의 객관적 정신 활동은 불가능하고, 자연히 문화 형성 자체가 불가능할 것이다. 공동체에서 문화 형성이 가능하기 위해서는 무엇보다 먼저 사고 규칙의 공유가 필요하겠지만, 이를 어문적(語文的) 질서 속에 구현시키지 않고서는 사고 규칙의 공유도 무의미해질 것이다."[9]

문화공동체의 상대적 다양성에도 불구하고 사고 규칙은 이에 국한되지 않고 일반적으로 공유하는 것으로 전제되는데, 그렇게 본다면 의사소통 과제는 딜타이 식으로 말하자면 '체험된 의미'의 '표현'과 '이해'를 원활하게 하는 데 기여할 '레토리케'에 주어지게 된다. 이해를 수긍과 설득 수준으로까지 강화시키기 위해서는 전문적인 '노하우'가 요구되는데, 아리스토텔레스가 '수사기예(techne rhetorike)'라는 이름 아래 학문적으로 정리한 것이 바로 이것이다.

아리스토텔레스에 따르면, 수사기예란 주어진 상황에서 활용 가능한 설득 수단을 발견하는 능력을 가리키는 것으로, 거기에는 세 가지 요인이 있다. 첫째는 말하는 사람의 성품, 인품, 인격으로 윤리적 성격을 띠는 것(ethos)이고, 둘째는 듣는 이의 정서적 · 심정적 상태로 감성적 성격을 띠는 것(pathos)이며, 마지막으로 셋째는 전언 자체의 논변, 논증 내용으로 논리적 성격을 띠는 것(logos)이다.[10] 논증을 통한 설득에서는 세 번째 것이 중요한 역할을 하지만, 감동에 의한 설득에서는 앞의 두 가지, 그중에서도 두 번째 것인 듣는 이의 심리적 경향, 욕구, 정서 등이 중요

---

9 손동현, 〈사고와 표현의 문화학〉, 《사고와 표현》 1, 2009 참조.

10 Aristoteles, techne rhetorike, 1356a; 아리스토텔레스, 《수사학 I》, 이종오 역, 리젬, 2007, 59쪽 이하.

한 역할을 한다.

에토스와 파토스는 모두 정의적(情意的) 영역에 속하지만, 에토스는 파토스에 비해 정서적 강도가 약하다. 여기서 에토스란 말하는 사람 혹은 글 쓰는 사람의 인격을 의미하는 동시에 공동체 구성원이 공유하는 관습, 습속, 도덕적 규범의식, 가치관 등을 포함하는 것으로 이해된다. "정확한 지식의 영역을 벗어난 문제점에 대해 의견이 엇갈릴 때, 우리는 신뢰할 만한 사람의 말을 받아들인다. 말하는 사람의 인품이 모든 설득 수단 중에서 가장 강력한 것이다."[11] 수사기예가 단순히 논증술로 환원되는 것은 아니지만, 논증의 역할이 중요한 것은 사실이다. 사실 아리스토텔레스는 설득을 위한 논증, 즉 논리적 추론에 역점을 둔다. "다양한 형태의 인간의 성품과 미덕(에토스)이나 인간의 제반 정서를 이해할 수 있는 능력(파토스)보다는 논리적으로 추론하고 사고할 수 있는 능력(로고스)을 강조함으로써 철학적이고 논리적인 학문으로서 수사기예의 위상을 정립하고자 했다."[12]

또한 아리스토텔레스는 수사술을 구성하는 기술로 다음의 다섯 가지를 제시하는데, 특히 글쓰기를 통한 설득 측면에서 보면, 이 가운데서도 논증적인 부분이 더욱 중요한 것으로 부각된다. 그 다섯 가지란 논거발견술(inventio), 논거배열술(dispositio), 표현술(elocutio), 기억술(memoria), 그리고 연기술(actio/pronuntiatio)이다.[13]

연기술이란 글쓰기에서는 크게 역할 하는 바가 없다고 볼 수 있고,

---

11 같은 책, 같은 곳.

12 박성창, 《수사학》, 문학과지성사, 2002, 53쪽.

13 박성창, 같은 책, 39쪽 이하 참조.

기억술도 오늘의 관점에서 보면 그리 중요한 기술은 아니라고 본다. 문제가 되는 것은 표현술과 논거 발견 및 논고 배열의 기술을 어떤 비중으로 고려하느냐 하는 것인데, 역시 논거를 발견하고 이를 설득적으로 전개하기 위해 일관성 있고 정합적인 체계적 구조로 조직하는 것이 중요한 일일 것이다. 아리스토텔레스가 특히 삼단논법과 오류론을 상론하고 있는 것도 같은 맥락에서 이해할 수 있을 것이다.

3.
사고의 근본 원리

그렇다면 논리교육에서 가장 기본적인 내용은 무엇일까? 대전제인 사고의 근본 원리부터 일별해보기로 하자.

사고의 근본 원리는 그 유래가 어떻든 증명할 여지가 없고, 다른 어떤 원리로부터 연역해낼 수도 없는 그 자체로 자명한 공리요 최고의 원리다. 일상에서는 의식하지 못하는 경우가 대부분이겠지만, 그렇다고 이 원리를 무시하거나 소홀히 할 수는 없다. 이 원리에 따르지 않고서는 사고 자체를 할 수 없다. 사고의 근본 원리로는 보통 동일률(同一律), 모순율(矛盾律), 배중률(排中律)을 드는데, 이에 더하여 충족이유율(充足理由律)을 드는 사람도 있다.[14]

1) 동일률(Principle of Identity)

"모든 것은 그 자체와 동일하다"는 원리로 "A는 A다", "A=A"라는

14 라이프니츠나 쇼펜하우어.

공식으로 표시된다. 어떤 사물을 다른 사물이 아닌 바로 그 사물로 인지하지 않는다면, 우리는 사고 활동 자체를 할 수 없을 것이다. 즉, 사고 대상으로서의 존재가 바로 그 자체와 동일하다고 사고하는 데서부터 우리의 사고 활동은 시작된다. 사물이 존재 차원에서 자기동일성을 가지지 못한다면, 그 사물은 다른 사물과 구별되지도 않을 것이다. 사물 사이의 구별이 흐려진다면 우리의 사고는 혼란스러워질 것이고, 사물들과 적절한 관계를 맺을 수 없게 되어 결국 사고에 의거한 삶을 기획하지 못할 것이다.

2) 모순율(Principle of Contradiction)

"모든 것은 그것이 아닌 것이 아니다"라는 원리로 "A는 非A가 아니다", "A≠non-A"라는 공식으로 표시된다. 모순율은 사실 동일률과 내용은 같은 것으로 그 형식만 뒤집은 것이며, 말하자면 동일률의 이면(裏面)을 표현한 것이라고 할 수 있다. A가 그 자체 바로 A이니 A 아닌 다른 것이 될 수는 없는 일 아니겠는가. 사고 대상으로서의 존재가 자기동일성을 지니면서 동시에 자기동일성을 갖지 않을 수는 없다. "A는 非A가 아니다"라는 원리로부터 "A는 (非A인) B가 아니다"라는 판단이 나오므로 모순율은 모든 부정판단의 기초가 된다. 또 이러한 모순율은 어떤 두 사물이 같지 않고 다름을 드러내주는 원리라는 점에서 '차이의 원리(Principle of Difference)'이기도 하다.

3) 배중률(Principle of Excluded Middle)

"동일한 사물에 관해 동일한 속성이나 관계를 동시에 긍정하면서 또한 부정할 수는 없다"는 원리로 "A는 B이거나 非B이다"라는 공식으로 표현된다. 모순율의 연장에서 나온 다른 표현이라고도 볼 수 있는데, 즉 긍정하면 부정할 수 없고 부정하면 긍정할 수 없기 때문이다. 모순율에 의해 A를 B라고 규정하면서 동시에 非B라고 규정할 수 없으니, A는 B이든가 非B이든가 둘 중 하나일 수밖에 없다. 즉, 그 중간의 제3의 것일 수 없다는 것이다. 중간의 것을 배제한다는 뜻의 '배중(排中)'의 원리가 이 배중률이므로 이는 "A는 B도 아니고 非B도 아닐 수 없다"라는 공식으로도 표현될 수도 있다. 나아가 이는 (유개념인) 주어가 (종개념인) 술어 중 여러 선택지 중의 하나를 택할 수밖에 없다는 뜻에서 '선언율(選言律, Principle of Disjunction)'이라고도 하며, 모든 선언판단의 기초가 된다.

4) 충족이유율(Principle of Sufficient Reason)

모든 사물이나 사태는 그렇게 존재할 이유나 원인이 있다는 원리로 "모든 것은 그 이유를 갖는다"라는 공식으로 표현된다. 이 사고의 근본 원리는 다음과 같이 네 가지로 구분하기도 한다. ① 자연계의 생성 변화에는 충분한 원인이 있다는 '생성의 충족이유율'은 원인과 결과를 이어주는 '인과율'을 가리킨다. ② 모든 인식적 판단은 그것이 참된 것이기 위해 충분한 이유가 있어야 한다는 '인식의 충족이유율'은 이유와 귀결 사이의 논리적 원리를 가리킨다. ③ '존재의 충족이유율'은 모든 사물이 선후의 시간적 계기와 상하좌우 같은 공간적 위치에 의해 규정된다는 시공적 원리를 가리킨다. ④ 인간의 모든 행위에는 그 행위의 이유로 충분한 동기가 있다는 '행위의 충족이유율'은 도덕적 실천의 토대가 되는 원리이기도 하다.

2장

본론:
비판적 사고의 기초

1. 개념과 판단
2. 추론/논증
3. 오류론

1.
개념과 판단

1) 개념

개념(concept)이란 일정한 존재를 지시하는 의미체다. 개념은 개별적인 사물에 대한 현실적인 경험에서 얻게 되는 상대적 특유성을 갖는 관념이 아니라, 대상의 속성을 분석하여 우연적인 것들은 사상(捨象)하고 공통적인 것만 추상(抽象)하여 종합 · 통일함으로써 얻어내는 일반적 관념이다. 개념은 논리적 사고의 기본요소요, 이 개념의 결합 또는 분리로 인해 판단이 구성된다. 내가 만난 여러 사람 각각에 대해 갖게 되는 특별한 개별적 인상이나 관념을 모두 묶어 그 가운데서 공통적인 요소만 추려내어 '동포'라든가 '인간'이라든가 하는 일반적 관념을 구성해내면 그것이 곧 개념이 된다.

개념이 일정한 존재를 지시한다고 할 때, 그 존재의 속성들을 나타내는 것이 개념의 의미 내용인데, 이를 그 개념의 내포(內包, intention)라 하고, 그 개념이 지시하는 대상 전체, 즉 그 개념을 적용할 수 있는 대상의 범위를 그 개념의 외연(外延, extention)이라 한다. 내포가 풍성해지면 외연이

좁아지고, 외연을 넓히려면 내포를 빈약하게 해야 한다. 사유 능력, 황색 피부, 한국 국적, 대전 거주 등 의미 내용을 많이 담아 '대전시민'이라는 개념을 얻으면, 이 개념으로 지시할 수 있는 대상은 대전시민에 국한된다. 그러나 거꾸로 그 의미 내용 중 사유 능력과 황색 피부만 남기면 거기서 얻는 '황인종'이라는 개념은 아시아인 전체를 가리키게 된다.

내포가 명확할 때는 그 개념을 '명석(明晳, clear)하다'고 하고, 외연이 분명할 때는 그 개념을 '판명(判明, distinct)하다'고 한다. 그 반대일 때는 각각 '애매(曖昧, ambiguous)하다', '모호(模糊, confusing)하다'고 한다.

2) 판단/명제

판단(判斷, judgement)이란 어떤 대상에 관해 그것이 어떤 상태에 있는지를 밝히는 의미연관의 주장이다. 즉, 어떤 대상이 갖는 성질이나 상태를 분석해 그 대상 자체와 구분했다가 다시 이들을 그 대상에 귀속시키는 사고의 구성물이다. 대상 자체는 실체(substance)에 해당하고 그에 귀속되는 성질이나 상태는 속성(attributes)에 해당하는 것으로, 논리적 형식에서 이들은 각각 주개념, 빈개념이 된다. 형식적 구조로만 보면, 판단이란 개념들이 연결된 사고 내용이다.

이러한 연관관계를 언어적으로 표현하면, 판단은 명제(命題, proposition)가 되고 실체를 가리키는 주개념은 주어(subject)로, 속성을 가리키는 빈개념은 술어(predicate)로 자리매김한다.

사고 내용의 기본 단위인 개념이 갖춰야 할 필수적인 논리적 요건이 그 개념의 명석성과 판명성이라면, 개념들이 연결되어 구성되는 판단에서 핵심적인 문제는 주개념과 빈개념의 연결이 올바르게 되어 그 판단이 참된 것이어야 한다는 점이다. 따라서 참과 거짓을 판별할 수 있는 언표만이 '명제'가 될 수 있다. 그러니 의문문, 감탄문, 청유문, 명령문 등은 명제가 될 수 없다.

3) 판단의 종류

판단들은 판단의 양(量), 질(質), 관계(關係) 및 양상(樣相)에 따라 몇 가지로 분류되는데, 그 내용은 다음과 같다.

(1) 판단의 양에 따른 분류

판단에서 '양'이란 주개념의 범위를 가리킨다. 따라서 주개념 전체에 관해 판단하는 전칭(全稱)판단, 그 일부에 관해서만 판단하는 특칭(特稱)판단, 유일한 대상을 가리키는 단칭(單稱)판단으로 구분된다. "모든 사람은 죽는다", "어떤 사람은 백인이다", "소크라테스는 사람이다" 등의 판단이 그 예가 될 것이다.

(2) 판단의 질에 따른 분류

판단에서 '질'이란 주개념과 빈개념의 일치 여부를 가리킨다. 따라서 주-빈 개념의 일치를 주장하는 긍정(肯定)판단, 불일치를 주장하는 부정(否定)판단, 형식적으로는 긍정판단 같지만 실질적으로는 빈개념이 주개념을 벗어나 무한한 외연을 갖는 무한(無限)판단으로 구분된다. "인간은 동물이다", "인간은 식물이 아니다", "인간은 비금속이다" 등의 판단이 그 예가 될 것이다.

(3) 판단의 관계에 따른 분류

판단에서 '관계'란 주개념과 빈개념의 관계를 가리킨다. 따라서 주-빈 개념의 관계를 조건 없이 단적으로 주장하는 정언(定言)판단, 가정적 제약을 두어 주장하는 가언(假言)판단, 빈개념이 주개념을 선택적으로 서술하는 선언(選言)판단으로 구분된다. "모든 인간은 동물이다", "모든 동물은 영양 섭취를 하지 못하면 죽는다", "대부분 인간은 여자이거나 남자다" 등의 판단이 그 예가 될 것이다.

(4) 판단의 양상에 따른 분류

판단에서 '양상'이란 판단의 타당성 정도를 드러내는 것이다. 따라서 판단의 확실성이 개연적인 개연(蓋然)판단, 현실적으로 확인되는 사실판단, 필연적인 것으로 인정되는 필연(必然)판단으로 구분된다. "내일은 비가 올 것이다", "오늘은 비가 오고 있다", "우기는 비가 자주 오는 시기다" 등의 판단이 그 예가 될 것이다.

4) 복합명제

다른 관점에서 단순명제와 복합명제를 구분하기도 하는데, 단순명제란 내포된 의미가 하나인 명제이고 복합명제란 두 개 이상의 단순명제가 결합된 명제다. 단순명제를 결합하기 위해 사용하는 것을 논리 연결사(logical connective)라고 하는데, 그 내용을 정리해보면 다음과 같다.

논리 기호	명칭	내용	의미
p	긍정명제	p다.	p는 참이다
~p	부정명제	p가 아니다(not p).	p는 거짓이다. p는 사실이 아니다.
p ∧ q (p • q)	연언명제	p 그리고 q(p and q)	p와 q는 참이다.
p ∨ q	선언명제	p 또는 q, p이거나 q (p or q)	p 또는 q는 참이다.
p → q (p ⊃ q)	조건명제	만일 p라면 q다 (if p then q).	p는 q의 충분조건이다. q는 p의 필요조건이다.
p ↔ q (p ≡ q) (p → q)∧(p ← q)	쌍조건명제	p이면 q이고, q이면 p다. p인 경우, 그리고 오직 그 경우에만 q다(if p and only if p then q).	p는 q의 필요충분조건이다.

예를 들면 다음과 같다.

논리 기호	예
p	우송대학교 학생은 성실하다.
~p	우송대학교 학생은 성실하지 않다.
p ∧ q	우송대학교 학생은 성실하고 예의 바르다.
p ∨ q	우송대학교 학생은 성실하거나 예의가 바르다.
p → q	우송대학교 학생은 성실하다면, 그들은 예의 바르다.
p ↔ q	우송대학교 학생은 성실하다면, 예의 바르고, 예의 바르다면 성실하다.

2.
추론/논증

주어진 판단을 변형하거나 복수의 판단을 결합함으로써 새로운 판단을 얻어내는 사고 활동을 '추론(推論, Inference/Reasoning)'이라 한다. 일상생활에서는 생각해볼 것도 없이 즉각적으로 혹은 직감적으로 내리는 판단이 많이 있겠지만, 대개 좀 중요한 판단은 '따져 생각해보고' 내리는 것이 보통이다. 그 '따져보는' 과정을 선명히 의식하지 않는 경우도 있고, 곰곰이 따져봐도 판단을 내리지 못하는 경우도 있겠지만 말이다. 그런데 이 '따져보는' 추론 과정에는 크게 두 가지가 있다. 연역적 추론과 귀납적 추론이 그것이다.

연역적 추론(Deductive Inference)이란 이미 참이라고 확정된(혹은 상정된) 명제로부터 오직 논리적인 규칙에 따라 엄격히 사고를 진행함으로써 새로운 명제를 이끌어내는 추론 방식이고, 귀납적 추론(Inductive Inference)이란 여러 경험적 사실을 모아놓고 거기에 공통으로 내재해 있는 어떤 일반적 현상이나 특징, 법칙 같은 것을 도출해내는 추론 방식이다. 수학적 추론은 전자의 대표적 사례이고, 관찰과 실험을 기초로 하는 과학적 추론은 후자를 대표하는 방법일 것이다.

1) 연역적 추론

연역적 추론에는 ① 주어진 판단을 기초로 단순히 그 판단의 다른 측면을 논리적으로 드러내는 직접추론, ② 복수의 판단을 결합함으로써 새로운 판단을 얻어내는 간접추론이 있다. 전자, 즉 직접추론은 "어떤 사람은 화가다"라는 판단으로부터 직접 "그러니까 다른 어떤 사람은 화가가 아니다"라는 판단을 이끌어내는 식의 단순한 추론이다. 후자, 즉 간접추론에는 가장 기초적인 것으로 삼단논법(Syllogism)이 있는데, "소크라테스는 사람이다"라는 판단과 "모든 사람은 죽는다"라는 판단을 결합하여 "그러니까 소크라테스도 죽는다"라는 판단을 이끌어내는 식의 추론이다. 어느 경우든 새로운 판단을 이끌어내는 데 있어 기초가 되는 판단을 전제(前提, Premise)라 하고 새로 이끌어낸 판단을 결론(結論, Conclusion)이라 한다.

직접추론에도 여러 가지 유형이 있고 각 유형에 관련된 규칙들이 있지만, 이것들은 간접추론 과정에도 적용되므로 간접추론에 관한 학습 과정에서 자연스럽게 익히게 될 것이다.

(1) 삼단논법(三段論法, Syllogism)

삼단논법은 앞에서도 언급했듯이 간접추론 중 가장 기본적이고 간단한 추론 형식이다. 두 개의 전제를 묶어놓고 그로부터 하나의 결론을 생각해내는 방식이다. 이렇게 세 개의 판단을 단(段)으로 쌓아놓는다고 해서 '삼단논법'이라 불리는데, 서양어 Syllogism은 '함께, 합해(sun)' '생각하다(logos)'라는 뜻이다.

구조적으로 보면 삼단논법은 "전체에 관해 참인 것은 부분에 관해서도 참이다"라는, 아리스토텔레스가 말한 '편유편무(遍有遍無)의 법칙(Law of Unilateralism)'에 따라 "보편적 원리로부터 부분에 관한 지식을 이끌어내는 사고 과정"이요, 간단히 말하면 "일반으로부터 특수를 이끌어내는 추론 형식"이다. 이를 앞서 든 예에 적용해보면, 사람에 대해 타당한 죽음을 소크라테스에게도 적용한 것이다. 이를 구조화하기 위해 가장 넓은 개념(죽음)을 대전제에 놓고 그다음 넓은 개념(사람)을 소전제에 놓은 다음, 이를 연결하여 결론에서는 가장 좁은 개념(소크라테스)에 대해 판단을 내리는 것이다.

삼단논법에는 전제로 제시되는 판단의 종류에 따라 정언적(定言的) 삼단논법, 가언적(假言的) 삼단논법, 선언적(選言的) 삼단논법이 있고, 또 대전제가 가언판단이고 소전제가 선언판단으로 이루어지는 양도논법(兩刀論法) 등이 있다.

① 정언적 삼단논법

정언적 삼단논법은 정언판단만 전제로 하여 정언적 결론을 이끌어내는 표준적인 삼단논법으로 다른 모든 삼단논법의 기본이 된다.

여기서 논리적으로 핵심적인 사항은 주개념(S)과 빈개념(P)을 제3의 개념, 즉 매개개념(M)이 매개해 연결함으로써 그 두 개념의 관계를 확정하는 것이다. 따라서 삼단논법에서 어느 경우에나 문제가 되는 것은 개념의 주연(周延)관계다.

주연관계란 어떤 판단에 등장하는 개념의 외연 전체가 관여하고 있는지, 그 일부만 관여하고 있는지 하는 문제다. "모든 인간은 동물이다"에서 '인간' 개념의 외연은 전체가 관여되어 있는 반면에 '동물' 개념의 외연은 그 일부만이 관여되어 있다고 보는 것이다. 전자의 경우 '주연되어 있다(distributed)'고 말하고, 후자의 경우에는 '주연되어 있지 않다(undistributed)'고 말한다.

따라서 삼단논법에서 매개념이 매개 역할을 제대로 하려면 "적어도 한 번은 주연되어야 한다". 이 원칙은 삼단논법이 성립하기 위한 핵심이다. 예를 들어 아래의 삼단논법이 오류인 것은 '동물'이라는 매개념이 대전제에서도 소전제에서도 '주연된' 적이 없기 때문이다.

> 모든 인간은 동물이다.
> 모든 개는 동물이다.
> -
> 그러므로 모든 인간은 개다.

이를 '매개념 부주연의 오류'라고 일컫는다.

정언적 삼단논법에는 전제나 결론 중 하나가 생략된 '약식 삼단논법'이 있는데, 생략된 것이 어떤 내용인지 매우 명백한 경우에 사용한다.

> 인간은 오류를 범하기 쉽다.
> 나도 인간이다.
> -

이 전제들로부터 굳이 "나도 오류를 범할 수 있다"는 결론을 언표할 필요가 없다는 것이다.

또 삼단논법을 두 개 이상 연이어 결합할 수도 있는데, 이를 '복합삼단논법'이라 부른다.

[가]
참된 지도자는 자기희생을 서슴지 않는 사람이다.
자기희생을 하는 사람은 책임감 있는 사람이다.

그러므로 참된 지도자는 책임감 있는 사람이다.

[나]
책임감 있는 사람은 진실을 깨달은 사람이다.
진실을 깨달은 사람은 배움이 깊은 사람이다.

그러므로 책임감 있는 사람은 배움이 깊은 사람이다.

위의 두 삼단논법을 결합하면, 첫 삼단논법의 결론을 생략하고 그 주개념을 둘째 삼단논법의 주개념으로 삼는 '복합삼단논법'이 아래와 같이 구성된다.

[가 + 나]
참된 지도자는 자기희생을 서슴지 않는 사람이다.
자기희생을 하는 사람은 책임감 있는 사람이다.
책임감 있는 사람은 진실을 깨달은 사람이다.
진실을 깨달은 사람은 배움이 깊은 사람이다.

그러므로 참된 지도자는 배움이 깊은 사람이다.

② 가언적 삼단논법

가언적 삼단논법은 가언판단을 전제로 하는 삼단논법이다. 여기에는 대전제만 가언판단인 반(半)가언적 삼단논법과 대소 전제와 결론 모두 가언판단인 전(全)가언적 삼단논법이 있다.

반가언적 삼단논법의 경우 가언판단인 대전제의 조건절을 '전건(前件)'이라 하고 귀결절을 '후건(後件)'이라 하는데, 전건 긍정을 통해 긍정 결론을 얻는 경우[가]와 후건 부정을 통해 부정 결론을 얻는 경우[나]만 타당한 삼단논법이 성립한다.

[가]

A면 B다.	비가 오면 땅이 젖는다.
A다.	비가 왔다.
∴ B다.	그러므로 땅이 젖었다.

[나]

A면 B다.	비가 오면 땅이 젖는다.
B가 아니다.	땅이 젖지 않았다.
∴ A가 아니다.	그러므로 비가 오지 않았다.

그렇지 않을 경우, 즉 전건 부정을 통해 부정 결론을 얻으려 하거나[다] 후건 긍정을 통해 긍정 결론을 얻으려 하면[라] 이는 오류다. 이를 각각 전건 부정의 오류, 후건 긍정의 오류라 부른다.

[다]

A면 B다.	비가 오면 땅이 젖는다.
A가 아니다.	비가 오지 않았다.
∴ B가 아니다.	그러므로 땅이 젖지 않았다.

[라]

A면 B다.	비가 오면 땅이 젖는다.
B다.	땅이 젖었다.
∴ A다.	그러므로 비가 왔다.

※ 비가 왔는데 땅이 안 젖을 수는 없지만, 땅이 젖었다고 꼭 비가 온 것은 아닐 수 있다. 수도관이 터져서 땅이 젖을 수도 있으니까 말이다.

전가언적 삼단논법은 전제와 결론이 모두 가언판단인 점을 제외하면, 정언적 삼단논법과 그 구조가 유사하여 매개념 부주연의 오류를 범하지 않도록 유의해야 하고, 그리고 앞서 기술한 반가언적 삼단논법에서처럼 전건 부정의 오류 및 후건 긍정의 오류를 범하지 않도록 유의해야 한다. 이 점을 고려하면 여기서는 다음과 같이 네 가지 유형의 삼단논법이 성립한다.

[가] 긍정적 긍정식

A면 B다.	열심히 공부하면 좋은 성적을 얻는다.
B면 C다.	좋은 성적을 얻으면 큰 보람을 느낀다.
∴ A면 C다.	그러므로 열심히 공부하면 큰 보람을 느낀다.

※ B라는 판단이 매개념 역할을 한다.

[나] 긍정적 부정식

A면 B다.	열심히 공부하면 좋은 성적을 얻는다.
C면 B가 아니다.	게으름을 피우면 좋은 성적을 얻지 못한다.
∴ C면 A가 아니다.	그러므로 게으름을 피우면 열심히 공부하지 못한다.

[다] 부정적 긍정식

B가 아니면 A다.	좋은 성적을 얻지 못하면 기분이 우울해진다.
B면 C다.	좋은 성적을 얻으면 칭찬을 받는다.
∴ C가 아니면 A다.	그러므로 칭찬을 받지 못하면 기분이 우울해진다.

[라] 부정적 부정식

A면 B다.	열심히 공부하면 좋은 성적을 얻는다.
B면 C다.	좋은 성적을 얻으면 큰 보람을 느낀다.
∴ C가 아니면 A가 아니다.	그러므로 큰 보람을 느끼지 못했다면 열심히 공부하지 않은 것이다.

③ 선언적 삼단논법

선언적 삼단논법은 선언판단을 대전제로 하고 그 선언지 중 하나를 소전제로 하여 결론을 이끌어내는 삼단논법이다. 이때 대전제로 제시되는 선언지가 ① 상호 배타적이고 ② 모든 경우를 포괄한다는 본래의 조건이 충족되는 경우, 소전제에서 한 선언지가 긍정되면 결론에서 다른 선언지는 반드시 부정되고, 거꾸로 소전제에서 한 선언지가 부정되면 결론에서 다른 선언지는 반드시 긍정된다.

A는 B이든가 C다.	그가 발견한 것은 생명체이거나 비생명체다.
A는 B다. (B가 아니다.)	그가 발견한 것은 생명체다. (생명체가 아니다.)
∴ A는 C가 아니다. (C다.)	그러므로 그가 발견한 것은 비생명체가 아니다. (비생명체이다.)

※ 그러나 선언지가 서로 배타적이지 않고 포괄적일 경우에는 사정이 다르다.

④ 양도논법(兩刀論法)/Dilemma[1]

양도논법은 두 개의 가언판단을 연결하여 대전제를 구성하고, 소전제에서는 대전제의 두 전건을 선언적으로 긍정하든가 혹은 두 후건을 선언적으로 부정하든가 하여 결론을 이끌어내는 삼단논법의 한 종류다. 이 양도논법은 결론이 정언적인가 선언적인가에 따라 단순한 것과 복잡

1 'dilemma'는 두 개(di)의 뿔(lemma)이라는 뜻.

한 것으로 구분되고, 소전제가 긍정적인가 부정적인가에 따라 구성적인 것과 파괴적인 것으로 구분된다. 예를 들면 다음과 같다.

① 단순구성적

A이면 B이고, C이면 B다.	화학을 택해도 시험이 어렵고, 물리를 택해도 시험은 어렵다.
A이거나 C다.	화학을 택하거나 물리를 택할 수밖에 없다.
∴ B다.그러므로 어떻게 하든 시험은 어렵다.	

② 단순파괴적

A이면 B이고, A이면 C다.	적당한 운동을 하면 소화도 잘되고 잠도 잘 온다.
B가 아니거나 C가 아니다.	소화가 안 되거나 잠이 오지 않는다.
∴ A가 아니다.	그러므로 적당한 운동을 하지 않은 것이 분명하다.

③ 복잡구성적

A이면 C이고, B이면 D다.	공부하면 성적이 오르고 운동하면 건강해진다.
A이거나 B다.	공부하거나 운동을 했다.
∴ C이거나 D다.	그러므로 성적이 올랐거나 건강해졌다.

④ 복잡파괴적

A이면 B이고, C이면 D다.	공부하면 성적이 오르고 운동하면 건강해진다.
B가 아니거나 D가 아니다.	성적이 오르지 않았거나 건강해지지 않았다.
∴ A가 아니거나 C가 아니다.	그러므로 공부를 하지 않았거나 운동을 하지 않았다.

※ 양도논법이 올바르게 전개되려면 ㉮ 소전제는 가능한 한 서로 배타적인 모든 선언지를 망라해야 하고, ㉯ 대전제의 가언판단에서 전건과 후건은 내용상 필연적인 관계여야 하며, ㉰ 소전제는 대전제의 전건을 긍정하든지 후건을 부정하든지 해야 한다.

2) 귀납적 추론

(1) 귀납적 추론의 본성 및 한계

귀납적 추론(Inductive Syllogism)이란 경험을 통해 알게 된 여러 가지 특수한 사실들을 자료로 삼아 그로부터 그것들에 공통된 어떤 일반적 속성이나 원리를 진리로 이끌어내는 사유 형식이다. 사고의 구조적 형식에 비추어보면, 특수한 사실들에 대한 진술을 전제로 삼고, 보편적으로 타당한 진리 혹은 원리를 결론으로 이끌어내는 추론의 한 형식이다.

이를 삼단논법 형식에 따라 구조화해보면 다음과 같다.

a, b, c, d, e …는 S다.	a, b, c, d, e …는 우송대 학생이다.
a, b, c, d, e …는 P다.	a, b, c, d, e …는 용감하다.
∴ 모든 S는 P다.	그러므로 모든 우송대 학생은 용감하다.

이 논리 구조를 엄격히 살펴보면 a, b, c, d, e … 등의 사례들이 매개념 역할을 하는데, 과연 이 매개념이 여기서 '주연'되어(distributed) 있다고 보기 어렵다. 아무리 개별적 사실들을 많이 수집한다 하더라도 우리가 해당하는 사례 '전부'를 경험할 수는 없는 일이기 때문이다. 따라서 귀납 추론에서는 '부당주연의 오류'를 범하지 않는 한 완벽하게 보편타당한 일반적 진리를 결론으로 이끌어낼 수는 없고 오직 상대적 진리를 갖는 '경험적 법칙'에 도달할 뿐이다.

그럼에도 보편타당한 일반적 진리를 주장하는 것을 '귀납적 비약(Inductive Leap)'이라 일컫는데, 이렇게 귀납적 비약을 '감행'하는 데는 수긍할만한 근거가 있다. 그 근거는 밀(J. S. Mill)이 말한 '자연의 제일성(齊一性)[Uniformity of Nature]'과 '인과율(因果律, Causality)'에 대한 믿음이다. 자연의 제일성이란 "자연은 변덕을 부리지 않고 한결같다"는 뜻으로, 자연에는 보편법칙이 있어 한 번 발생한 사건은 동일한 여건 아래에서는 또다시 거듭 발생한다는 사실을 가리킨다. 그리고 인과율이란 모든 사건이나 사태는 반드시 어떤 원인이 있어 그 결과로 나타난 것이요, 원인이 동일하면 결과도 동일한 것이어서 원인과 결과 사이에는 일정한 법칙이 있다는 것이다.

(2) 귀납적 추론의 유형

기본적으로 추론의 성격은 다를 바 없으나 귀납적 추론에도 몇 가지 유형 구분은 그 쓰임새가 다르기 때문에 유의미하다.

① 통계적 귀납추론

일반적인 경험의 사례들을 토대로, 때론 관찰이나 실험의 결과 수집한 사례들을 토대로 이들의 특수성을 넘어서는 '일반적 주장'을 하되, 거기서 그저 통계적 개연성을 드러내는 귀납추론을 통계적 추론으로 유형화시킬 수 있다.

이때 토대가 되는 자료들은 ① 가능한 한 충분히 많아야 하고, ② 그 자료들 각각의 상관관계가 긴밀해야 하며, ③ 그것들의 내용이 추론의 주제가 되는 대상과 일치하도록 다양성을 지녀야 한다. 예를 들어 보자.

[가]
서울 거주 대학생 5,000명에게 '청년기본소득제'에 대해 물었다.
그중 75%가 이 제도에 찬성한다고 응답했다.

그러므로 서울 거주 대학생은 대체로 '청년기본소득제'에 찬성한다.

[나]

자가소유자 10,000명에게 정부의 부동산 정책에 대해 물었다.
이들 중 75%가 그 정책에 대해 반대 의사를 표명했다.

그러므로 우리나라 사람들은 대체로 정부의 부동산 정책에 반대한다.

위의 두 사례를 볼 때 [가]의 귀납추론은 위에서 말한 세 가지 요건을 모두 충족시킨다고 보아 올바른 통계적 귀납추론이라 할 수 있으나, [나]의 귀납추론은 ③항의 요건을 충족시키지 못해, 즉 결론의 주제 대상인 '우리나라 사람들'에 '자가소유자'가 일치하지 않기 때문에 올바른 통계적 귀납추론이라 할 수 없다.

물론 토대가 되는 자료로서 해당되는 사례를 남김없이 제시한다면, 그 결론의 통계적 개연성이 100%에 가까워지겠으나 이런 경우는 흔치 않은 특별한 경우라 하겠다. 오히려 '새로운 지식의 확장'이라는 귀납적 추론의 강점을 살리지 못한다고 볼 수도 있다. 예를 들어 다음과 같은 귀납추론은 이미 알고 있는 사실을 정리하는 것에 불과하다.

수성, 금성, 지구, 화성, 목성, 토성, 천왕성, 해왕성, 명왕성은 태양의 주위를 돈다.

그러므로 태양계의 모든 유성은 태양의 주위를 돈다.

② 인과적 귀납추론

일반적인 경험 사례들을 토대로 하여, 특히 의도적인 관찰이나 실험 결과를 토대로 하여 어떤 특정 현상 사이의 인과관계를 추정하여 이를 타당한 원리나 법칙으로 '일반화'하는 귀납추론이 곧 인과적 귀납추론이다. 사실 자연이나 사회에 관한 모든 사실과학적 탐구는 인과적 귀납추론 과정이라 할 수 있다. 핵심을 말하자면, 이는 어떤 현상에서 그런 결과를 빚어낸 원인을 찾는 과정인데, 여기서 중요한 것은 다양한 여러 현상 가운데서도 어떤 공통된 특정 국면은 동일한 원인으로부터 유래했다는 사실을 확인하여 이를 '일반적 원리 또는 법칙'으로 확정하는 일이다. 따라서 그 동일 국면과 동일 원인 사이의 개연성 높은 연결을 찾는 일이 핵심인데, 다음과 같은 몇 가지 방법이 있다.

• 일치법

어느 국면, 즉 주제가 되는 대상이 어느 하나의 동일한 현상과 긍정적으로 연결되는 경우, 이 양자 사이에는 인과관계가 있다고 본다. 그 일반 형식은 다음과 같다.

A B C와 a b c는 함께 발생한다.
A D E와 a d e는 함께 발생한다.

그러므로 A는 a의 원인이거나 결과다.

[예 1]

날씨는 추웠지만(C) 햇살이 밝아(B) 등산객이 많았다(b). 그중 누군가가 피우던 담배를 길가에 버렸다(A). 그날 시내에서는 동파 사고가 많았는데(c), 오후에는 산불도 났다(a).

명화가 여러 극장에서 상영돼(D) 영화관람객도 많았다(d). 영화관람객(E) 중에도 등산객(E) 중에도 부부 혹은 애인 동반객이 많았다(e). 누군가가 피우던 담배를 길가에 버렸다(A). 오후에 산불이 났다(a).

그러므로 피우던 담배를 버린 것(A)이 산불(a)의 원인이라고 볼 수 있다.

[예 2]

밀랍이나 수지, 납 등에 진주조개 내부의 표면 형태(A)와 똑같은 표면 형태(A)를 조성했더니 거기서도 진주조개의 광채(a)와 똑같은 광채(a)가 나오는 것을 보고, 진주조개의 광채(a)는 조개 자체의 물질적 속성에서 기인하는 게 아니라, 특정 형태의 표면(A)에서 기인한다는 사실을 추론하게 되었다.

• 차이법

서로 대응하는 한 사태와 다른 한 사태 사이에서 주제 대상에 대응하는 현상만 빼고 다른 현상들이 상호 연결되는 경우 주제 대상과 빠져 있는 현상 사이에 인과관계가 있다고 추정하는 사고 형식이다. 그 일반 형식은 다음과 같다.

사태 A B C와 사태 a b c는 대응한다(함께 발생한다).
그중 사태 B C는 사태 b c와 대응한다(함께 발생한다).

그러므로 A와 a는 인과관계가 있다.

[예]

배기종 속의 전종이 공기를 빼고 나니(B) 전기를 통해도 울리는 소리가 안 들린다는(b) 사실에서 공기(A)와 음향 전달(a) 간의 인과관계를 추론하게 되었다.

• 일치차이병용법

일치법과 차이법을 함께 사용하는 방식으로, 그 일반 형식은 이렇다.

A B C와 a b c는 함께 발생한다.
A D E와 a d e는 함께 발생한다.
B C와 b c는 함께 발생한다.
D E와 d e는 함께 발생한다.

그러므로 A와 a는 인과관계를 갖는다.

앞의 2행은 일치법의 활용이고, 뒤의 2행은 차이법의 활용이다.

[예]

개미의 앞수염에 소리굽쇠(B)나 깃펜(C)을 대도 반응이 없었는데(b, c), 사향액(A)을 대니 반응이 확실하더라는(a) 실험을 통해 개미의 앞수염 반응(A)과 사향액(a) 사이에 인과관계가 있음을 추론하게 되었다.

• 잉여법

일련의 사건이 발생했을 때 그 사건들의 원인으로 판명된 현상들을 제거하고 나서 남아있는 사건과 현상을 원인-결과의 관계로 연계시키는 방법이다. 그 일반적 형식은 다음과 같다.

A B C와 a b c가 함께 발생한다.
B는 b와 함께 발생한다.
C는 c와 함께 발생한다.

따라서 A는 a의 원인이나 결과다.

[예]
어떤 그릇(B)의 무게(b)를 이미 알고 있다면, 그 그릇에 액체(A+B)를 담아 무게(a+b)를 잰 후 그릇의 무게(b)를 빼면, 액체의 무게(a)를 추론할 수 있다.

• 공변법

어떤 한 사건이 발생하는 강도나 빈도가 변할 때 다른 한 사건도 그와 함께 변화한 경우 이 두 사건 사이에 인과관계가 있을 것이라고 추론하는 방식이다.

A B C와 a b c가 함께 발생한다.
A+B C와 a+b c가 함께 발생한다.
AB C와 ab c가 함께 발생한다.

따라서 A와 a 사이에는 인과관계가 있다고 추론할 수 있다.

[예]

달이 지구 둘레를 회전할 때 달과 가깝게 있는(A+) 곳의 바닷물이 달 쪽으로 쏠리면서 밀물(a+)이 발생하고, 그렇지 않은(A−) 부분에서 썰물(a−)이 발생한다. 이때 균형을 맞추기 위해 달과 가장 먼 부분(A+)에서도 밀물(a+)이 발생한다. 이 관찰 결과를 토대로 달의 위치(A)와 조수 간만(a) 사이에 인과관계가 있음을 추론한다.

③ 유비추리(類比推理)

서로 다른 두 개의 사례가 여러 점에서 유사한 것으로 보일 때 이러한 유사성을 근거로 한 사례에서 경험을 통해 확인된 것을 경험되지 않은 다른 사례에도 적용하여 새로운 판단을 얻어내는 추론 방식을 '유비추리(Analogy)'라고 한다. 귀납추론이 개별적 사례들로부터 일반적 법칙이나 원리를 이끌어내는 사고 과정인데, 유비추리는 한 개별적 사례를 토대로 다른 개별적 사례에 대해 판단을 이끌어내는 사고 과정이어서 엄밀히 말하자면 귀납추론이라고 할 수도 없다. 그 일반적인 형식은 이러하다.

A는 속성 a b c d e를 갖고 있다.
B는 속성 a b c d를 갖고 있다.

그러므로 B는 속성 e도 갖고 있을 것이다.

[예]

지구는 유성 중 하나로 육지가 있고, 물과 공기가 있으며, 계절의 변화가 있고, 생명체가 있다.
화성도 유성 중 하나로 육지가 있고, 물과 공기가 있으며, 계절의 변화가 있다.

그러므로 화성에도 생명체가 있을 것이다.

유비추리는 엄격한 논증 형식을 갖추고 있다고 보기 어렵기 때문에(삼단논법의 형식에 비추어보면 실은 매개념 부주연의 오류를 범하고 있다) 그 추론이 더욱 높은 타당성을 지니기 위해서는 다음과 같은 요건을 충족해야 한다.

a. 비교되는 두 대상 사이에 유사점이 충분히 많아야 한다.
b. 그 유사점이 각 대상에서 본질적이고 적극적인 것이어야 한다.
c. 추정되는 결론을 무너뜨릴 만한 상이점이 있어서는 안 된다.

3.
오류론

올바르지 못한 논리적 사고 과정을 '오류(Fallacy)'라 부른다. 사고의 혼란, 부정확, 불철저 등으로 인해 부지불식간에 저지르는 오류를 착오 또는 배리(背理, Paralogism)라고 한다면, 상대방을 기만하기 위해 의도적으로 논리적 규칙을 위반하는 오류는 허위 또는 궤변(詭辯, Sophism)이 된다.

어느 쪽이 됐든 오류는 추론 과정 자체가 논리적 규칙을 위배하는 형식적 오류와 추론 과정에 담긴 내용의 부적절성 때문에 생기는 비형식적 오류로 구분된다. 이렇게 구분하고 보면 귀납추론에서 저지르는 오류는 대체로 후자에 속하게 된다. 귀납추론은 논리적 법칙을 어기는 오류도 물론 포함되지만(이 부분은 연역추론에서 다뤄지는 것과 다름없다), 완벽한 논리적 법칙의 필연성에 의존하는 추론이 아니라 다만 경험내용에 비춰 얻게 되는 개연성을 주장하는 추론이기 때문이다.

1) 연역추론에서의 형식적 오류

(1) 매개념 부주연의 오류(Fallacy of Undistributed Middle)

정언적 삼단논법에서 두 개의 개념, 즉 대개념과 소개념을 연결해 주는 중간 매개념의 외연이 그 두 개념의 범위와 적어도 한 번은 중첩되어야 연결 · 매개의 역할을 하는데, 그렇지 않은 경우, 즉 매개념이 주연(周延)되지 않은 경우 제 역할을 하지 못하므로 오류를 빚어낸다.

[앞의 예]
모든 인간은 동물이다.
모든 개는 동물이다.

그러므로 모든 인간은 개다.

※ 대전제에서든 소전제에서든 매개념 '동물'이 주연된 개념이 아니었다. 즉, 동물 전체를 가리킨 적이 없었다.

(2) 부당주연의 오류(Fallacy of Illicit Major/Minor)

전제에서 부주연인 개념을 결론에서 주연시키는 오류를 말한다. 풀이하면, 일부의 대상 혹은 속성에만 타당한 주장을 전부에 대해 주장하는 오류다.

[예]

모든 위인은 용감하다.

모든 위인은 사람이다.

그러므로 모든 사람은 용감하다.

※ 소전제에서 '사람'은 부주연 개념으로 '모든 사람'이 언급된 것이 아니었는데, 결론에서는 '모든 사람'에 대해, 즉 주연 개념 취급을 하여 주장하는 오류를 범한 것이다.

(3) 부당부정의 오류(Fallacy of Ilicit Negation)

두 전제가 모두 긍정 판단일 경우 결론이 부정 판단일 수 없는데, 이를 어길 때 저지르는 오류를 말한다.

(4) 부당긍정의 오류(Fallacy of Illicit Affirmation)

두 전제가 모두 부정 판단일 경우에는 결론도 부정 판단일 수밖에 없는데, 이를 어길 때 저지르는 오류를 말한다.

(5) 전건 부정의 오류(modus ponens의 위배)

가언적 삼단논법에서 전건을 부정해서 후건의 부정을 결론으로 얻어내려는 사고 과정의 오류를 말한다.

[앞의 예]

A면 B다.	비가 오면 땅이 젖는다.
A가 아니다.	비가 오지 않았다.
∴ B가 아니다.	그러므로 땅이 젖지 않았다.

(6) 후건 긍정의 오류(modus tollens의 위배)

가언적 삼단논법에서 후건 긍정을 통해 긍정 결론을 얻으려는 사고 과정의 오류를 말한다.

[앞의 예]

A면 B다.	비가 오면 땅이 젖는다.
B다.	땅이 젖었다.
∴ A다.	그러므로 비가 왔다.

(7) 선언지 긍정/부정의 오류

선언적 삼단논법에서 대전제에 제시되는 선언지가 상호 배타적이지 않고 '포괄적'일 때는 선언지 중 하나를 긍정 혹은 부정했을 때 결론에서 다른 선언지를 부정 혹은 긍정할 수 없는데, 이를 어기는 것이 곧 선언지 긍정/부정의 오류다.

[예] 선언지 긍정의 오류

A는 B이든가 C다.	그가 좋아하는 과목은 수학이거나 역사다.
A는 B가 아니다.	그가 좋아하는 과목은 수학이 아니다.
∴ A는 C다.	그러므로 그가 좋아하는 과목은 역사다.

[예] 선언지 부정의 오류

A는 B이든가 C다.	그가 좋아하는 과목은 수학이거나 역사다.
A는 B다.	그가 좋아하는 과목은 수학이다.
∴ A는 C가 아니다.	그러므로 그가 좋아하는 과목은 역사가 아니다.

※ 그가 좋아하는 과목이 수학도 역사도 아닌 국어일 수도 있다.

2) 연역추론에서의 비형식적 오류

(1) 언어적 오류

① **애매어의 오류**(Fallacy of Equivocation): 동일한 단어가 여러 의미로 애매하게 쓰여 생기는 오류

[예]

모든 인간은 죄인이다.

죄인은 형벌을 받아야 한다.

그러므로 모든 인간은 형벌을 받아야 한다.

② **결합의 오류**(Fallacy of Composition): 구성요소의 속성으로부터 구성체 전체의 속성을 부당하게 도출하려는 오류

[예]

원자는 육안으로 볼 수 없다.

모든 물체는 원자로 구성돼 있다.

그러므로 모든 물체는 육안으로 볼 수 없다.

③ **분해의 오류**(Fallacy of Division): 구성체 전체에 관한 속성으로부터 그 구성요소에 관한 속성을 부당하게 도출하려는 오류

[예]

8은 짝수다.

8은 3과 5로 구성돼 있다.

그러므로 3과 5는 짝수다.

(2) 논증 구조적 오류

① **논점 일탈의 오류**(Fallacy of Irrelevant Conclusion): 마땅히 논해야 할 현안 문제에 대해 논하지 않고 논점과 본질적으로 관련이 없는 사실들을 근거로 관련성이 없는 부적절한 결론을 이끌어내려는 논증의 오류다. 이를테면 어떤 행위의 정당성을 논증해야 하는 상황에서 그 행위를 한 사람과의 친소관계를 역설하여 그 행위

를 옹호하는 주장을 하는 오류가 이런 것이다.

② **논점 변경의 오류**(Fallacy of Shifting the Point): 논점 일탈의 오류와 같은 성격으로, 논점을 변경함으로써 본래의 논증을 수행한 것처럼 주장하는 오류다. 어떤 이론의 정당성 여부를 논하는 자리에서 유행이 지났다는 이유로 그 이론을 지지하지 않는다고 주장하는 것이 이런 오류다.

③ **선결문제 요구의 오류**(Fallacy of Begging the Question): 논증 구조를 보자면, 전제들 가운데 이미 결론에서 증명해야 할 명제가 포함돼있는 경우 이 오류를 범하는 것이다. 즉, 논증에 사용할 논거를 임의로 가정하여 참인 것으로 전제하는 오류다. "성경 말씀은 진리다. 성경에 이미 그렇게 적혀있다" 같은 논법이 이런 오류에 해당한다.

④ **거짓 딜레마의 오류**(Fallacy of False Dilemma): 진정한 딜레마 상황이 아닌데 딜레마 상황인 것처럼 대전제에서 가능한 선언지를 모두 망라하지 않거나, 선언지들이 배타적이지 않을 때 오류 추론 과정이 되기 쉽다.

[예]

A양은 B군과 결혼하거나 혼자 살아야 한다. 그런데 A양은 혼자 살 사람이 아니다. 따라서 A양은 B군과 결혼해야 한다.

※ 대전제에서 가능한 선언지가 모두 망라되지 않았다.

⑤ **복합질문의 오류**(Fallacy of Complex Question): 얼핏 보면 단순한 질문 같지만 내용적으로 두 개 이상의 질문을 결합한 것으로, 어떤 답을 하든 반박을 피할 수 없게 된 질문을 던지는 데 숨어있는 오류다.

[예]
"음모를 단념했나?" 이 질문에 "예"라고 답하면 전에 음모했다는 것이고, "아니오"라고 답하면 아직도 음모하고 있다는 것이니 어떻게 답하든 반박을 피할 수 없다. 이 질문은 "전에 음모한 적이 있는가?"라는 질문과 "지금 음모하고 있는가?"라는 두 개의 질문을 합한 것이다.

(3) 논거 부적정 오류

① **위력에 호소하는 오류**(Fallacy of Argumentum ad baculum): 논리적 사고를 넘어서서 무력이나 권력을 동원해 상대방을 굴복시켜 자신의 주장을 관철하려는 태도로 저지르는 오류다.

[예]
종교적 신념을 갖게 하기 위해 "한 손에는 쿠란을, 다른 한 손에는 칼을" 들고 포교했던 이슬람교의 지도부가 저지른 오류다.

② **권위에 호소하는 오류**(Fallacy of Argumentum ad verecundiam): 주장하려는 논지를 논리적으로 정당화하지 않고 그런 주장을 한 사람이나 그런 주장을 지켜온 전통이나 관습을 끌어들여 이를 논거로 삼으려는 오류다.

[예]

그 보편복지정책은 정당한 것으로 지지해야 한다. 대통령이 제시한 것이니까.

③ **사람에 호소하는 오류**(Fallacy of Argumentum ad hominem): 어떤 논지의 정당성을 주장하거나 반대하기 위해 사실에 기초한 논리적 증명보다는 그 논지를 주장한 사람의 이력이나 인품, 행적을 원용하는 오류다. 반대할 때는 인신공격의 오류가 되기 쉽다.

[예 1]

자신이 하기 싫은 일은 남에게도 시키지 않아야 한다. 일찍이 공자(孔子)가 그렇게 말씀하셨으니까.

[예 2]

그의 대일본 무역정책은 지지할 수 없다. 그의 부친이 친일파 아니었나!

④ **대중에 호소하는 오류**(Fallacy of Argumentum ad populum): 논점에 대한 논리적 증명을 벗어나 일반 대중의 감정이나 편견 또는 통념 등에 의존하여 어떤 주장을 할 때 저지르는 오류다.

[예]

성적 평가에서 그 교수가 주장하는 절대평가 방식은 정당한 것이 못 된다. 지난 수십 년간 상대평가 방식이 시행되어왔고 대부분의 학생이 이에 익숙해 있기 때문이다.

※ 민주사회에서 공적인 의사결정을 할 때 여론을 중시하고 다수결 원칙에 따르는 것은 근대 이래 상식이 되었지만, 이런 정치 · 사회적 문제는 엄밀한 논리적 명증성에 국한되는

문제가 아니기 때문이다. 사회정의의 문제와 논리적 엄밀성의 문제는 합치하지 않는 부분이 있는 것이 현실이다.

⑤ **연민에 호소하는 오류**(Fallacy of Argumentum ad misericordiam): 상대방의 감정, 특히 동정이나 연민의 감정에 호소하여 자신의 주장을 받아들이게 하는 의사소통 활동으로, 역시 이지적 논증에서 벗어나는 오류다.

[예]

제가 은촛대를 훔친 것은 사실이지만, 집에서 굶주리고 있는 제 어린 자식들을 생각해 제 죄를 묻지 마시고 제 범행을 묵인해주십시오!

⑥ **무지에 호소하는 오류**(Fallacy of Argumentum ad ignorantiam): 주장하는 바가 증명되지도 반증되지도 않았다는 사실에 의존해, 혹은 그것이 논리적 모순을 지니고 있음을 상대방이 알아차리지 못하는 것을 이용해 자신의 주장을 관철하려 할 때 저지르는 논리적 오류를 가리킨다.

[예]

네스호수에 괴물이 살고 있다고 생각한다. 아무도 이를 반증하지 못하지 않았느냐.

⑦ **원천봉쇄의 오류**: 자신의 주장에 대한 부정적 비판을 의식해 그 비판 자체를 논박하는 데 있어 비판적 입장이 근거하고 있는 어떤 사실을 억지로 잘못 원용하는 오류다. 비유적으로 "우물에 독

풀기"라고 부르기도 한다.

[예]

나는 일본과의 교역을 재개하자는 주장에 반대한다. 왜냐하면, 그런 주장을 하는 사람들은 대개 친일파이기 때문이다.

⑧ **허수아비 논증의 오류**: 논쟁 중 반대 혹은 찬성하고자 하는 상대의 논지를 오해하여 자신의 잘못된 해석을 토대로 상대의 논증을 대하는 오류를 가리킨다.

[예]

아인슈타인의 상대성 이론에 따르면, 우리가 빛의 속도로 이동하는 기차에서 공을 던지면, 이 공은 앞으로 나아갈 수 없고 그대로 멈춰있게 된다. 공이 빛보다 빨리 움직이는 것은 불가능하기 때문이다.

⑨ **소망적 사고의 오류**: 객관적으로 확인된 사실이 아니라 본인이 바라는 염원을 기초로 어떤 주장을 할 때 저지르는 오류다.

[예]

아문젠은 반드시 살아 돌아올 거야. 우리 모두 이렇게 간절히 그를 기다리고 있으니까.

3) 귀납추론에서의 오류

(1) 조급한 일반화의 오류(Fallacy of Hasty Generalization)

관찰된 현상이나 속성이 충분치 못한 상태에서 귀납추론을 하는 오류다. 말하자면 특정 사태를 가리키는 표본 수가 너무 적음에도 그 사태 전체에 대해 일반적 경향이나 법칙, 원리 같은 것을 주장하는 오류다.

> [예]
> 내가 만난 우송대 학생들은 모두 예의 바른 젊은이였다. 아마도 우송대 학생들은 모두 예의가 바를 것이다.

(2) 우연의 오류

(Fallacy of Argumentum ad secundum quid; Fallacy of Acccident)

우연히 발생한 사건을 근거로 삼아 일반 명제를 지지하거나 반박하는 오류다.

> [예]
> 미국에서 흑인이 차별받고 있다는 주장은 잘못된 것이다. 흑인인 오바마가 대통령이 되지 않았는가!

'오비이락(烏飛梨落)'을 일반화한다면 이것도 우연의 오류라 하겠다.

(3) 인과 전도의 오류(Fallacy of False Cause): 원인과 결과를 거꾸로 인지하여 추론하는 오류

[예]

네스호수에 물고기가 살고 있지 않다는 사실을 많은 먹이를 필요로 하는 괴물의 부재를 입증하는 원인으로 볼지, 아니면 그 괴물이 다 잡아먹어서 없어졌다고 판단해 괴물의 실재를 입증하는 결과로 보아야 할지, 어느 한쪽이 옳다면 다른 한쪽은 인과 전도의 오류를 범하고 있는 것이다.

(4) 미끄러운 비탈길의 오류(Fallacy of Slippery Slope)

어떤 단순한 사실에서 출발하여 가정적 추론을 연쇄적으로 이어나가다 보면 완전히 엉뚱한 결론에 이를 수 있는데, 이런 부당한 연쇄추론의 오류를 가리키는 것이다.

[예]

그는 가난하다. – 그러니까 돈이 더 많이 필요할 것이다. – 그러니 돈에 대한 욕망도 클 것이다. – 돈에 대한 강한 욕망은 돈을 훔치려는 유혹도 크게 받을 것이다. – 그러니 그가 아마도 절도범일 것이다.

(5) 편향된 자료의 요구((Fallacy of Biased Statistics)

통계적 일반화를 시도하는 과정에서 표본이 될 자료를 편향적으로 수집하여 편향된 결론을 이끌어내는 오류를 가리킨다.

[예]

A 교수는 이번 학기에 "성윤리"라는 과목을 담당해 열심히 강의했다. 학생들도 흥미롭게 열심히 수강했다. A 교수는 젊은이들의 성윤리 의식에 관한 연구를 하기 위해 학기 말에 이 수강생들을 상대로 설문조사를 벌였다. 그리고 그 결과 "젊은이들의 높은 성윤리 의식"에 대해 대만족했다!

(6) 잘못된 유비의 오류(Faulty Analogy)

비교되는 두 대상 사이에 본질적 차이가 있든지 논리적 구조의 차이가 있든지 할 때, 유비의 오류가 발생한다.

[예]

A 회사와 B 회사는 생산품 종류도, 생산량도, 기술 수준도, 영업이익이나 시장점유율도 비슷하다. 그런데 A 회사의 사장이 횡령 혐의로 검찰에 기소되었다. 따라서 B 회사의 사장도 기소될 것이다.

제2부

스피치와 토론: 공적 스피치를 위한 전략과 전술

1장

의사소통과 공적 말하기

1. 사회적 소통, 말하기 능력의 중요성
2. 준사회인으로서 공적 말하기 교육
3. 대학생의 말하기 불안

1.
사회적 소통, 말하기 능력의 중요성

1) 지식정보의 자기화 능력

지식정보화 사회는 지식과 정보를 디자인하여 자기화하는 능력을 요구한다. 여기서 자기화란 수많은 정보를 자기 스타일로 만들어나가는 힘을 의미한다. 이러한 힘을 키우고 가꾸어나가기 위해 말하기 교육과 훈련이 필요하다. 지식정보화 사회를 살아가는 지식인들은 자기가 알고 있는 사실을 공동체 구성원들에게 효과적으로 알려야 한다. 이를 위해 논증전략을 비롯하여 설명 능력 또한 필수다.

2) 리더십을 위한 표현 능력

사회적 공동체에서 인정받고 리더십을 발휘하려는 사람은 무엇보다 말하기 능력을 갖추고 있어야 한다. 리더십이란 달리 표현하면 말을 매개로 하여 구성원의 마음을 움직이는 것이다. 따라서 좋은 리더는 잘 표현하고 효과적으로 전달할 수 있어야 하는데, 이때 성과를 얻을 수 있는 다양한 표현 기제에 대해 알고 있어야 한다. 리더십에 관한 정의는 수도 없이 많다. 그런데 곰곰이 생각해보면, 리더십은 늘 의식적인 의사소통 행위라는 사실을 떠올릴 수 있다. 왜냐하면 소통 없이는 사람들에게 영향력을 행사할 수 없기에 말이다. 리더십은 "사회적 영향력을 성공적으로 행사하기 위해 목표를 지향하고 수행하는 말하기 능력"이라고 정의할 수 있을 것이다.

3) 민주사회의 설득적 능력

민주사회에서 차지하는 의사소통능력의 중요성을 언급하지 않을 수 없다. 민주사회에서의 의사결정 구조는 다원화 경향을 갖지만, 구성원들은 사회를 지탱해나가기 위해 합의를 이끌어내야 한다. 이 과정에서 설득력 있는 말하기가 더없이 강조된다.

2.
준사회인으로서 공적 말하기 교육

인간은 사회 구성원들과 소통하며 살아갈 수밖에 없는 환경에 직면하게 된다. 만물의 영장으로서 인간이 그 종(種)의 특성을 결정짓는 가장 큰 특징이라고 할 수 있는 언어능력도 제대로 발휘하지 못하면 존재 자체의 의미에 부응하지 못하게 되는 셈이다. 그래서 우리는 말하기에 대해 제대로 알고 있어야 한다.

1) 생각과 말 그리고 행동의 조화

표현과 전달이라는 것은 생각을 떠나서는 제대로 될 수 없다. 말하기에 앞서 말의 주제를 발견하고 이를 정리하는 작업이 중요하게 부각된다. 이는 사고의 영역에서 이루어진다. 사고와 분리된 표현은 무의미하다. 아니, 존재할 수 없다. 뇌와 혀의 분리는 곧 죽음을 의미하기 때문이다. 말하기 교육에서 특별히 사고력을 강조해야 하는 이유다. 물론 사고력을 강조한다고 해서 말하기 교육이 모두 이쪽으로 치우쳐야 한다는 것을 의미하는 것은 아니다. 인간의 언어적 역량은 사고와 표현을 아우르고, 이를 몸을 통해 타인 앞에서 실현하는 전 단계를 포괄하고 있다. 그러기에 올바른 말하기는 사고와 표현 그리고 행위의 세 가지 요소, 다시 말해 생각과 말과 행동이 서로 조화를 이루고 있어야 한다.

2) 수사학과 말하기 담론

말하기 교육의 중요성을 모두가 실감하고 있는 오늘날, 특히 대학에서 말하기 교육을 어떻게 해야 하는지에 대해 진지한 성찰이 요구되고 있다. 이러한 성찰에 앞서 우리가 배우고자 하는 말하기 교육에 무엇을 담아내야 하는지 아래 내용에서 함께 고민해볼 필요가 있다. 아래의 내용은 고대 말하기 담론의 일부다.

> 플라톤은《파이드로스》에서 참된 연설의 기술은 영혼을 인도하는 것이라고 설파하면서 연설가가 지녀야 할 자질에 대해 언급하고 있다. "연설의 능력은 영혼의 인도에 있기 때문에 연설가가 되려는 사람은 영혼의 형태에 어떤 것들이 있는지 반드시 알아야 하네. 그런데 영혼의 형태는 수도 여럿이고 그 성질도 여럿이어서 그로 말미암아 어떤 사람은 됨됨이가 이러저러하게 되고 또 어떤 사람들은 그와 다르게 된다네. 그리고 이런 구분에 상응해서 연설의 형태도 수가 여럿이고 저마다 성질이 다르지. 그래서 이러저러한 사람들은 어떤 특정한 이유 때문에 이러저러한 연설들에 의해 이러저러한 상태에 쉽게 빠져들고, 그와 같은 성질이 다른 사람들은 (같은 말을 들어도) 다른 여러 가지 원인 때문에 그런 상태에 빠져들지 않네. (연설가

가 되려는 사람들은) 이런 점들을 충분히 통찰하고, 그런 다음 그것들이 실제 상황 속에서 실행되는 것을 지켜본 뒤 감각을 동원해서 그것들을 치밀하게 따라 할 수 있는 능력을 갖추어야 하네."

- 플라톤(2008: 132-133)

위의 맥락에서 볼 때, 플라톤은 철저한 수사학자로 분류되어야 할 것이다. 말하기에 관한 이와 같은 철학적 성찰은 로마 시대 키케로에게 이어져 고전 수사학에서 이상적인 연설가가 갖춰야 할 세 가지 구성조건을 제시하면서 말하기의 중요성을 언급했다.

말하기와 관련하여 로마의 수사학자 키케로는 이상적 연설가가 갖추고 있어야 할 세 가지 구성조건을 제시하고 있다. "첫째 구성조건은 편협한 특정 분파의 전문 지식이 아니라 모든 영역을 두루 꿰뚫어보는 지적 능력이다. 왜냐하면 연설가는 어느 상황에서, 어떤 주제로 연설을 하든지 광범위한 분야에 대한 지적 준비를 하고 있어야 하기 때문이다. 여기에는 철학이 매우 중요한 역할을 한다. … 둘째 구성조건은 공동체에 대한 의무감이다. 정치활동, 곧 공동의 일에 대한 참여를 키케로는 중요한 의무라고 생각했다. 그러나 공동체 일에 대한 참여는 말을 매개로 가능하다. 따라서 그에게 연설은 정치 참여의 중요한 수단이었다. … 셋째 구성조건은 주어진 상황과 주제를 파악하고, 이에 따라 연설을 효율적으로 조절할 수 있는 능력이다."

- 키케로(2006: 30-31)

3) 공적 말하기 교육의 목표

지식기반사회로 불리기도 하는 21세기는 새로운 지식 창출은 물론, 지식 소비를 이끌어낼 창의력을 갖춘 새로운 인재를 필요로 한다. 이 인재들은 급변하는 상황에서 다양한 구성원과 원활하게 소통해나가야 한다. 이러한 시대의 과제가 대학의 교양교육으로서 말하기 교육에 대해 고민하게 한다. 그렇다면 말하기 교육에 무엇을 담아내야 할까. 아래에 말하기에 대한 구체적인 목표 여섯 가지를 설정했다.

① 말하기에 대한 두려움을 극복하고 공적 말하기의 기본원리를 습득한다.
② 자신의 말하기 태도와 습관에 대한 성찰적 분석을 통해 자신에게 가장 적합한 말하기의 자질과 특성을 발견하고 습득한다.
③ 창의적이고 구체적인 이야기 구성 능력과 말하기 원고 작성 능력을 계발한다.
④ 정확한 정보나 설명 제공하기, 논리적이고 설득적인 말하기 능력의 함양과 더불어 자신의 말에 대한 책임감과 윤리의식을 고양한다.
⑤ 타인을 이해하는 적극적인 말하기 행위로서 경청하기 능력을 향상시킨다.
⑥ 상대방 의견의 다양성을 이해하고 그 차이에 대한 관용을 익히는 토론수업을 통해 민주시민의 자질을 향상시키며 의사소통적 리더십 역량을 배양한다.

대학에서 교양교육으로서 말하기를 공부한다는 것은 단순히 유창한 말하기 기술을 습득하는 것이 아니다. 말의 주체로서 자신이 한 말에 책임을 지는 윤리성까지 인식하는 과정을 배우는 것이다. 우리는 말하기 교육을 통해 자기성찰과 사회적 소통, 설득 행위 그리고 가장 주목할 사항은 상대를 배려하고 자신을 돌아보는 인성교육을 강조하는 대목을 놓치지 말아야 한다.

4) 공적 말하기와 의사소통 능력의 관계

말하기 교육에서 무엇보다 신경 써야 할 일은 의사소통 영역과의 관계다. 하지만 의사소통 능력은 매우 다양한 능력과 연계되어 있다. 단순히 말만 잘한다고 해서 소통 능력이 강화되는 게 아니라는 사실이다. 상황과 맥락에 맞게 말할 내용을 뒷받침해주는 논거를 발견하고, 이를 잘 정리해서 알맞게 표현하고 전달하는 전 과정을 그야말로 체계적으로 배워나가야 할 것이다. 특히 다양한 유형의 말하기 실습을 통해 합리적이고 책임감 있는 의사소통을 위한 실질적 능력을 배양하도록 한다.

실습은 공적인 상황에서의 자기소개, 말하기에 대한 성찰, 이해와 공감을 끌어내는 말하기, 설득을 위한 말하기, 그리고 토론의 다섯 가지 유형으로 이루어진다.

말하기는 청중과의 직접적 의사소통이라는 점에서 사전준비와 사후평가의 단계적 학습이 매우 중요하다. 특히 문자화되지 않고 실행 후 바로 사라져버리는 말하기의 속성상 연사의 의사소통 능력은 청중 분석, 사전준비, 사후평가 과정을 반복하여 훈련함으로써 발전할 수 있다. 더욱 치밀한 말하기 능력을 연마하기 위해 실시되는 사후평가에는 청중의 반응과 청중과의 교감을 사후적으로 성찰하고 분석하기 위한 발표 실습 촬영과 촬영 동영상 소감문 작성, 동료 말하기 평가와 코멘트가 포함된다. 말하기 이론 수업은 말하기 주제나 소재의 선택, 내용 구성, 논리 전개 학습을 위해 수사학, 커뮤니케이션학 등의 이론뿐 아니라, 청중과의 감성적 소통을 높이고 구체적인 이야기의 맥락을 만들어내는 스토리텔링, 건설적인 듣기(constructive listening), 대화분석 등의 이론도 포함한다. 그러나 이러한 이론 수업은 강의를 통해 이루어지기보다는 말하기 발표 실습 준비, 실습 후 평가 과정에서 구체적으로 제시되거나, 연설 분석 과제 등을 통해 학습하게 된다. 또한 연설 주제에 따라 다양한 이미지를 통한 이야기 만들기, 창의적인 해석 등을 말하기 내용 구성에 활용하는 방안을 학습하기도 한다.

말하기 능력을 높이기 위해서는 많은 지식과 정보를 고찰해야 한다. 그중 추천할 만한 것은 고대의 여러 말하기 담론 가운데 말하기 교육과 관련한 주요 논의를 이끈 인물로 이소크라테스, 플라톤, 키케로, 퀸틸리아누스를 들 수 있다. 간략하게 소개하면, 이소크라테스는 말하기 교육에서 본성과 재능 그리고 훈련의 중요성에 대해 언급했고, 플라톤은 참된 말하기는 영혼을 인도하는 기술이 되어야 한다고 힘주어 말했다. 키케로는 말의 기술보다 말하는 사람에게 더 비중을 두어 이상적 연설가의 덕목을 강조했으며, 퀸틸리아누스는 단지 말을 잘하는 능력뿐만 아니라 교육을 통해 정신의 모든 덕성을 구비한 인간으로 나아가야 한다고 주장했다.

5) 공적 말하기로서 자기소개

'공적 말하기(public speech)' 연습의 일환으로 자기소개 말하기 실습을 할 수 있다. 정보사회, 탈권위주의, 민주주의라는 시대의 흐름 속에서 인간의 보편적 소통 수단이자, 개인의 능력을 판단하는 중요한 기준인 말하기를 통해 학생 개개인의 의사소통 능력을 향상시킨다. 또한 말하기의 완성은 경청하기에 있으며, 경청은 단순한 듣기가 아니라 타인을 이해하는 적극적인 말하기 행위에 포함됨을 이해한다.

말하기 능력은 공론장에서 타인과 내 의견이 다름을 인정하고, 그 차이점을 조율해 최종적으로 합리적인 의사결정을 도출하는 능력을 가리킨다. 본 교과목은 이러한 능력을 기초로 의사소통의 리더십을 기르는 것을 목표로 한다. 대학교양교육에서 말하기 수업은 이론과 실습을 함께 공부한다. 특히 다양한 유형의 말하기 실습을 통해 합리적이고 책임감 있는 의사소통을 위한 실질적 능력을 배양하도록 한다.

(1) 즉흥적인 자기소개 말하기

자기소개는 2단계로 진행할 수 있다. 우선 아무런 준비 없이 즉흥적으로 자신을 간단히 소개한다. 이때는 준비하지 말고 즉흥적으로 청중에게 자기를 짧게 소개한다. 이 과정은 말하기 수업의 준비단계로 '대중 앞에서 말하는' 행위의 의미를 생각하는 시간이기도 하다. 많은 학생은 원고를 써서 발표하면 말하기가 다 되는 것으로 여기는 경향이 있는데, 실상은 그렇지 않다. 글쓰기가 지난한 작업이라 할 수 있겠으나, 말하기 역시 이에 못지않은 어려움을 내포하고 있다. 교정이 가능하고 타자와의 대면이 일어나지 않은 상태에서 진행되는 글쓰기 작업과 달리, 말하기는 타자와의 대면이 불가피하고 표현 장소가 개방되어 있어서 정서적 요인과 청중의 반응에 즉각 반응해야 하는 부담을 내포하고 있다.

(2) 준비된 자기소개 말하기

준비해서 하는 자기소개를 생각해볼 수 있다. 자기를 소개하는 말하기 행위의 의미를 생각하고 공적 말하기로서 자기소개를 어떻게 할 것인지 고민하는 시간을 갖는다. 자신을 타인에게 가장 인상적으로 드러낼 방법을 모색하여 이를 요약문으로 작성한 후, 2~3분 이내로 발표한다. 이때 단순히 자신의 신상명세를 나열하는 식의 발표는 반드시 지양한다.

말하기와 관련된 자신의 문제 또는 그에 관한 이야기를 주제로 하거나, 특정 주제나 이야기 속에 자신을 투영하여 소개하는 방식을 취할 것을 권한다. 이 시간에는 듣기의 중요성이 강조되며, 타자를 이해하는 배려의 마음을 갖도록 한다. 남과 더불어 잘살기 위해 그의 말을 잘 들어야 하고, 대화의 절반도 듣는 데서 출발한다. 이때 교수자는 모든 실습에서 듣기 교육과 연계한 활동을 특별히 염두에 두어야 한다. 가령 자기소개 실습시간에는 어떤 사람의 소개가 특별히 공감이 가는지에 대해 검토하고 느낀 점을 소그룹으로 나눠 이야기해볼 수 있다. 인간은 살아가면서 자기를 남에게 알려야 할 기회를 수도 없이 맞이하게 된다. 다른 사람과 만나고 대화를 나누는 과정에서 공감을 끌어낼 수 있는 소개야말로 사회생활에 기초가 될 수 있다는 말이다. 이 과정에서 진정성이 묻어나고 호감을 불러일으키는 소개의 말하기가 요구된다. 자기소개를 실습의 처음에 두는 이유는 자기에 대해 자신이 가장 잘 알고 있을 뿐만 아니라, 향후 전개되는 여러 말하기 방식에 대한 예비적 성격을 띠고 있기 때문이다. 자기를 소개하는 과정에서 자기를 돌아보고 성찰할 수 있는 계기를 만든다는 것은 말하기 수업에서 얻을 수 있는 또 하나의 교육목표가 될 수 있을 것이다.

실습

※ 학교 홈페이지에 기재된 나의 전공학과 소개란을 살펴본 후, 나의 현재 모습과 미래의 모습을 연관 지어 자기소개를 해보자.(60초)

3.
대학생의 말하기 불안

말하기란 타자와의 인격적 대면이 이루어지는 행위이자 나의 내면과 외면이 어떤 형태로든 상대방에게 드러나는 행위이므로 말하기 불안 요인의 상당 부분은 인격이나 자아 형성 과정과 밀접하게 맞물려 있다. 일반적으로 많은 사람은 남들 앞에서 말할 때 큰 부담을 갖는다. 타인에 대한 경계심, 타인에 대한 부정적 체험, 어린 시절에 형성된 무의식적 증오심 등이 알게 모르게 의식을 지배하고 언어적 표현행위에 방어기제로 작용하여 나의 언어적인 표현행위를 왜곡하기도 하고 방해하기도 한다.

말하기 불안증이 자연스러운 현상이라고 하지만 그렇다고 그냥 방치할 수만은 없는 일이다. 말하기에 앞서 자신을 불안하게 하는 이유가 무엇인지를 알고, 불안에서 벗어날 방도를 찾아야 한다. 이러한 기회를 통해 자신을 객관적으로 볼 수 있고, 표현방식의 장단점을 파악할 시간이 될 수 있다.

다양한 말하기 불안 현상 중 이 장에서는 대학생의 말하기와 관련된 발표 불안증에 초점을 두고 이야기해보자.

1) 대학생의 발표 불안

발표 불안은 지금까지 여러 학자에 의해 다양한 의미로 언급되어 왔는데 침묵, 사회적 침묵, 사회적 의사소통 불안, 부끄러움, 대화에서의 비지발성, 의시소통 불안, 청중 불안 등의 용어들로 사용되어왔다. 강의실에서 보이는 발표 불안증은 발표자가 수업이나 발표 장면에서 질문에 대답하거나 의문 나는 점을 질문하는 등 자신의 의사를 발표할 때 느끼는 염려, 긴장, 고민 같은 인지적 · 행동적 · 정서적 반응을 말한다. 발표 불안은 특정 상황에서만 나타나는 '상태 불안 측면'과 개인이 처한 상황보다 그 개인의 특성, 특히 인성적 특성 때문에 나타나는 '특성 불안 측면' 중 특정한 것과 밀접하게 관련된 것으로 보는 학자들이 있다.

아래에서 발표 불안을 해소할 방법 및 자신의 경험과 이를 극복할 방안에 대해 살펴보자.

2) 발표 불안 요소

① 상태 불안적 측면

슐렝커(Schlenker)는 발표 불안을 '상태 불안적 측면'으로 보고 있다. 즉, 발표 불안이란 대중 앞이라는 사회적 상황에서 대중의 평가가 예상되거나 실제로 평가가 이루어지는 데서 오는 일종의 사회적 불안이라고 보고 있다. 그에 의하면 발표 불안은 대중의 크기나 성격에 영향을 받는데, 대중의 규모가 클수록 발표 불안도 크게 나타날 수 있다고 본다.

② 특성 불안적 측면

발표 불안을 특성 불안적 측면에서 보는 의견들도 있다. 클레벵거(Clevenger)는 개인이 가진 일반적인 특성에 따라 발표 불안의 수준이 결정된다고 한다. 즉, 불안은 그가 처한 상황보다 그 개인의 특성과 더 관련된다는 것이다. 또한 불안과 관련된 특성은 사회적 인정에 대한 욕구, 타인 지향성, 수줍음을 타는 정도 등과 같은 성격적인 측면이다. 발표 불안을 상태 불안 또는 특성 불안 중 어느 하나에 국한하여 보지 않으려는 의견도 있다.

매크로스키(McCroskey)는 발표 불안이 특성 불안의 극에서 상태 불안의 또 다른 극으로 이어진 연속체 위에 측정될 수 있다는 관점에서 특성과 상태를 동시에 보아야 한다는 것을 강조한다. 대부분의 연구에서는 특성과 상태의 양극 개념은 그렇게 중요하지 않은 것으로 보고 그 중간적인 영역에 관심을 두고 있다.

위의 발표 불안 요소들을 간략하게 정리해보면, 발표 불안이란 "여러 사람 앞에서 발표할 때, 즉 개인이 다수의 타인에게 관심의 초점이 되는 공식적 혹은 비공식적 상황에서 타인의 평가가 예상되거나 발표를 잘해야 한다는 강한 자기의식 때문에 심한 긴장과 초조, 걱정, 떨림의 심리 상태로 자신이 준비한 것을 소신 있게 발표하지 못하는 불안 상태"라 할 수 있다.

3) 발표 불안을 극복하는 방법

① 긍정적인 피드백

화자의 낮은 자아개념이나 반복된 발표 실패 경험으로 인해 갖게 되는 비합리적 신념을 긍정적이고 합리적인 신념으로 전환할 수 있도록 끊임없이 격려하고 발표 후 긍정적인 피드백을 한다. 반복된 실패 경험은 화자에게 발표 상황을 기피하게 만들고 비합리적인 신념을 갖게 한다. 이를 위해 발표 불안을 경험하는 사람을 세밀하게 관찰하여 발표 중 잘한 점을 찾아 칭찬해주고 격려하며 긍정적인 피드백을 하도록 해야 한다.

② 많은 경험

의미 있는 말하기 경험을 많이 가질 수 있도록 해야 한다. 대중 앞에서 발표하는 상황에 대한 경험이 적은 사람일수록 발표 중 더욱 불안이 커진다. 이런 점에서 대중 발표 상황에 자주 노출되면 말하기 기술이나 대처 능력을 연습할 수 있어 불안을 덜 경험하게 된다. 이때의 말하기 경험은 의미 있는 경험이어야 한다. 즉, 열심히 준비한 만큼 발표를 잘했다거나 청중과 시선을 마주치지 못했는데 시선을 맞출 수 있었다거나 하는 향상된 모습을 통해 실패했던 경험을 성공적인 경험으로 전환할 수 있는 의미 있는 경험이어야 한다.

③ 말하기 기술 연마

말하기 기술에 대한 훈련과 지도가 이루어져야 한다. 화자의 말하기 기술에 대한 부족은 발표 불안을 야기하는 또 다른 변인으로 작용한다. 아무리 좋은 주제와 메시지 내용을 가지고 있어도 이를 효과적으로 전달할 수 있는 말하기 기술이 부족하다면 메시지도 제대로 전달하지 못할 뿐만 아니라 원하는 결과를 얻을 수 없다.

④ 청중에 대한 바른 인식

화자가 청중에 대해 올바로 인식할 수 있도록 미리 청중을 탐색한다. 화자가 발표에 대해 갖고 있는 잘못된 생각 중 하나는 청중이 자신의 작은 실수라도 용납하지 않으며 자신을 평가하기 위해 존재하는 집단이라고 생각하는 것이다. 이러한 청중에 대해 갖는 화자의 과도한 인식은 발표 중 불안에 휩싸이게 한다. 그러므로 화자가 청자에 대해 잘못 인식하고 있는 생각을 올바로 인식할 수 있어야 한다.

⑤ 청중의 특성 분석

발표 전에 청중을 면밀하게 분석하는 과정이 필요하다. 청중의 특성에 따라 메시지의 내용과 구성, 전달 방법, 매체 사용 등이 달라지기 때문에 구체적인 분석 과정이 필요하다. 청중 분석 과정은 청자의 요구와 관심, 지적 수준, 주제 관련 입장, 개인적 관련성을 중심으로 분석한다. 이러한 청자에 대한 분석은 준비 단계의 분석으로만 끝나는 것이 아니라 내용 구성, 전달 방법, 표현 방법에 모두 적용해야 한다. 청자의 분석이 구체적일수록 발표자는 자신감이 생겨 발표 불안을 덜 경험하게 된다.

⑥ 청중의 태도에 따른 대처 방법

청중의 태도에 역동적으로 대처하는 방법을 알아야 한다. 청중의 태도에 따라 청중을 세 가지로 분류해볼 수 있다.

• **인지적 수준이 높은 청자**

자신보다 발표 내용에 대해 많이 알고 있거나 인지적 수준이 높은 경우에는 발표 중에 청중을 자연스럽게 참여하게 하는 것이 효과적이다.

• **무관심한 청자**

발표에 무관심하거나 듣고자 하는 의욕이 없는 청중의 경우 흥미 유발과 관심 끌기가 필요한데, 이를 위해 매체를 사용하여 그림이나 영상을 보여주거나 청중이 관심을 가질 만한 기사나 사례를 통해 흥미와 관심을 유발하는 것이 좋다.

• **적대적인 청자**

발표 주제에 대해 적대적이거나 비우호적인 청중의 경우 발표 중 화자가 불안을 가장 높게 느낄 수 있다. 이 경우 각별한 주의가 필요한데, 화자는 청중과 공통의 관심사를 찾도록 노력하고 의견이 일치하는 부분을 강조하도록 한다.

[예시] 대학 신입생의 발표 불안에 대한 이야기

나는 대학 신입생 때 늘 발표 불안을 경험하곤 했다. 수업 중 발표할 기회가 생길 때마다 그전부터 심장이 오그라들고 발표 장면을 떠올리면서 매우 불안을 느낀다. 그리고 발표 시에는 청중의 모습은 잘 보이지 않고 온통 주변이 하얗게 보인다. 나의 이러한 발표 불안은 아동기 시절의 경험이 많이 작용한 것 같다. 즉 아동기 시절에 자기 생각과 의견을 자신 있게 말하지 못하고 조용히 있었고 주변에서는 이러한 나를 '얌전하다', '착하다' 등으로 칭찬했는데, 이

> 러한 강화가 반복되어 자기주장을 제대로 하지 못하게 된 것으로 보인다. 또 한번은 장기자랑 시간에 어렵게 용기를 내어 앞에 나가서 노래를 불렀는데, 중간에 그 수업 시간이 끝나버려 친구들로부터 웃음을 샀던 적이 있고 이러한 경험 이후에 더욱더 앞에 나가서 발표하는 것이 어렵게 된 것이다. 이러한 발표 불안은 아르바이트라는 단기직장을 다니면서부터 이를 극복하기 위해 노력해야 하는 상황이 발생했다. 그렇지 않으면 아르바이트 생활이 수월치 못하다는 것이 불 보듯 뻔했기 때문이다. 내가 발표 불안을 해소하기 위해 사용한 방법은 발표 시나리오를 작성하여 무한 반복하는 것이었다. 물론 발표 중간에 외웠던 부분을 잊어버리는 경우가 간혹 있었지만, 이러한 경우도 미리 대비하여 메모지를 준비했다. 이렇게 나의 발표 불안은 나 스스로 만든 요인으로 인해 발생했고, 이를 극복하기 위한 방법은 무조건 반복적으로 발표 내용을 연습하는 것뿐이었다. (후략)

위의 예시는 한 대학생의 경험담으로 발표 불안을 해소하기 위한 방법에 대해 언급하고 있다. 발음이나 내용이 어려운 문장은 빠르고 정확하게 읽으면서 연습하는 것을 추천한다.

실습

발표 불안을 해소하는 방법

말하기의 불안 요인을 극복하기 위한 방법으로 다음과 같은 노력을 할 수 있다. 우선 자신의 말하기에서 나타나는 불안 요인이 어디에서부터 연유된 것인지 성찰하는 시간을 갖도록 한다. 그런 다음 성찰을 통해 발견한 내용을 글로 적고 그것을 여러 사람 앞에서 발표한다. 발표하는 방식은 두 가지를 고려할 수 있다.

① 자신의 문제를 많은 사람에게 알려 해결하는 방식: 자신의 문제를 타인과 공유할 수 있고, 타인의 시선을 통해 자기 내면의 문제를 들여다볼 수 있는 장점이 있다.
② 무기명으로 발표 불안증을 적어낸 뒤, 타인이 발표하게 하는 방식: 발표 불안증이 보편적인 현상이라는 사실을 인식하게 한다. 이를 통해 내가 적어낸 글을 읽는 타인에 대한 긍정적인 태도가 공적 말하기에도 도움이 된다는 사실을 체험한다.

도움받은 곳

김예지, 〈대학생의 발표 불안 연구〉, 전남대학교 출판부, 2012.
김종영, 〈의사소통 교과목 수업의 수사학적 고찰〉, 《수사학》 9, 한국수사학회, 2008.
______, 〈말하기 교육, 무엇을 어떻게 할 것인가〉, 《수사학》 16, 한국수사학회, 2012.
______, 〈한국의 교양교육과 소통교육〉, 《수사학》 32, 한국수사학회, 2018.
이창덕 외, 《화법교육론》, 역락, 2012.

2장

공적 말하기의 구성과 기능

1. 공감적 듣기의 중요성
2. 공감적 듣기의 유형과 향상법
3. 공적 말하기의 구성요소
4. 공적 말하기의 표현방식

1. 공감적 듣기의 중요성

1) 경청의 의미

공적 말하기의 구성에서 가장 중요한 것은 공감적 듣기라 할 수 있는데, 사회적 의사소통 영역에서는 이를 '경청'이라 칭한다. 경청은 다른 사람의 말을 귀 기울여 주의 깊게 듣는 것을 의미하며, 그 목적은 다른 사람의 생각과 감정 모두를 이해하기 위함이다. 다른 사람의 생각과 감정을 이해하며 듣는다는 것은 공감적인 태도가 바탕이 되어 듣는다는 뜻이다. 다시 말해 경청은 '공감적으로 듣는 것'이라 할 수 있다. 경청은 상대방의 말을 잘 듣는 것이지만, 지식이나 정보를 얻으려고 할 때 취하는 청취와는 구별되는 개념이다. 경청이라 함은 상대방의 이야기에 커다란 관심을 가지고 주의를 집중하여 듣는 것이다(신정희, 2003).

경청하는 일은 상대방에게 화제의 주도권을 맡기는 일이다. 청자로서 화자의 말을 잘 경청하려면 화자가 말하는 도중에 딴이나 다른 곳을 쳐다보고 재미없어하거나 지루해하지 않고 상대방의 말에 주의를 집중하는 노력이 필요하다. 즉 관심을 나타내는 자세, 눈 맞춤, 적절한 신체적 움직임, 산만하지 않은 환경 조성을 통해 상대방에게 주의를 기울이는 것이다. 또한 상대방이 말할 때 간헐적으로 질문하거나 격려하고 때로는 기다리는 침묵이 필요하다. 그리고 상대방의 의견이 나와 다르더라도 성급하게 반박하거나 비판하기보다 수용적인 태도로 충분히 듣는 노력이 필요하다. 상대방의 이야기를 충분히 듣지도 않고 선불리 이의를 제기하고 비판하는 행동은 원활한 대화를 방해하므로 주의해야 한다.

경청(傾聽)에는 '듣다', '관찰하다', '초점을 맞추다', '집중하다', '주의하다', '귀를 기울이다' 같은 의미들이 포함된다. 즉, 경청을 잘한다는 것은 단순히 잘 듣는(hearing) 것만이 아니라 말하는 사람의 생각과 의도를 듣는 사람이 잘 이해하고 있다는 의미다. 경청이라는 것의 전제는 우선적으로 상대방을 중심으로 상대방의 입장에서 받아들이는 수용 자세를 말한다.

국제경청협회(ILA)는 경청을 "언어적 또는 비언어적 메시지를 받아들이고 그로부터 의미를 구성하며, 그 메시지에 반응하는 것"이라고 정의한다. 즉, 메시지를 받아들이는 데서 그치지 않고 그로부터 의미를 구성하여 언어적 · 비언어적으로 반응하는 것을 말한다. 따라서 언어적인 메시지뿐만 아니라 표정, 제스처, 억양, 표정 등의 비언어적인 메시지에 반응하기 위해서는 청각 외에도 다른 감각기관을 통한 이해를 포함한다. 루이스와 라인쉬(Lewis & Reinsch, 1988)는 경청이란 "명백한 주의력, 비언어적 행위, 인지된 태도, 기억력, 행동적인 반응을 포함하면서 일련의 상호 관련된 행동들"이라고 정의했다.

적극적인 경청(Active Listening)은 온 마음과 온몸으로 정성을 다해 진심으로 상대방의 말에 집중하여 귀를 기울이는 행위를 뜻한다. 들어야 할 내용을 들을 수 있도록 타인에게 의식적이고 의도적으로 주의를 기울이는 예술로, 집중과 노력을 요구하는 능동적 기술이다. 그러므로 경청은 언어 자체만이 아니라 상대방의 생각이나 느낌까지 듣는 것이다. 즉, 상대방의 행동이나 언어에 대한 입장이나 근원적인 문제가 무엇인지를 알아내는 기술이다.

2) 대화에서 공감적 경청의 중요성

경청은 친밀감을 형성하고 유지시켜주는 가장 효율적인 의사소통 기술이다. 경청은 상대방에게 관심을 집중시키고, 말을 열심히 정성 들여 듣는 아주 능동적인 과정으로서 하나의 예술이며, 기술이고 훈련이다. 경청은 상대방의 말을 귀로 들으면서 눈으로는 상대방이 표현하고자 하는 모든 신체적 언어를 들으려 노력해야 하는데, 이를 '제3의 귀'로 듣는 것이라고 표현한다. 대화에서 공감적 경청은 단순히 듣는 방법만을 의미하는 것이 아니다. 공감적 경청은 상대방의 말을 공감하면서 들으려는 대화 참여자의 태도에 대한 것이며, 공감적으로 경청하는 과정에서의 반응은 곧 말하기로 이어진다. 결국 대화에서 상대방의 감정을 이해하고 공감하며 반응하는 것은 자신의 눈으로 상대방을 보는 것이 아니라 상대방의 입장이 되어보고, 상대방처럼 느끼고 생각해볼 때 가능한 것이다. 대화에서 상대방의 말을 자기 방식으로 이해하고 평가하려는 태도는 원활한 의사소통에 걸림돌이 되지만, 상대방의 감정을 이해하고 공감하며 말하려는 태도는 상대방에게 자신이 이해받고 존중받고 있음을 느끼게 하여 열린 의사소통이 가능하도록 한다.

3) 경청의 요소

경청이 이루어지는 데는 타인을 이해하고자 하고, 그와 더불어 즐거움을 나누고자 하며, 무언가를 배우고자 하고, 그에게 도움을 주거나 위안이 되고자 하는 마음이 작용한다. 이렇듯 우리가 다른 사람을 제대로 이해하고자 한다면 그의 말을 귀담아듣지 않을 수 없다. 이에 따르면 경청은 사람 사이의 따뜻한 관계를 더욱 조장하며, 서로의 느낌을 헤아릴 수 있게 도와준다. 아래 경청의 요소를 살펴보자.

① 감지(sensing)

감지는 오관을 통해 유입되는 자극들을 받아들이는 것이다. 그런데 사람들은 많은 자극 중에서 일반적으로 시각적 자극과 청각적 자극에 집중하는 경향이 있다.

② 관심(attention)

만약 실내에 시계가 있음에도 의식하지 못했다면 아마도 많은 범위 내에서 특정 소리를 선택하지 않았기 때문일 것이다. 어느 순간에 수천 가지 자극이 관심의 대상이 될 수 있겠지만, 실제로 우리는 그 모든 자극에 관심을 집중하는 게 아니라 특정 상황에 관련된 타당한 자극들만 선택하고 나머지는 무시하게 된다. 바로 이러한 이유로 우리는 어떤 자극을 감지하지만 모든 소리를 다 듣지 못하는 것이다. 즉, 필요한 자극에만 관심을 집중하고 나머지는 여과함으로써 무시하는 심리적 작용 때문에 우리는 특정 메시지에 관심을 쏟고 경청할 수 있게 된다. 그러므로 경청 능력을 효과적으로 기르기 위해서는 집중하여 중요한 내용을 파악해야 하며, 상대방이 말하는 목적과 내용을 예측하여 들어야 할 필요가 있다.

③ 이해(understanding)

이해는 감지한 것을 해석하고 평가하는 것을 말한다. 들리는 메시지에 단순히 관심을 집중하는 것이 아니라 송신자가 의도하는 뜻에 가까운 의미를 부여하는 것을 말한다.

④ 기억(remembering)

청자가 관심을 기울이고 이해한 특정 자극과 메시지를 그 즉시 잊어버린다면 의사소통이 제대로 이루어지지 않을 것이다. 의사소통이 이루어진 메시지의 내용을 토대로 그다음 메시지가 전달되는 의사소통이 이루어진다고 볼 때, 바로 지금 이루어지는 의사소통의 메시지를 정확하게 이해하고 그것을 기억하는 일은 대단히 중요하다.

4) 경청의 유형

경청의 유형에는 건성으로 듣기, 피상적 듣기, 평가적 듣기, 적극적 듣기 등이 있다. 아래에서 좀 더 세밀히 살펴보자.

① 건성으로 듣기

건성으로 듣기는 사실상 다른 사람의 말을 안 듣는 것은 물론이고 들으려고 노력도 하지 않는 것을 말한다. 이런 유형의 사람은 다른 사람이 말하려고 하는 것에 대해서는 도통 관심이 없고 자신이 할 말에만 온통 신경을 쓰다 보니 다른 사람이 말할 때마다 말허리를 자르길 좋아한다. 이런 사람은 일반적으로 남에 대한 배려심도 없고 자기중심적 사고가 지나치게 강하기 때문에 어딜 가도 환영받지 못한다(Hunsaker & Alessandra, 1986).

② 피상적 듣기

피상적 듣기는 말소리만 들을 뿐 진정한 의미의 경청은 이루어지지 않는 단계다. 이런 유형의 사람은 겉으로 드러난 사실이나 결과에만 집중하기 쉽다. 따라서 이런 듣기 형태로는 문제의 내면으로 더 깊숙이 들어가지 못하고 표면에 머무르다 보면 핵심적인 내용을 놓칠 수 있다. 피상적 듣기의 가장 큰 문제는 피상적으로만 메시지에 집중함으로써 오해가 발생할 소지가 있다는 것이다.

③ 평가적 듣기

평가적 듣기는 화자가 말하는 것을 잘 들으려고 노력은 하되 말하는 사람의 의도나 감정보다는 내용에 집중하면서 듣는 것을 말한다. 이런 유형의 사람은 이성적이고 논리적인 경향이 있어서 그야말로 화자가 전달한 언어적 메시지는 잘 귀담아듣는 데 비해 보디랭귀지 같은 비언어적인 메시지 및 억양, 표정, 속도 등과 같은 준언어적인 메시지에는 그다지 주의를 기울이지 않는다. 그리고 화자가 보낸 언어적 메시지만으로 자신의 경험과 가치관에 근거해서 자신의 의견을 형성함으로써 메시지의 참뜻을 이해하지 못하는 실수를 범할 수 있다. 따라서 이런 유형의 듣기 형태는 인간관계에서 신뢰감과 유대감을 방해하는 걸림돌로 작용하게 된다.

④ 적극적 듣기

듣기의 가장 높은 단계이면서 가장 효과적인 단계로서 메시지의 내용뿐만 아니라 화자의 의도와 감정까지도 신경 쓰면서 듣는 것을 말한다. 그러기 위해서는 구성원들의 말에 대한 평가는 유보한 채 그들의 입장에 서서 이해하려는 자세가 필요하다. 더 나아가 청자가 진심으로 관심을 갖고 상대방의 말을 듣고 있다는 것을 언어적으로 그리고 비언어적으로 보여줌으로써 상대방이 알아차리도록 배려할 때 비로소 적극적인 듣기가 이루어진다고 할 수 있다. 따라서 이런 유형의 사람들은 절대로 남의 말을 가로막지 않을 뿐만 아니라 적절한 질문을 던지는 법을 잘 알고 있다(백미숙, 2006).

'경청(傾聽)'이라는 표현은 이 네 가지 유형 중에서 적극적 듣기에 한해 사용할 수 있을 것이다.

2.
공감적 듣기의 유형과 향상법

상대의 진술과 내세우는 주장의 배경이 무엇인지 상대가 친절하게 말해주지 않으면 궁금한 점을 상대에게 적극적으로 물을 수 있어야 한다. 상대의 진술과 주장 가운데 앞뒤가 맞지 않는 점이 있다든지 혹은 진술과 주장 사이에 논리적 연계성이 미흡하다고 생각되면 왜 그런지 적극적으로 물어보아야 한다. 나의 질의가 진지하고 타당한 것이라면 이것저것 묻는다고 해서 상대가 공격당했다고 생각하거나 언짢아하지는 않을 것이다. 오히려 진지한 질문은 상대에게 아주 신중한 협상가라는 인상을 심어줄 수 있다. 또한 상대가 미처 생각하지 못한 곳을 파고드는 질문은 상대의 생각을 바꾸게 만드는 계기가 될 수도 있다. 아래에서 경청하기의 적극적 방식에 대해 확인해보자.

1) 공감적 듣기의 유형

① 집중하기(focusing)

상대방에게 집중하기 위해서는 미소 및 고개 끄덕여주기 같은 비언어적 반응 외에도 “그래?”, “정말?”, “으음… 맞아”, “그래서?” 등의 적절한 음성적 반응을 보내주는 것이 필요하다. 만일 이러한 반응 없이 부동자세로 상대방의 말을 듣는다면 상대방에게 자신의 이야기에 귀를 기울이지 않는다는 오해를 불러일으킬 수 있다.

② 격려하기(encouraging)

공감적 듣기를 잘하기 위해서는 상대방으로부터 더 많은 이야기를 끌어낼 수 있도록 상대방을 격려하는 기술이 필요하다. 격려하기 방법으로는 “좀 더 이야기해봐”, “계속 말해봐”, “이를테면?” 같은 말로 계속 대화를 이끌어갈 수도 있고, 상대방의 말에서 주요한 부분을 반복해주고 미진한 부분에 대해 질문하는 방법이 있다.

③ 반영하기(reflecting)

반영하기란 의사소통 과정에서 상대방의 관점을 직접적으로 반영해주는 것으로, 들은 내용을 자신이 이해하고 이를 자신의 말로 재진술(paraphrase)해주는 방법이다. 이러한 반영하기 기술은 상대방의 견해를 뒷받침해주고 상대방의 의견을 물음으로써 공감적 듣기 과정을 촉진시킬 수 있다.

④ 질문하기(question)

상대의 진술을 듣는 동안 궁금한 점이 있으면 적극적으로 질문할 필요가 있다. 상대의 진술은 자신의 관점에서 자기 입장을 강화하기 위한 것이다. 나와 관점이나 입장이 다르기 때문에 내가 정작 궁금하게 생각하는 점을 빠뜨릴 가능성이 크다. 또한 상대의 진술이 명백한 사실관계와 정직한 정보만 담고 있지는 않을 것이다. 상대의 진술은 어디까지나 자기 입장을 내세워 나를 설득하기 위한 것이다. 자신 쪽에 불리한 정보는 일부러 누락할 것이고, 자기 입장을 약화시키는 진술은 일부러 애매모호하게 말하고 있을 가능성이 크다. 따라서 상대의 진술을 진지하게 경청할수록 궁금한 점이 많이 생길 수밖에 없다.

2) 경청의 기술과 향상법

경청의 기술은 세 가지로 살펴볼 수 있다.

첫째, 말하는 사람을 바로 바라본다. 이때 시선은 밝고 부드럽게 하되 노려보지 않는다. 이러한 태도는 말하는 내용에 관여하고 있으며 상대방에게 관심을 나타냄을 뜻한다.

둘째, 편안하고 자연스러우며 개방적인 몸자세를 취한다.

듣는 사람이 팔짱을 끼거나 다리를 꼬고 앉는다면 관심이 없다는 생각을 품게 되며, 다리를 떤다든지 신체 일부분을 불안하게 움직이거나 딱딱한 표정을 지으면 말하는 사람이 불안을 느끼게 된다. 그러나 편안하고 자연스러우며 개방적인 자세는 상대방의 말에 마음을 열고 있다는 증거가 된다.

셋째, 때때로 상대방을 향해 몸을 기울여 앉는다.

대화 중 몸을 상대방 쪽으로 기울인다는 것은 관심을 가지고 매우 진지하게 듣고 있음을 나타낸다. 경청은 상대방의 마음을 잘 읽고 그 마음을 정확히 이해해주고 느껴주는 공감 기술이 무엇보다 중요하다. 아래에서 경청 향상법에 대해 살펴보고 적극적으로 활용해보자.

① '난해한 자료'를 경청한다

빈약한 청자는 경험이 부족하다. 구체적으로 말하면 강의 · 라디오 · 텔레비전의 다큐멘터리, 텔레비전의 토론과 인터뷰, 강의자의 연설 등에 익숙하지 않다. 유능한 경청자는 다양한 담화 메시지를 듣기 위해 취향을 다각도로 확대한다. 그뿐만 아니라 난해한 주제에 도전하는 연찬 기회를 갖는다. 지적인 자극을 선호함과 동시에 성장한다. 난해한 표현을 기피하는 악습을 불리한 조건으로 인식하고 한층 우수한 경청자가 되기를 원하면 청자로서 폭넓은 커뮤니케이션 장면에 참여함으로써 불리한 조건을 제거하도록 결심할 필요가 있다.

② '스피치 목적'을 알면 청자는 경청 역할을 수행한다

설득이 목적인 스피치일 때 청자는 비판적 경청으로 일관된 자세를 확립한다. 정보전달 혹은 수업 목적의 스피치일 때 청자는 가능한 한 정확하게 그리고 충분한 아이디어와 개념을 수용하리라는 관심을 기울인다. 결국 경청 행위를 향상하는 뚜렷한 목표는 경청 이유가 무엇인가를 포착하는 습관 형성에 있다.

③ 주제에서 '흥미를 창출'한다

주제에 흥미를 갖게 하는 관건은 청자가 판단하는 타당성과 유용성에 있다. 때로 청자에게는 정보가 유익한 것인지 여부를 의도적으로 탐색하는 습관이 필요하다. 자주 청자는 자문자답할 필요가 있다. "화자가 말하는 내용은 이용할 수 있는 것인가?", "화자가 제시하는 아이디어는 과연 가치 있는 것인가?",

"왜 내가 여기 있는가?", "이 화자의 이야기를 들으러 오게 된 주된

동기는 무엇인가? 그리고 화자가 꺼낸 이야기 자료에서 얻을 수 있는 개인적 이익은 무엇인가?"와 같이 청자가 자문자답하는 자기반성은 화제에서 진정한 흥미를 찾는 데 큰 도움을 준다.

효과적 경청은 개인 성장에 밀접한 관련이 있다. 그리고 개인적 이유 때문에 수용되는 아이디어에 진정으로 흥미를 붙일 수 있게 시도하는 일은 청자를 위해 매우 필요하다.

④ '화자에게 적응'한다

하나의 가치 있는 목표는 화자에게 적응하는 능력을 신장하는 일이다. 이렇게 함으로써 정보 교환을 위한 최상의 관계가 확립되기 때문이다.

모든 화자는 각각의 특질을 가지고 있다. 단조로운 저음, 혹은 새된 목소리, 간단없는 기침 소리, 그리고 사회적으로 조화되지 않는 복장 등으로 인해 만약 청자의 순조로운 청취에 지장이 생기면 메시지에 충분히 집중할 수 있는 시간에 청자는 몇 마디 말만 듣고 끝낸다. 화자는 때로 비정상적 행위를 보인다. 빈약한 시선 배분과 억양, 혹은 산만한 신체 동작으로 요약된다. 어떻든 이 같은 정황에 어떻게 적응할 것인지를 결정하는 일이 청자에게 필요하다. 청자는 "자신이 원하는 메시지인가?", "화자의 특유한 표현법쯤은 중요치 않은 것인가?"를 자문자답한다. 인간은 합리적이며 행위의 조정이 가능하다. 청자는 화자에 대해 적응할 수 있다. 그리고 적응이 자연스러운 행위를 유발하게 될 때 청자는 한층 효과적인 경청자가 될 수 있다.

⑤ '물리적 정황'에 적응한다

우수한 경청자는 산만한 분위기와 싸운다. 문을 닫고, 텔레비전을 끄고, 화자 가까이에 옮겨 앉고, 기둥 뒤에서 옮겨 앉아 화자를 보고, 혹은 화자에게 좀 더 큰 소리로 말해달라고 요구하는 등 물리적 환경 문제가 용이하게 해결된다. 만약 이 같은 분위기가 쉽게 정리될 수 없다면 주의가 산만해진다. 물론 청자는 가능한 한 모든 물리적 정황의 조정을 꼭 해낸다.

⑥ '감정을 억제'한다

경청 증진을 위한 중요한 목표는 감정의 자제이고, 내용을 완전히 이해해 확신이 설 때까지 말하는 핵심에 대해 지나치게 흥분하지 않도록 자숙하는 일이다. 내용을 완전히 이해할 때까지는 항상 평가를 유보하는 것이 바람직하다. 효과적인 경청자는 마음을 비운다. 그들은 대부분 감정으로 둔갑한 단어와 어구를 확인하려 한다. 그리고 단어와 어구에 대한 반응을 고의로 냉정히 객관화한다. 경청하지 않는 결점은 항상 감수성의 영역이고, 강한 가치관과 확신 그리고 편견의 영역이다. 감정이 담긴 단 하나의 단어 혹은 논쟁이 청자의 감정봉쇄를 유발할 수 있다. 감정봉쇄가 발생할 때 경청능률은 영점으로 급락한다.

⑦ '아이디어와 추론' 형태를 주로 청취한다

효과적인 경청법의 일곱 번째 목표는 핵심 부분과 중심 아이디어를 인지하는 능력의 확보다. 우수한 경청자는 아이디어에 초점을 맞춘다. 사실과 원리, 아이디어와 실례, 증거와 논쟁을 구분할 수 있는 능력을 획득한다. 빈약한 청자는 이러한 것들을 잘 식별할 줄 모르는 경향이 있다. 어빙 리(Irving J. Lee)는 스피치를 청취한 청중 가운데 약 25%가 연사의 중심 아이디어를 동일시할 수 있다는 사실을 발견했다. 우수한 경청자는 상투적인 작문 방법을 깊이 인식하고 있다. 연사의 자료 구성형식과 접속 언어를 통한 문장의 구분 그리고 발췌 요약에 익숙하다. 우수한 경청자는 가능한 한 빠르게 핵심 아이디어를 포착하고, 스피치의 하부 구조와 제시된 특별 논쟁 사안을 파악하는 것을 매우 중요한 사실로 인식한다.

⑧ '여유 시간'을 현명하게 이용한다

경청의 자기 능력 개발을 위한 최종 목표는 말하기 속도와 생각하는 속도의 차이로 생기는 여유 시간을 가능한 한 가장 현명하게 이용하는 것이다. 여유 시간은 아래 4개 항목의 지적 행위로 충당하는 것이 바람직하다.

- 이야기 듣기에 앞서 화자가 말할 내용을 예상한다.
- 각각의 요점이 입증되는 타당성 여부에 주목한다.
- 지금까지 취급된 담화 부분을 요점별로 재검토한다.
- 부가적으로 행간의 의미를 경청한다.

이 내용은 효과적인 의사소통을 위한 경청 과정에서 집중적으로 고려할 요소다. 청자는 화자의 이야기를 경청함과 동시에 4개 항의 별도 사고가 가능한 여유 시간을 가져야 한다. 행간의 의미 경청은 처음 청자가 수용한 의미와 다른 새로운 의미, 표현되지 않은 감추어진 의미를 경청함이다. 화자가 말한 내용은 물론, 말하지 않은 내용까지 경청한다는 뜻이다.

실습

바른 경청 방법

우리는 남의 말을 잘 듣는 사람에게 우선 신뢰를 보내고 그런 사람의 말을 경청하게 된다. 4~5명의 소그룹으로 시각 자료를 활용하여 실습할 수 있다. 구성원 중 1명만 자료를 볼 수 있고, 그 사람이 자료에 들어 있는 내용을 구두로 설명한다. 그러면 나머지 사람들은 내용을 잘 듣고, 이해한 내용을 종이 위에 그려나간다. 아니면 처음 본 사람이 다음 사람에게, 그 사람은 또 다음 사람에게 시각 자료 내용을 릴레이식으로 전달해서 마지막 사람까지 이어지게 한다. 이때 앞에서 들은 내용을 각각 그림으로 그리게 하는데, 처음에 그린 사람과 마지막에 그린 사람의 그림을 비교하여 어느 단계에서 크게 차이가 나는지 검토한다. 이 밖에도 '올바로 경청하기'가 어떠한 것인지, 좋은 청중의 태도는 어떤 것인지에 대해 소그룹으로 토론하고, 논의된 사항을 발표하는 시간을 가질 수도 있다. 이를 통해 말하기가 결국 듣기, 즉 경청과 밀접한 관계가 있다는 것을 체험하도록 한다.

참조

나를 표현하는 대화의 기술, 상대방의 말을 듣는 10가지 방법

① 귀담아듣고 싶다는 욕구를 습득하라. 욕구, 흥미, 집중력, 자기 훈련이 있어야 한다.

② 상대방의 말을 귀담아듣고 있음을 언어와 몸짓으로 표현한다.

③ 최고의 정보를 얻을 것이라는 기대를 품어라. 대부분의 대화에서는 기대한 것보다 양질의 정보를 얻는다.

④ '몸 전체'로 들어라. 귀를 기울이고, 가슴으로 받아들인다.

⑤ 메모하면 기억력에 보탬이 된다.

⑥ 지금 듣는 말을 나중에 누군가에게 보고해야 한다고 생각하라. 그러면 더 잘 기억할 수 있다.

⑦ 상대방과 보조를 맞추어 친분을 형성한다. 상대방의 몸짓, 표정, 어조를 따라 하면 상대방에게 친근하고 편안한 느낌을 준다.

⑧ 내부와 외부에서 집중을 방해하는 요소를 통제한다.

⑨ 누구의 말이라도 귀 기울여 듣는다.

⑩ 말을 듣는 도중 딴 데 정신이 팔리는 일이 없도록 한다. 머릿속에 떠오르는 공상에 마음을 빼앗기지 말라.

도움받은 곳

강정흔, 《CEO를 감동시키는 소통의 비밀》, 미래와경영, 2010.
백미숙, 〈효과적 리더십으로서의 효과적 경청〉, 《숙명리더십연구》 4, 2006.
설기문, 《인간관계와 정신건강》, 학지사, 1998.
신정희, 〈활동중심의 경청기술 훈련이 아동의 경청 및 공감능력에 미치는 효과〉, 부산교육대학교 교육대학원 석사학위논문, 2003.
이창덕 외, 《삶과 화법》, 박이정, 2000.
장은경, 《나를 표현하는 대화의 기술》, 현대미디어, 2011.
전영우, 〈듣기 능력 향상에 대하여〉, 《畿甸語文學》 8-9, 1994.

3.
공적 말하기의 구성요소

현대사회에서 성공적인 삶을 살기 위해서는 무엇보다 의사소통 능력이 절실하게 요구된다. 여기서 의사소통 능력이란 정도의 문제이기는 하지만, "구체적인 의사소통 상황에 적절하게 대응하면서 음성언어 사용 과정을 통해 언어활동의 화행 목적과 관계 목적을 동시에 효율적으로 달성할 수 있는 능력"을 의미한다. 이런 능력을 갖춘 사람은 상대방의 기대나 요구를 고려하여 적절하고 효과적인 메시지를 선택해서 말하고, 다른 사람이 말하는 것에 민감하게 반응할 줄 알 뿐만 아니라 이러한 의사소통 능력의 중요성과 그 의미를 아는 사람이다.

1) 사회적 의사소통의 기능

① 감정이입 능력

감정이입이란 주어진 상황에 대해 가지고 있는 자신의 관점을 견지하면서 상대방이 어떻게 생각하고 느끼는가에 대해 상상할 수 있는 능력이다. 즉, 자신의 감정에만 치우치지 않고 상대가 어떻게 느끼는지를 이해할 수 있는 능력이다. 이를 통해 상대방을 좀 더 깊이 이해할 수 있을 뿐만 아니라 문제를 여러 가지 관점에서 바라볼 수 있게 된다. 그렇지만 감정이입은 자칫 상대방의 경험이나 감정 상태 속으로 빨려 들어가 버릴 수 있다는 위험성을 가지고 있기 때문에 언제나 자신의 관점을 견지하는 것이 중요하다.

② 객관적 관점 확보

객관적 관점에서 본다는 것은 상대방이 선택할 수 있는 대안들을 이해하고 검토할 수 있는 능력을 말한다. 이러한 능력을 가진 사람은 상대방의 행동을 예견할 수 있기 때문에 주어진 상황에 적절하고 효율적으로 대처할 수 있는 더욱 유리한 위치에 설 수 있게 된다.

③ 관계 규범의 영향력

의사소통은 관계 규범에 상당한 영향을 받는다. 사람들은 성별, 나이, 사회적 신분 등에 의해 야기되는 관계 규범에 대한 이해를 바탕으로 서로가 무엇을 말하고 어떻게 행동해야 하며, 무엇을 말해서는 안 되고 어떤 행동은 하지 말아야 하는가를 알게 된다. 이러한 의미에서 유능한 의사소통 참여자들은 자신의 행동을 관계가 요구하는 기대치에 맞추어 조정하는 능력을 지닌 사람이라 할 수 있다.

④ 상황 파악에 대한 지식

유능한 의사소통 참여자는 모든 이야기에는 적절한 시기와 장소가 있다는 것을 안다. 의사소통 능력의 핵심이 되기도 하는 적절성과 효율성의 문제는 구체적인 의사소통 상황을 떠나서는 논의될 수 없다. 어떤 상황에서 어떻게 처신하는 것이 적절하고 효율적인가에 대해 의견의 일치를 보는 것은 쉽지 않은 일이기는 하지만, 상황에 대한 지식은 어떻게 행동할 것인지를 결정한다거나 다른 사람들에게 무엇을 기대할 수 있는지를 판단하는 데 도움을 준다.

⑤ 화자의 상위인지 능력

의사소통 행위는 실제적인 상황 맥락 안에서 상대방과의 관계 등을 고려하면서 끊임없이 자신의 말하기에 대한 적절성 여부를 점검하고, 평가하고, 조정하는 상위인지 능력을 필요로 한다. 상위인지 능력이 있는 화자는 자신의 언어적 · 비언어적 행동을 객관화하여 살펴보기도 하지만, 다른 사람들의 언어적 · 비언어적 행위를 면밀하게 관찰함으로써 자신이 어떻게 말하고 행동하는 것이 좋을지에 대한 판단근거로 활용한다.

⑥ 상황 운영의 전략

의사소통 능력이 탁월한 사람들은 의사소통에 적극적으로 참여함은 물론, 의사소통 상황 자체를 인식하고 해석하는 기술, 의사소통 과정을 전략적으로 경영할 줄 아는 기술을 갖춘 사람들이다. 상황에 맞는 적절한 대화 스타일 결정, 효과적인 설득 전략 수립, 뜻밖의 상황에 대처하는 기술, 대화 중 끼어들기, 청중 고려하기, 청중의 반응에 따라 말하는 방법 바꾸기 등의 경영 전략적 기술은 의사소통 능력의 중요한 측면이다.

2) 스피치의 구성요소

① 화자(speaker)

아리스토텔레스가 스피치의 세 가지 요인으로 인성(화자의 인격), 감성(감정에 호소), 이성(이성에 호소)을 들었을 만큼 화자의 성격과 영향력은 스피치에서 영향력이 크다. 좋은 화자는 인격적으로 훌륭하거나 도덕성이 높은 사람을 뜻한다. 이후에도 인성에 관한 부분은 계속적인 관심을 받아왔는데 인성의 요인을 자신감, 신뢰성, 역동성으로 구분된다고 했다.

한편, 화자에 대한 인상은 비교적 고정적일 가능성이 있다. 가족이나 친구와 같이 비교적 오랜 시간 만남을 지속해온 경우 화자에 대한 인상이 고정적이고 이 인상은 쉽게 변하지 않는다. 이것은 스피치가 단지 현재의 관계에만 바탕을 둔 것이 아니라 과거로부터 계속되어온 관계 안에서 사실을 말하기 때문일 것이다.

화자가 스피치 과정을 끊임없이 해석하고 능동적으로 대처할 수 있는 능력 유무에 따라 그 담화에 중요한 영향력을 미칠 수 있다. 이렇듯 화자가 청자와의 대화 속에서 끊임없이 행동을 조정하고, 해석하면서 맥락적 의미를 읽고 빠르게 변화된 모습으로 대처할 수 있는 능력을 '메타커뮤니케이션(Meta-communication)'이라 한다.

② 청자(listener)

스피치는 상대를 향하는 의사소통이 아니라 상대와 더불어 의사소통하는 것이기 때문에 청자 역시 화자와 마찬가지로 대화를 이끄는 중심축이다. 그래서 청중의 특성에 맞추어 메시지의 내용과 구성이 달라져야 한다. 아래는 자신의 발표 상황에 맞도록 일반적으로 청자를 분석한 것이다. 각각의 유형이 가지고 있는 특성을 토대로 대학의 프레젠테이션 상황에서 유용하게 활용하도록 하자.

• 내향적인 스타일의 청자

대부분의 청자가 이에 속하는데, 처음에 수줍음을 많이 타고 조용한 그룹이다. 비전문가층이기도 해서 발표자보다 주제에 관한 지식이 적은 사람이 대부분이다. 조용히 앉아 발표를 수동적으로 듣기를 선호하는데, 이런 부류의 청자에게는 초반부터 너무 부담을 주어서는 안 된다. 쉬운 질문으로 시작하여 점차 가까워지는 것이 먼저다.

• 사회적인 스타일의 청자

조직관계를 중요시하는 청자로 주로 회사 내 동료나 대학교의 경우 학과 동기생들로 구성된 특징이 있다. 의사결정에서 다수가 만족하는 결과로 유도되도록 노력하며, 상황을 파악하기 전까지는 자기 의견을 먼저 발표하지 않는다. 이런 부류의 청자는 조화나 협동을 중시하므로 너무 자극적이거나 문제의식이 강한 접근은 회피한다.

• 공격적인 스타일의 청자

앞에 나서기 좋아하고 비판적이며, 말 도중에 끼어들기를 자주 하는 그룹이라 할 수 있다. 이익단체나 로비스트 그룹이 이에 속하는데, 자기 의견이 분명하여 담화 과정에서 통제 불가능한 상황 및 저돌적인 성향의 발화가 나타나기도 한다. 조직 내 한두 사람만 주도적으로 말하는 경우도 있으므로 발언권을 제한하는 방법이 필요하기도 하다.

• 직선적인 스타일 청자

대화 과정에서 시간 낭비를 싫어하는 스타일의 청자로 정곡을 찌르거나 간단명료하고 직접적인 발표를 선호한다. 주로 전문가, 의사결정권자, 고위층 인사 등이 많다. 이런 그룹의 청자는 장황한 설명을 매우 지루해하며 불만이 많아지므로 요약정리된 내용 및 증거 자료를 사용해서 대화하는 것이 효율적이다.

• 분석적인 스타일의 청자

대학에서는 글로벌 경영, 엔지니어링, IT와 관련된 전문가 그룹의 청자가 이에 속한다. 숫자나 프로세스를 굉장히 중요시하므로 발표자의 준비상황을 체크하고 따지는 스타일의 청자라 할 수 있다. 세부 사항에 신경을 쓰고 분석 과정에 대한 사실적 인용 자료 및 근거 자료를 보여주면서 대화를 이어가는 것이 효과적이다.

③ 메시지(message)

어떤 사실을 알리거나 주장하거나 경고하기 위해 보내는 전언(傳言)을 의미하며, 메시지의 내용과 구조는 스피치를 구성한다. 메시지는 크게 언어적 의사소통과 비언어적 의사소통을 매개로 이루어진다. 이를 통해 대화에서는 축자적인 의미 외에 관계적 의미, 자의적 의미, 문화적 의미를 공유하게 된다. 일반적으로 메시지로 작용하는 요소를 크게 세 가지로 나눌 수 있다.

• 첫째는 언어적 메시지다

말을 매개로 이루어지고, 말은 어휘, 구문, 문장 등으로 나누어질 수 있는 언어적 구성체다. 여기에는 기본적으로 전달하고자 하는 화자의 느낌, 생각, 가치 등이 포함된다.

• 둘째는 언어행위적 메시지 혹은 발화 메시지다

언어행위란 언어 수행과 관련되는 것으로, 사람들은 말하면서 말의 언어적 의미 외에 말하는 행위 자체를 통해 의미를 전달하게 된다. 특히 서로 가까운 관계일수록 언어적인 메시지보다는 언어행위 요소가 더 중요하게 기능한다. 예를 들어 "밥이나 먹자"는 말은 배가 고프다는 직선적 의미도 있으나 현 상황의 화제를 전환하는 의미 또는 별것 아니라는 의미도 될 수 있을 것이다. 실제로 많은 대화에서 오해가 발생하는 경우는 언어적 메시지가 아닌 언어행위 요소에 대한 오해로부터 기인하는데, 이를 '언표내적 행위'라 한다.

• 셋째는 의사소통 참여자들의 자아와 관련된 메시지다

이것을 '정체성 메시지'라고도 하는데 말은 단순히 언어적 의미 전달, 언어행위의 수행을 넘어 그 사람의 모든 됨됨이를 함축적으로 제시한다는 것을 의미한다. 화법에서 지금껏 언어적 메시지에만 치중해왔는데, 친밀한 사이일수록 언어적 메시지보다는 언어행위에, 언어행위보다는 사람 됨됨이에 말의 중요성을 두어야 한다. 예를 들어 친밀한 사이에서는 "그래"라는 한마디 말과 "나 왔어"라는 한마디로 아주 많은 의미를 부여할 수 있다. 이 점은 전달하는 말의 사실 유무를 떠나 청자의 입장에서 볼 때 화자가 어떤 사람이고 어떠한 상황이라는 것에 의미를 두고 살펴야 한다는 것이다.

④ 장면(scene)

장면은 말하기의 배경일 뿐만 아니라 말하기의 전반적인 상황에 관여한다. 장면은 말하기의 주제와 방법에 모두 영향을 끼치게 된다. 화자와 청자의 관계, 대화의 주제, 대화의 방식 등에 따라 장면이 달라져야 하고, 역으로 장면에 따라 이것들은 역동적으로 변해야 한다. 장면은 특히 시간과 공간의 영향을 많이 받는다.

3) 의사소통의 교류 과정

공적 스피치에서 의사소통이란 단순히 정보를 전달하는 상징적 교류 과정뿐 아니라 공동의 이해관계를 확인하고 해결하려는 사회정보처리 과정(Social Information Processing Process)이라 할 수 있다. 메시지를 전달하려는 사람과 이를 수신하는 사람과의 관계에서 정보 교환의 채널이나 수단으로 문서나 음성언어, 몸짓언어, 사물언어 그리고 기타 상징물(예: 사무실 크기나 장소 배치, 종교적 상징) 등이 있다. 또한 메시지를 주고받는 사람들의 의도와 지각, 권력관계 등 다양한 심리적 · 사회적 요인이 포함되어 있으

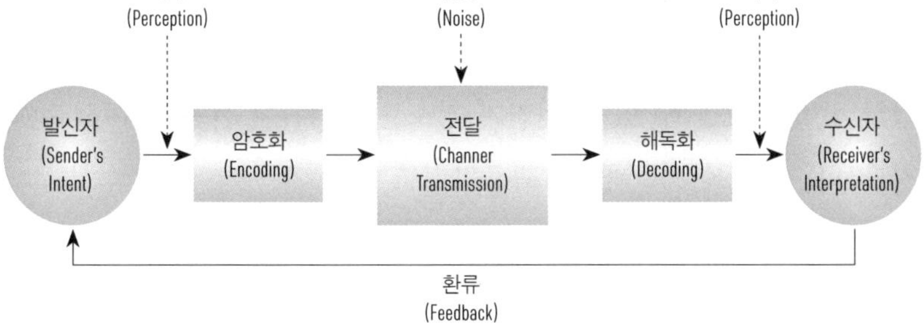

며 반드시 피드백이 이루어져야 의사소통이 성립되는 복잡한 과정이다. 아래 그림은 공적 스피치의 교류 과정을 나타낸 일반적인 의사소통 모델의 도식화다. 아래에서 핵심 요소들에 대한 각각의 기능을 살펴보자.

① 발신자(sender)

발신자는 무엇인가를 전달하려는 개인, 집단, 조직을 말한다. 발신자는 의도한 바를 메시지로 만들기 위해 다양한 상징을 사용하여 암호화하고 이를 전달 매체로 옮기는 역할을 수행한다.

② 암호화(encoding)

발신자의 생각이나 의도를 전달할 수 있도록 부호화 또는 상징화하는 것으로, 언어나 형상 코드, 숫자, 소리, 표정이나 몸짓 등 다양한 수단이 동원된다. 이때 발신자의 지각 과정이나 심리적 상태가 반영되며, 의도한 생각을 부호화하는 데 영향을 미치게 된다. 정확한 코드나 메시지일 수도 있지만, 지각의 오류나 감정적 왜곡으로 모호하고 불분명한 코드로 암호화될 수도 있다.

③ 전달 매체의 선정(channel transmission)

메시지를 전달하는 매체로 전달자가 선정하게 된다. 얼굴을 맞댄 대화일 수도 있고 전화, 편지, e-메일, 카드, Fax, 회의 공지, 블로그 등 다양한 방법이 있을 수 있다. 시간과 장소를 고려하여 선정할 수 있으며, 정확성을 위해 복수의 채널을 활용하기도 한다.

④ 잡음(noise)

메시지의 정확한 전달을 방해하는 모든 요소를 '잡음'이라고 한다. 여기에는 전달 매체의 기술적 장애요인이 개입될 수도 있고, 심리적 · 사회적 · 환경적 요인이 영향을 미치기도 한다. 화자 발음의 부정확성, 청자의 난청, 통신장비 부조화, 난해한 필체, 모호한 표정, 먼 장소나 거리(distance), 피로감, 스트레스 등도 잡음에 포함된다.

⑤ 해독(decoding)

해독은 청자가 암호화된 메시지의 의미를 해석하는 과정이다. 수신자인 청자는 자신의 경험과 지식을 활용하여 메시지의 암호 코드를 해독하게 되는데, 이는 발신자의 의도와 일치할 수도 있고 다를 수도 있다. 발신자의 암호화 과정과 마찬가지로 수신자의 가치관이나 지각이 해독에 영향을 미치며, 정보의 왜곡이나 여과가 개입되기도 한다.

⑥ 수신자(receiver)

메시지의 수신자도 개인, 집단, 조직일 수 있으며, 수신자는 메시지를 받아들일 것인지 아닌지를 결정한다, 수신자는 메시지를 전달받는 순간부터 해독 과정에 이르기까지 능동적인 역할을 담당한다. 메시지를 거부할 수도 있고, 잠시 보류할 수도 있으며, 자의적으로 해석할 수도 있다.

⑦ 환류(feedback)

메시지에 대한 수신자의 반응이 의사소통 과정에서 피드백을 만들어내며, 이 과정을 통해 발신자는 자신의 메시지가 받아들여졌는지 또는 이해됐는지 등에 대해 확인하게 된다.

피드백에는 정보 피드백(보고, 질문, 설명 등), **교정 피드백**(확인, 수정, 지시 등), **강화 피드백**(칭찬, 인정, 추임새 등)**이 존재한다.**

참조

《수사학(Ars Rhetorica)》의 설득의 3요소

그리스의 철학자 아리스토텔레스(Aristoteles)는 인간을 '정치적 동물(zoon politikon)'이라고 평했다. 인간은 개인으로서 존재하지만, 그 개인이 홀로 존재하는 것이 아니라 끊임없이 타인과의 관계 속에서 존재한다는 것이다. 한마디로 인간은 사회 속에 존재한다는 얘기다. 그 사회의 구성원이 되려면 타인과 대화해야 하고, 대화를 풀어가려면 반드시 필요한 게 '설득'이다. 아리스토텔레스가 설득의 중요성을 설파한 것도 그래서다.

그가 《수사학》에서 강조한 설득의 3대 요소는 에토스(Ethos, 인품·인격), 파토스(Pathos, 감성), 로고스(Logos, 이성)다. 이 중 가장 중요한 것은 에토스다. 화자(話者)가 아무리 말을 잘한들 전하는 메시지의 신뢰성이 떨어지면 아무도 믿지 않는다. 오히려 거부감이 든다. 무엇보다 중요한 것이 화자의 인격이고 신뢰감이다. 에토스가 '윤리학(ethics)'의 어원이 된 이유이기도 하다. 그다음은 파토스다. 청중의 감정이나 욕구에 호소해 마음을 움직이는 설득 수단이다. 먼저 청중의 심리적 상태나 욕구 등을 고려해 설득해야 한다는 얘기다. 영어로는 '페이소(pathos)'다. 파토스는 오늘날에 와서 일시적인 감정적 흥분 외에 무엇에 대한 지속적인 정열과 정념 등의 뜻도 갖게 됐지만, 문자 자체로는 '고통'이라는 의미이며 '병(病)'을 나타내는 '패스(path)'의 어원이기도 하다.

에토스와 파토스를 잘 이용한 대표적 인물은 아돌프 히틀러(Adolf Hitler)다. 그는 나치 정권의 선전 장관이었던 파울 괴벨스(Paul Joseph

Goebbels)를 등에 업고 독일인의 전폭적인 신뢰를 이끌어냈다. 괴벨스는 예술과 뉴미디어를 통해 독일 대중이 히틀러를 사랑하게 만들었고, 독일 대중이 스스로 나치가 되어 전쟁에 자발적으로 참여하게 했다. 그는 최후까지 히틀러에게 충성했으며, 히틀러가 자살한 다음 날 총리 관저 대피호에서 부인과 함께 자살했다. 히틀러 자신도 명연설가였다. 어떤 집회에서나 청중이 듣고 싶어 하는 말을 했다. 본능적으로 이들의 동경과 욕구를 파악해 자신에게 유리하게 이끌어냈다. 그 결과 청중은 광기에 가까운 충성심을 보였다. "지성은 2류, 기질은 1류"라고 평가받던 프랭클린 루스벨트(Franklin Roosevelt)가 미국 대통령에 당선된 이유 역시 친근감으로 무장한 그의 감성 능력 덕분이라는 분석도 나온다.

에토스와 파토스에 이어 필요한 요소가 로고스다. 논리적이고 이성적으로 자신의 주장을 설득하는 방법이다. 객관에 바탕을 두고 있어야 한다. 로고스가 '논리학(logic)'과 학문을 의미하는 '로지(logy)'의 어원이 된 것도 그래서다. 병을 연구하는 학문인 '병리학(pathology)'은 병을 의미하는 파토스와 학문을 의미하는 로고스가 합쳐진 말이다. 아리스토텔레스는 로고스가 파토스를 이길 수 없다고 생각했다. 인간은 입증된 사실보다 믿고 싶어 하는 사실에 더 이끌리기 때문이다. 그래서 사람을 설득함에 있어 그 중요성을 에토스 60, 파토스 30, 로고스 10의 비중으로 봤다. "국민의, 국민에 의한, 국민을 위한 정치"로 대표되는 에이브러햄 링컨(Abraham Lincoln)의 게티즈버그 연설이나 "나에게는 꿈이 있습니다"로 유명한 마틴 루서 킹(Martin Luther King Jr.) 목사의 연설이 지금도 회자되는 것은 에토스, 파토스, 로고스를 잘 활용해 청중의 감동을 이끌어내고 뇌리에 남게 했기 때문이다.

4.
공적 말하기의 표현방식

1) 언어적 표현방식

의사소통 매체인 언어에 따라 구분하는 의사소통 유형은 언어적 표현방식과 비언어적 표현방식으로 대별할 수 있다.

언어적 표현방식이란 말이나 글로 표현되는 모든 것과 관련된 의사소통 형태로, 가장 흔하면서도 대표적인 의사소통이다. 주로 직접 대화를 나눔으로써 전달될 수 있는 메시지를 포함한다. 가장 중요한 형태이지만, 언어적 의사소통은 다음과 같은 한계점을 갖고 있다.

첫째, 사상과 사실에만 강조점을 두어 그에 포함된 감정적 요소를 제대로 파악하지 못한다.

둘째, 말은 사실(fact)의 근사치에 불과하기 때문에 왜곡된 방향으로 몰고 갈 우려가 있다.

셋째, 한 사람으로부터 다른 사람으로 전달되는 과정에서 점차 그 정확성이 감소되는 점이 있다.

2) 언어적 의사소통에 영향을 미치는 요인

① 언어의 내면적 의미

의사소통에서 언어는 드러난 의미와 숨겨진 의미를 전달한다. 드러난 의미는 지식이나 정보를 전달하는 역할을 하지만, 숨겨진 의미는 그 지식이나 정보와 관련된 정서를 전달하는 경향이 있다. 단순히 언어적 메시지에 담긴 의미의 공유 차원에 그치지 않고 삶의 공유를 의미한다. 의미란 결국 그것을 사용하는 사람의 총체적인 삶의 경험을 바탕으로 이루어지기 때문이다. 언어적 의미의 공유가 결국 삶의 공유가 되는 것은 언어의 의미가 낱말에 본래부터 주어져 있다기보다 그것을 사용하는 사람들 나름대로 삶의 경험과 그 말이 사용된 상황에 의해 결정되기 때문이다.

공유란 과정적 개념이다. 의미는 화자와 청자에 의해 상호 교섭적으로 창조된다. 그래서 말하기는 평면적인 전달과 이해가 아니라 입체적이고 역동적인 활동 자체다.

② 의사소통의 수단

언어적 의사소통은 구두언어를 중심 매체로 한다. 대화에서 언어는 메시지를 담는 중심 매체다. 그렇지만 같은 언어를 바탕으로 하는 활동인 문자언어 활동과는 작용 양상이 사뭇 다르다. 구두언어는 문자언어에 비해 준언어적 요소나 비언어적 요소들이 매체로 작용한다. 구두언어 활동은 참여자들이 '지금, 여기'라는 시간적 · 공간적 상황을 공유하면서 서로 적극적인 상호작용을 통해 의미를 공유해나간다. 구두언어의 정보는 내용 면에서는 구체적, 구조 면에서는 엄격하지 않고 개방적이며, 양도 비교적 적은 편이어서 자동으로 처리된다.

③ 문화의 공유

사람은 지식과 경험이 서로 다르기 때문에 특정 단어의 의미도 다르게 받아들일 수 있다. 상대방과의 의사소통이 효과적으로 이루어지기 위해서는 양쪽이 사용하는 용어의 의미에 대한 상호이해가 필요하다.

④ 의미 교섭성

스피치란 화자와 청자가 상호 교섭하면서 일련의 의미들이 새로운 의미를 창조해가는 과정이다. 이러한 의미 교섭성은 읽기나 쓰기의 상호작용성과는 다른 측면을 지닌다. 스피치 과정에서는 참여자의 의미가 고정되어 있지 않고 역동적으로 교섭에 참여하기 때문이다. 그리고 이러한 교섭은 참여자의 의도와 상관없이 이루어지기도 하며, 일대일 상황이 아닌 일대다 상황에서도 일어난다.

⑤ 통합 역동성

스피치 상황은 말하기와 듣기, 그리고 장면이 통합되는 역동적인 과정이다. 이는 말하기와 듣기가 동시에 이루어져 말하는 사람은 말을 하면서 동시에 듣게 되고, 듣는 사람은 들으면서 동시에 말하게 된다는 의미의 통합을 일컫는다. 그리고 말하기와 듣기뿐만 아니라 장면도 스피치 과정에 역동적으로 통합되는데, 참여자들은 그 과정이 이루어지는 장면을 해석하고 그 해석에 따라 스피치 과정을 조정한다.

⑥ 자기정체성

스피치 과정은 참여자들의 정체성을 배경으로 이루어진다. 정체성은 내용과 방법 두 가지 측면에서 볼 수 있는데, 내용 측면에서는 자신들의 독특한 삶을 토대로 구축된 독특한 의미의 세계를 바탕으로 하여 스피치 과정에 참여하고, 그 과정을 통해 자신만의 의미 세계를 조성해간다. 스피치가 자아의 형성 · 유지 · 발전에 결정적인 역할을 한다는 것은 이 때문이다. 방법 측면에서 참여자들은 모두 독특한 말하기 스타일을 가지고 상황에 참여하며, 이 과정을 통해 자기만의 스타일을 조정해나간다.

⑦ 대인 관계성

스피치 과정은 대인 관계를 배경으로 이루어진다. 이 관계성은 무슨 말을 어떻게 하고, 주어진 메시지를 어떻게 해석할 것인가를 결정하는 데 매우 중요한 요인이다. 배경으로 작용하는 관계에는 남편-아내, 교수-대학생과 같이 외적인 관계도 있지만, 싫어하는 사이, 모르는 사이 같은 내적인 관계도 있다. 그리고 화법에 작용하는 관계는 인물뿐만 아니라 화법에 관여하는 사물이나 환경도 배경으로 작용할 수 있다.

⑧ 사회 문화성

공적 스피치는 사회와 문화를 배경으로 한다. 문화는 정체성들이 겹쳐지고 공유된 상태를 말하는데, 시대마다 그 시대만의 언어 문화가 있다. 스피치의 전통 또한 문화적 배경에서 중요한 역할을 한다. 각 문화 집단마다 나름대로 화법의 문화적 전통을 가지고 있다. 이러한 문화적 전통은 때로는 말하기 방법을 규정하고, 태도를 판단하는 기준이 되기도 한다.

참조

내용(content)과 관계(relation)의 차이

의사소통은 내용 수준과 관계 수준에서 이루어지는데, 내용 수준은 '무엇(what)'에 대한 것으로 메시지의 내용에 관한 것이고 관계 수준은 '어떻게(how)'에 대한 것으로 메시지의 내용이 어떻게 받아들여지는가에 대한 것이다. 가령, "날씨가 무척 덥죠?"라는 말을 '내용'으로 보면 날씨를 묻는 것이지만 '관계'로 보면 친해지고 싶다는 의도의 표현이다. 이러한 내용과 관계의 차이가 인간관계에서 자주 발생하는 갈등의 원인이 될 수 있다. 가령, 오랜만에 만난 고향 친구를 집에 초대했을 때 부부는 갈등을 겪을 수 있는데, 오랜만에 만난 고향 친구를 집에 초대한 것에 대해서는 내용상 이견이 없지만 먼저 아내의 허락을 받지 않고 멋대로 했다는 것 때문에 아내는 남편이 자기를 무시한다고 생각하여 갈등이 생길 수 있다.

[예시] 대화에서 보이는 남성과 여성의 표현 전략

대화의 내용: 남자는 돈, 일, 스포츠, 여성 등을 화제로 삼는 경우가 많고, 무엇에 대해 이야기할 것인지 목적을 가지고 대화를 시작하지만, 여자는 가족, 친구, 느낌, 옷, 건강, 음식 등을 화제로 삼는 경우가 많고, 특별한 목적이 아닌 친밀감을 나누기 위해 대화한다.

대화의 방식: 남자는 자기가 좋아하는 화제를 중심으로 대화하려 하고, 상대방의 말을 듣기보다 말하기를 좋아해서 자주 끼어들어 이야기하려고 하지만 여자는 상대방이 호응해주는 화제를 가지고 대화하고 상대방의 말에 끼어드는 경우가 많지 않다.

이런 대화방식의 차이 때문에 남자 간의 대화는 짓궂은 농담과 야유가 일상적이며, 남녀 간의 대화에서도 남자가 대화의 주도권을 가지려 하고 자기주장이 강하기 때문에 친밀감을 얻으려는 여자는 좌절감을 느끼는 경우가 많다.

- 상대방이 어떻게 생각하고 느끼는지를 자기 생각을 개입시키지 않고 상대방의 입장에서 이해하고자 하는 것
- 상대방의 감정을 정확하게 이해하는 것이므로 상대방이 하는 말의 의도나 감정을 솔직하게 묻고 공감해주는 자세가 필요하다.
- 공감해줄 때 유의할 사항
  - 자기가 이해한 상대방의 감정을 자기 말로 표현한다.
  - 공감은 구체적이고 분명하게 해야 한다. "마음이 아팠겠구나."
  - "노력했는데 잘 안 되어서 속상했겠네."(좋은 공감)

도움받은 곳

김종운, 《인간관계 심리학》, 학지사, 2017.
안효자, 《인간관계와 커뮤니케이션》, 수문사, 2018.
이광자, 《인간관계와 커뮤니케이션의 실제》, 신광출판사, 2019.

3) 비언어적 표현의 개념

일반적으로 인간의 의사소통에서 음성언어가 차지하는 부분이 약 7%이고, 준언어(목소리의 높이, 음색, 억양 그리고 기타 입을 통해 나오는 소리)가 38%, 그리고 비언어가 55%를 차지한다고 한다. 비언어적 의사소통은 단순히 언어적 의사소통 방식에 도움이 되는 정도를 넘어선다. 특히 강의 같은 전달 능력이 중시되는 경우에는 교수자의 비언어적 의사소통 방식에 따라 수업의 성공 여부가 크게 좌우되는 것도 사실이다. 일상적인 담화에서도 언어적으로 전달하고자 하는 내용보다 상대방이 취하는 비언어적인 의사소통 방식이 대화의 성공 여부에 큰 영향을 미친다. 긍정적인 대화가 필요한 상황에서는 최대한 그 느낌을 전달하기 위해 구두언어 표현에 맞는 비언어적 의사표현 방식을 적용한다. 반대로 부정적인 의사표현이 필요한 상황에서는 그에 맞는 비언어적 표현방식을 사용한다. 이때 전달하고자 하는 내용은 크게 차이가 없을 수도 있다. 내용이 같더라도 비언어적 표현방식을 다르게 사용함에 따라 청자에게 완전히 다른 의미로 전달될 수 있기 때문이다.

의사소통은 단순히 말이 갖고 있는 언어적 의미 요소에만 의존하지 않는다. 말하는 사람이 말할 때 함께 보여주는 제스처나 손짓, 표정, 목소리의 크기와 빠르기, 음색, 눈 맞춤, 의복이나 화장 상태 등의 비언어적 행동이나 요소들이 함께 작용한다. 담화에서 언어적 의사소통, 즉 음성언어를 통한 의사소통 이외의 모든 의사소통을 '비언어적 의사소통'이라고 지칭한다. 비언어적 표현은 준언어적 표현과 비언어적 표현으로 구분할 수 있다. 언어적 표현은 어휘, 문장 등의 형태로 나타나는 기호에 의해 이루어지는 의미작용이며, 준언어적 표현은 언어 표현에 직접적으로 매개되어 의미작용을 하는 발음, 조음, 고저, 어조, 속도, 크기 등을 가리킨다.

비언어적 표현은 음성언어와 독립적으로 의미작용을 할 수 있는 자세, 손동작, 몸동작, 표정, 눈 맞춤, 옷차림 등을 말한다. 비언어적 요소들이 의사소통에 매우 중요하다는 사실은 여러 학자에 의해 밝혀졌는데, 미국의 심리학자 메라비언(Mehrabian, 1972)은 비언어적 요소가 메시지 전달 효과에 있어서 93%를 차지한다고 언급했다. 사람들은 언어적 메시지와 비언어적 메시지가 상충할 때 비언어적 메시지를 더욱 신뢰하는 경향이 있다. 이것은 비언어적 의사소통의 기능이 얼마나 중요한지를 잘 보여준다.

4) 비언어적 표현의 기능

비언어적 의사소통 메시지는 언어적 의사소통 메시지에 다음과 같은 기능을 하는데, 정리하면 다음과 같다.

① 보강

언어적 메시지에 수반되어 나타나는 의미를 보강하거나 명료화한다. 예를 들면, "제발 도와주세요"라고 하면서 두 손을 붙잡는 비언어적 표현은 언어적 메시지의 의미를 보강해준다.

② 모순

언어적 메시지의 의미와 모순이 되는 의미를 전달한다. 예를 들면,

어떤 사람이 상대방에게 "그래, 차분하게 이야기해봐" 하면서 가방을 챙기는 비언어적 표현은 언어적 의미와 모순되는 의미를 전달한다.

③ 반복

제스처나 몸짓을 통해 언어적 메시지가 반복될 수 있다. 예를 들면, "이 방에서 나가" 하면서 손가락으로 바깥을 가리키는 비언어적 표현은 언어적 메시지를 반복한다.

④ 대체

비언어적 메시지가 언어적 메시지를 대신한다. 예를 들면, 아무 말도 하지 않고 이쪽으로 오라고 손짓으로 메시지를 전달할 수 있다.

⑤ 강조

비언어적 메시지는 언어적 메시지의 의미를 강조한다. 예를 들면, 정말 반갑다고 하면서 악수를 세게 하거나 악수한 손을 흔드는 것은 반가움을 강조하는 것이다.

⑥ 화맥 조절

상대가 말하는 동안 고개를 끄덕거린다든지, 관심을 표현하여 의사소통의 흐름을 조절한다. 예를 들면, 상대방의 말을 들으면서 상대방을 쳐다보며 고개를 끄덕인다는 것은 상대방에게 관심을 표현하면서 더 이야기하도록 격려하는 것이다. 이것은 의사소통에서 대화 맥락을 조절하는 역할을 한다.

5) 비언어적 표현의 유형

비언어적 표현의 유형에는 세부적으로 몸짓언어, 자세, 침묵, 신체언어, 공간언어 등이 있다. 우선 몸짓언어란 아이디어, 의도 또는 느낌을 전달하는 데 사용되는 몸의 움직임을 말한다. 몸짓언어에는 눈빛, 표정, 제스처가 있다.

(1) 몸짓언어

① 눈빛

눈빛에는 시선도 포함되는데, 반갑거나 상대방이 매력적이라고 느끼게 되면 저절로 눈동자가 커지지만 상대방에게 적대감을 가지거나 부정적인 기분이 들 때는 동공이 작아진다. 즐겁고 행복할 때 시선이 늘어나며, 슬프거나 죄책감을 느낄 때 시선을 줄인다. 눈을 자연스럽고 따뜻하게 응시하는 것은 서로 간의 교감을 형성하는 것이다. 눈을 통한 응시는 상대방에게 말 순서를 넘겨주기 위한 신호나 상대방의 관심을 끌기 위한 신호로 사용될 수 있다.

② 표정

상대방에 대한 1차적인 정보는 대개 그 사람의 표정에서 얻을 수 있다. 표정에는 연령대, 건강 상태, 사회적 신분 정도나 성격 등의 대략적인 신상 정보는 물론 희로애락 같은 기본적인 감정 상태, 놀라움이나 두려움, 증오심, 질투 같은 복합적인 감정 상태도 그대로 나타난다.

③ 제스처

상대방에게 시각적 신호를 보내는 갖가지 동작(고개 끄덕임, 미소 등)을 말한다.

(2) 자세

자세는 신분이나 나이, 건강, 심리 상태 등의 많은 정보를 준다. 예를 들면, 신분이 높은 사람은 고자세, 공격적인 성향인 사람은 머리를 앞으로 내민 자세를 취하고, 불행한 일을 많이 겪은 사람은 찌푸린 얼굴로 고개를 앞으로 수그리고 있는 경향이 있다.

(3) 침묵

상황에 따라 침묵의 의미는 다르므로 상대방의 침묵이 무엇을 의미하는지를 해석하려는 노력이 필요하다.

(4) 신체 접촉

일반적으로 신체 접촉은 신뢰감, 관심, 애정이나 격려 같은 긍정적인 메시지를 전달한다. 남성은 여성에 비해 더 많은 신체적 접촉을 시도하고, 이것을 힘과 지배의 상징으로 이용하기도 한다. 신체 접촉은 문화적으로 규정되며, 신체적 접촉이 내포하는 잠재된 정적 의미 때문에 대부분 아주 조심스럽게 행해진다.

(5) 공간언어

공간언어의 의미는 "인간은 서로 남의 공간을 침범하지 않으면서도 다른 사람과 가깝게 지낼 수 있는 최적의 거리를 유지하려고 노력한다."는 공간학에서 나온 단어다. 공간언어의 주요점은 사람은 누구나 자신만의 절대적인 공간을 본능적으로 요구하고 이 공간이 확보되지 않으면 불안감이나 위협감을 강하게 느끼게 되며 거리에 따라 상대방에 대한 지각 경험이 달라지기 때문에 사회적 상호작용도 변화할 수 있는 것을 말한다. 바꿔 말하면 사람들 사이의 사회적 관계에 따라 적절한 거리가 있다는 뜻이기도 하다. 그래서 연관성이 맞지 않는 상황이 되면 사람들은 심리적으로 불편해지거나 그 상황을 해소하는 쪽으로 행동하게 된다는 것이다. 서로 모르는 사람들끼리는 어느 정도의 거리를 유지하려고 하는지, 그리고 불가피하게 모르는 사람과 가까이 앉게 된다든가 하면 어떻게 느끼는지는 경험으로 잘 알고 있을 것이다. 이러한 이론을 문화인류학자 에드워드 홀(Edward T. Hall)이 일반적으로 분류하여 보여주고 있다.

[에드워드 홀의 공간거리와 인간관계]

- 친밀 간격(15~46cm): 상대방의 숨결이 느껴질 정도의 거리. 자신의 소유물처럼 보호하는 가장 중요한 공간으로, 정서적으로 친밀하게 느끼는 연인이나 배우자, 부모 자식 관계 등
- 개인 간격(46cm~1.2m): 팔을 뻗어서 닿을 정도의 거리. 각종 사교모임이나 가까운 친구 모임 등에서 다른 사람과 편안하게 이야기할 수 있고 접촉할 수 있는 거리(대화 거리)
- 사회적 간격(1.2~3.6m): 보통 목소리로 말할 때 들을 수 있는 거리, 낯선 사람과 유지하는 일반적인 거리, 사회적 대화에 적합한 거리

- 공공적 간격(3.6m 이상): 목소리를 높여서 이야기하는 거리, 강의나 연설할 때 편하게 느끼는 거리. 그 대화에 흥미가 없는 것으로 가정할 수도 있는 거리

위의 공적거리 개념은 문화마다 다르다. 거리는 감정을 표현하는 한 가지 방식이며, 지배나 권력 문제와도 관련성을 지닌다. 직각 탁자보다 원형 탁자에 앉은 사람들이 더 평등하게 의사소통하며, 탁자를 사이에 두고 얼굴을 마주 보고 앉는 것은 경쟁 관계로 지각되기 쉽고, 대각선이나 모서리와 모서리 배치는 협력적인 관계로 보일 수도 있다.

(6) 사물언어

'가공적 행위(artifacts)'라는 개념으로 쓰이기도 하는데, 사람의 외모에 변화를 주는 모든 행위가 여기에 포함된다. 면접, 미팅 장소, 미술관 관람, 선생님의 옷차림 등 상황에 알맞은 옷차림과 화장을 했는지, 어떤 장신구를 했는지를 통해 사람들은 그 사람이 하는 말의 내용을 신뢰하거나 불신하기도 한다. 또한 그 사람의 복장과 화장 상태를 통해 그 사람의 현재 심리 상태, 참석하는 모임이나 미팅의 성격을 파악할 수도 있는데, 특히 컬러와 관련된 언어도 많은 사람이 상대방의 심리를 파악하는 것으로 활용하기도 한다.

6) 준언어적 의사소통의 유형

준언어적 의사소통은 '반언어' 또는 '유사언어'라고 지칭하기도 한

다. 준언어적 표현에는 다섯 가지가 있다.

(1) 음조

긴장된 감정은 목소리를 높아지게 하고, 우울하거나 피곤할 때는 음조가 낮아진다. 낮으면서도 강력한 음조는 듣는 사람에게 힘을 느끼게 한다. 중저음의 목소리 톤을 가진 여성 아나운서는 공영방송에서 주요 뉴스 앵커 역할을 하기도 한다.

(2) 강세

음절이나 단어 또는 어절에 얹히는 고저에 의해 실현되며, 주로 강조나 대조할 때 사용된다.

(3) 말의 빠르기

대개 사람들이 말하는 속도는 1분에 120~180개 단어 정도인데, 말의 빠르기는 감정과 태도를 반영한다. 빨리 말하는 사람은 흥분을 잘하거나 표현이 풍부하다고 생각하며, 설득적이며 느리게 머뭇거리면서 말하는 사람은 뭔가 둔하고 열의가 없다는 인상을 준다. 발표할 때는 미리 시간을 정해놓고 발화 속도를 조절하는 연습을 하는 것이 좋다.

(4) 목소리의 크기

상황에 따라 목소리 크기를 조절하는 것이 필요하다. 큰 목소리는 열정, 확신에 찬 이미지를 나타내는 반면에 공격성이나 과장된 자아를 드러내준다. 작은 목소리는 무기력과 나약함, 열등감의 이미지를 나타내는 반면에 속삭임은 자상함을 드러내기도 한다.

(5) 억양

억양에는 대개 발화의 의미와 태도가 드러나기 때문에 잘 이해해야 정확한 의미를 전달할 수 있다. 하강 억양은 완결 의미, 상승 억양은 미완 의미를 나타낸다. 우리가 흔히 '사투리'라고 부르는 지역 방언과는 다른 의미의 억양이라 할 수 있다.

한편, 우리가 하는 보디랭귀지(body language) 중에는 원시 조상의 몸짓으로 거슬러 올라가 그 기원을 찾을 수 있는 것도 있다. 예를 들어, 이빨을 드러내고 콧구멍을 벌름거리는 것은 공격적인 행동에서 유래된 것으로 인간 이외의 영장류들이 사용하는 원시적인 신호다. 그리고 이를 가는 표정을 짓는 경우 필요하다면 이빨을 사용해 공격하거나 방어하겠다는 뜻을 나타낸다. 인간이 더는 치아를 공격 수단으로 사용하지 않지만, 비슷한 상황에서 동물처럼 경멸하는 표정을 짓곤 한다. 그리고 인간은 육체적으로나 정신적으로 위협을 받거나 무언가가 잘못되어 화가 나거나 짜증이 났을 때 이를 가는 표정을 짓는다. 인간의 감정 상태가 겉으로 드러나는 것이 바로 보디랭귀지다. 그래서 각각의 몸짓이나 자세는 그 사람이 그 순간에 가지고 있는 감정을 파악하는 데 중요한 열쇠가 될 수 있다. 예를 들면 두렵거나 자신을 방어해야겠다고 생각하는 사람은 팔짱을 끼거나 다리를 꼬거나 그 두 가지 동작을 다 할 것이다.

7) 손과 관련된 몇 가지 비언어적 표현 전략

(1) 손의 표현력

손은 인간의 진화에서 가장 중요한 수단이 되었고, 신체의 각 부분 중에서 뇌와 연결되는 신경이 가장 많은 부분이다. 그런데도 자신의 손 동작이나 사람을 만나 악수하는 방식에 신경을 쓰는 사람은 거의 없다. 악수할 때 처음 다섯 번에서 일곱 번 정도 손을 흔드는 시점에서 지배와 복종 관계가 형성되거나 파워게임이 벌어진다는 것을 알아두어야 한다.

손바닥을 펼쳐 보이는 것은 진실, 정직, 충성, 복종을 연상시킨다. 지금도 선서할 때는 손바닥을 심장이 위치한 가슴 위에 포개는 경우가 많고, 서양의 법정에서 증언하는 사람은 왼손으로는 성경을 들고 오른손은 펴서 손바닥을 재판관들을 향하게 한다.

사람이 정직한지 아닌지, 숨기거나 속일 생각이 있는지 없는지를 확인할 수 있는 좋은 방법 중 하나가 바로 손 움직임을 살펴보는 것이다. 개가 복종이나 항복을 뜻할 때 목을 내밀어 보이는 것처럼 인간은 자신이 무장하지 않았고 따라서 위협이 되지 않는다는 것을 보여주고자 할 때 손바닥을 펼쳐 보인다.

(2) 손바닥의 진실성

진실하고 솔직한 사람이라는 인상을 주기 위해 의도적으로 손바닥을 펴 보이는 경우도 많다. 어린아이는 거짓말을 하거나 사실을 숨길 때 손바닥을 등 뒤로 감추는 경우가 많다. 그리고 남자가 말도 없이 친구들과 함께 여행을 다녀온 다음 날 어디 갔었는지 여자친구에게 솔직히 말하고 싶지 않을 때 호주머니에 손을 집어넣거나 팔짱을 껴서 손바닥을 숨긴다고 한다. 하지만 여자들은 남자가 손바닥을 숨긴 것을 보면 육감적으로 그가 거짓말한다는 느낌을 받는다. 즉 남자들은 거짓말할 때 보디랭귀지에 그 사실이 고스란히 드러나고, 여자들은 거짓말할 때 갑자기 상냥해지거나 바쁜 척한다고 전해진다.

(3) 손바닥과 권력의 힘

손바닥을 위로 향하는 자세는 복종적이고, 비위협적인 자세로 거리에서 거지가 구걸하는 모습을 연상시키며, 인간 진화의 측면에서 볼 때 무기가 없음을 나타내 보이는 자세이기도 하다. 그래서 손바닥을 위로 향하는 자세로 지시를 내리면 지시를 받는 사람은 상대방한테 강요당한다거나 위협당한다는 느낌을 받지 않다.

하지만 손바닥을 아래로 향하면 권위를 나타내게 된다. 그런 자세를 취하면 상대는 상하 관계에 따라 물건을 옮기라는 명령을 받았다고 느끼게 되고, 어쩌면 상대방을 향해 적대적인 감정을 느끼게 될 수도 있다. 예를 들면, 제2차 세계대전 당시 독일군은 손바닥을 아래로 해서 사선을 허공에 쳐드는 경례 방식을 사용했는데, 이 자세는 그들이 지향하던 제3제국의 힘과 독재의 상징이 되었다. 만약 아돌프 히틀러가 손바닥을 위로 향하는 경례 방식을 택했다면 그를 보고 웃었으면 웃었지 아무도 그를 두려워하지 않았을 것이다.

(4) 손가락과 모멸감

주먹을 쥐고 손가락 하나만 내밀어 가리키는 자세의 경우, 앞으로 내민 손가락이 몽둥이를 상징해 상대를 때려서라도 명령에 따르게 만들겠다는 뜻을 나타낸다. 흔히 우리가 말하는 손가락질을 하는 이 자세는 말할 때, 특히 손가락이 말하는 사람의 말에 속도를 맞춰 움직일 때 불쾌감과 짜증을 불러일으키기 쉽다. 예를 들면, 말레이시아나 필리핀에서는 사람을 손가락으로 가리키는 것은 커다란 모멸감을 주는 행위로 이 나라에서는 동물만 손가락으로 가리키게 되어 있다고 한다. 단, 말레이시아에서는 사람을 가리키거나 방향을 가리킬 때 엄지를 사용한다.

(5) 악수와 인사법

악수는 고대부터 이어져온 전통이다. 원시 부족들은 우호적인 상황에서 만날 때 손목까지 내보여 무기를 숨기지 않았음을 상대에게 알렸다. 로마 시대에는 단검을 소매 속에 감추는 일이 흔해서 자기방어를 위해 서로의 손목을 잡는 것이 일반적인 인사법으로 통용되었다. 전통적으로 허리를 숙이는 인사법이 널리 통용되는 일본이나 기도하듯 두 손을 마주 대는 합장 자세로 인사를 나누는 태국에서도 요즘은 악수로 인사를 대신하는 모습을 흔히 볼 수 있다.

악수할 때는 대부분 국가에서 평균 3~5회 정도 손을 흔드는데, 세계 여러 나라 중 프랑스는 악수를 제일 열심히 하는 나라로, 만날 때와 헤어질 때 부지런히 악수하고 하루의 많은 시간을 악수에 할애한다.

① 누가 먼저 악수를 청하는 것이 옳은가

처음 만난 사람과 악수로 인사를 대신하는 것이 일반적인 관습으로 굳어졌지만, 먼저 악수를 청하는 것이 실례가 되는 상황도 종종 있다. 세일즈맨은 예고 없이 찾아가거나 초대받지 않은 상황에서 찾아간 고객에게 먼저 악수를 청하면 흔쾌히 맞이하기도 싫고 원치 않는데 억지로 악수를 하게 되는 부정적인 결과를 초래할 수 있다고 교육받는다. 이런 상황에 처한 세일즈맨은 고객이 먼저 악수를 청하기를 기다려야 하고, 만약 고객이 악수를 청하지 않으면 고개를 살짝 숙여 인사를 대신하라고 교육받는다. 아직도 일부 국가에서는 여성과 악수하는 것이 일반적이지 않은 일이지만(많은 이슬람 국가에서는 그런 행동을 대단히 무례한 것으로 여긴다. 대신 가볍게 고개를 끄덕이는 인사는 가능하다), 먼저 악수를 청하거나 손을 꽉 잡고 악수하는 여성은 솔직한 사람으로 평가받고 좋은 첫인상을 남기게 되는 것이 요즘 추세다.

② 악수는 지배·통제력을 표현하는가

상대를 지배하겠다는 생각이 있는 사람은 악수할 때 자신의 손목을 돌려 손바닥이 아래를 향하게 한다. 이때 손바닥이 완전히 아래를 향하지는 않더라도 자신의 손이 상대의 손바닥 위로 올라가는 위치를 차지하면 이 만남에서 상대를 통제하고 지배하고자 하는 욕구가 드러나게 된다. 이러한 모습은 종종 국가 최고권위자들의 만남에서도 볼 수 있는 장면이다.

또한 복종적인 악수는 손을 내밀 때, 손바닥을 위로 향해서 상대에게 손을 여러분의 손 위로 올릴 기회를 제공하는 것이다.

한편, 서로가 지배하려는 마음을 갖고 악수하게 되면 상대의 손을 복종적인 자세로 만들기 위해 일종의 힘겨루기 현상이 벌어진다. 이때 두 사람은 손바닥이 수직을 이루면서 꽉 맞닿게 되는데, 이런 손의 모양이 이루어지면 둘 다 서로에게 복종할 필요가 없기 때문에 서로 동등한 위치라는 느낌이 들거나 서로를 존중하게 된다.

③ 악수를 통해 신뢰를 형성하는 방법

첫째, 여러분과 상대의 손바닥이 수직을 이루어 어느 한쪽도 지배적이거나 복종적인 자세를 취하지 않아야 한다.

둘째, 상대방이 여러분의 손을 쥐는 만큼의 힘의 강도로 상대의 손을 쥐어야 한다. 악수는 만날 때나 헤어질 때의 인사 또는 계약을 체결하자는 약속에서 유래한 보디랭귀지이므로 우호적이고 친근하며 상대의 기분을 상하지 않게 해야 한다.

④ 양손 악수와 친밀 관계

양손으로 악수하는 것은 상대에게 자신이 진실하고 믿을 수 있는 사람이며 호의를 가지고 있음을 표시하기 위해서다. 양손으로 악수할 때 왼손으로 상대의 팔꿈치를 잡는 것은 상대의 손목을 잡는 것보다 더 깊은 친밀감과 통제 의지를 전달하게 되고, 상대의 어깨를 잡는 것은 위팔을 잡는 것보다 더 깊은 친밀감과 통제 의지를 전달한다. 또한 양손으로 악수할 때 상대의 손목을 잡는 것과 팔꿈치를 잡는 것은 한 사람이 다른 한 사람을 가깝게 느낄 때 가능하고, 이때는 악수를 청하는 사람의 왼손이 상대의 개인 공간 가장자리만 살짝 침범하게 된다. 반면 어깨나 위팔을 잡는 경우는 대단한 친밀감을 나타내는 행동으로 포옹으로 이어질 수도 있다. 그러므로 어느 정도 개인적인 친분이 없는 사람과는 양손 악수를 하지 않는 것이 좋다.

8) 다양한 손의 표현 양식

① 손바닥 비비기

양 손바닥을 맞대고 비비는 것은 긍정적인 기대를 나타내는 몸짓이다. 서구 국가에서 식당이 문을 닫을 시각이 거의 되었을 때 종업원이 다가와 손바닥을 비비며 “더 필요하신 것이 있습니까?”라고 묻는다면 그것은 많은 팁을 바란다는 뜻이다.

② 엄지와 나머지 손가락을 맞대고 비비기

이는 일반적으로 돈을 기대하는 손짓으로 통한다. 이 손짓은 엄지와 나머지 손가락 사이에 동전을 넣고 문지르는 것을 뜻한다. 하지만 직업에 관계없이 고객을 상대할 때는 이 손짓이 돈과 관련해서 부정적인 인상을 심어줄 수 있으므로 절대 피해야 한다.

③ 양손 깍지 끼기

미소를 지으면서 양손으로 깍지를 끼면 자신감을 나타내는 것처럼 보일 수 있다. 그러나 이 몸짓은 감정을 자제하거나 불안하거나 부정적인 상태를 의미한다. 협상 중에 이 자세를 취하는 사람은 부정적이거나 불안한 마음 상태를 숨기고 있는 것으로, 좌절감이나 불안감을 나타낸다. 그리고 이 자세는 손의 위치에 따라 얼굴 앞에서 양손 깍지 끼기, 깍지 낀 양손을 책상이나 무릎 위에 올리기, 서있는 자세에서 깍지 낀 양손을 앞으로 내리기 등 세 가지로 분류된다.

④ 양손 끝을 마주 대고 세우기

이 자세는 스티브 잡스의 생전 모습 중 유명한 제스처라 할 수 있는데, 상하 관계에서 주로 볼 수 있으며 자신감이나 확신에 찬 태도를 나타낸다. 자신의 아이디어나 프로젝트 내용을 상대방에게 미소와 함께 설득할 때 사용되는 손의 표현방식으로 이를 '첨탑 자세'라고 칭한다. 우리나라에서는 지위가 높은 사람이 아랫사람에게 지시나 조언할 때 이런 자세를 자주 취하며, 특히 회계사, 변호사, 판사 등이 이런 모습을 취하는 것을 미디어에서 종종 볼 수 있다. 그러나 사회 초년생이라면 경우에 따라 잘난 척하거나 거만한 모습으로 비칠 수 있으므로 상대를 설득하거나 상대의 신임을 얻어야 하는 상황에서는 억지로 하지 않는 것이 좋다.

⑤ 손등으로 턱 괴기

이 자세는 연애를 할 때만큼은 아주 유용한 자세다. 주로 남자의 관심을 끌려는 여자나 남자 동성애자들이 자주 쓰는 자세라고 하는데, 양손을 포개고 손등 위에 턱을 괴어서 남자를 쳐다보면 마치 그를 사모하는 것처럼 보인다.

9) 팔의 움직임과 비언어적 의미

① 팔로 방어막을 형성하는 자세

인간은 위협이나 자신이 원하지 않는 상황을 인식하면 무의식적으로 한쪽 팔을 들거나 팔짱을 끼어 가슴 앞을 가로막는 자세를 취해 방어막을 형성한다. 이때 팔이 자연스럽게 심장과 허파 등이 있는 위치를 가로막아 중요 기관을 보호하는 것으로 보아 이런 행동은 선천적인 것으로 짐작된다. 가슴 앞으로 팔짱을 끼는 것은 가장 흔한 자세이며, 세계 어디에서든 방어적이거나 부정적인 의미로 받아들여진다. 또한, 주먹을 쥔 채로 팔짱을 끼는 것은 자신을 방어하겠다는 뜻과 함께 적의를 나타내는 몸짓이다. 그리고 자신의 양팔을 붙잡는 것은 자신을 껴안아달라는 자세로, 처음 비행기를 타는 사람도 이륙 직전에 이런 자세를 취하는 경우가 많다고 한다. 그리고 엄지를 치켜세운 채 팔짱을 끼는 자세는 자신이 대단한 존재이며 통제력을 쥐고 있다고 생각한다는 뜻이다.

② 스스로 껴안기

흔히 어린 나이에는 괴로운 일이나 힘든 일이 생기면 부모나 보호자가 우리를 꼭 안아주었다. 어른이 된 후에도 스트레스를 받으면 어린 시절의 편안하고 안전한 기분을 느끼고 싶어진다. 그럴 때 여성은 주위 사람들한테 자신이 두려움이나 걱정에 빠져 있음을 들킬 수 있는 완전한 팔짱 끼기 대신 한쪽 팔로 몸을 가로질러 반대쪽 팔을 잡아 방어막을 구축하고 남성은 흔히 자신의 손을 맞잡는다. 이 자세는 누군가가 자신의 손을 붙잡아주고 있다는 느낌을 갖게 해줘 마음이 편해진다는 표현이다.

③ 유명인의 불안 동작

왕족이나 정치인, 연예인들처럼 끊임없이 대중에게 노출되는 유명인들은 자신이 불안해하거나 안절부절못하는 모습을 들키고 싶어 하지 않는다. 그들은 대중 앞에 나설 때 언제나 멋있고 침착하고 절제된 모습을 보여주지만, 불안해하거나 걱정하는 속마음이 팔 움직임에 드러나곤 한다. 반대쪽 팔로 향하는 팔짱을 끼는 대신 핸드백이나 팔찌, 시계, 셔츠 소매 등 반대쪽 팔 가까이 손을 가져가는 행동을 하는 경우가 있는데, 이런 자세 역시 몸 앞에 방어막을 형성해 안정감을 주게 된다.

불안하거나 수줍음을 많이 타는 남자 역시 시곗줄을 만지거나, 지갑 속을 들여다보거나, 양손을 서로 비비거나, 소매 단추를 만지작거리는 등 양팔을 제 몸 앞에 두는 자세를 취한다. 한 예로, 영국의 왕족을 연구하는 사람들에 의하면 엘리자베스 여왕은 핸드백을 이용해 경호원이나 신하들에게 언제 가고, 언제 멈추고 싶은지, 언제 떠나고 싶은지 그리고 자신을 지루하게 만드는 사람으로부터 구해달라는 등 무려 12가지 신호를 보낸 바 있다고 한다.

10) 일상적인 동작언어의 의미

① 뒷짐 지기

이 자세는 높은 지위에 대한 우월감, 자신감 그리고 힘을 나타낸다. 두려움이 없고 자신의 힘에 대해 자신감이 있기 때문에 무의식적으로 신체의 소중하고 약한 부위인 복부와 가슴, 목을 당당하게 드러내는 것이다.

② 입 가리기

이 행동은 뇌가 무의식적으로 입에서 나오는 거짓말을 막거나 부끄러움을 막기 위한 동작언어다. 상대가 이 몸짓을 한다면 거짓말을 하고 있을 가능성이 크다.

③ 코 만지기

거짓말을 하면 혈압이 상승한다는 사실도 알게 되었다. 이런 과학기술을 통해 거짓말을 하면 인간의 코가 팽창한다는 것이 밝혀졌다. 상승한 혈압은 코를 팽창하게 하고 코끝의 신경 조직을 가렵게 만들기 때문에 간지러움을 해소하기 위해 손으로 코를 만지는 몸짓을 하게 되는 것이다.

④ 눈 문지르기

이 행동은 뇌가 거짓이나 의심, 불쾌한 것 또는 거짓말을 듣는 상대를 보지 않으려고 하는 의도에서 버릇된 몸짓언어다. 그리고 엄청난 거짓말을 할 때는 아예 시선을 외면해버린다.

⑤ 귀 만지기

이 행동은 들을 만큼 들었다거나 이제는 자신이 말하고 싶다는 뜻을 나타내는 신호가 되기도 한다. 그리고 코 만지기와 마찬가지로 귀 만지기는 불안감을 나타내기도 한다. 하지만 이탈리아에서 귀 만지기는 동성애자라고 말할 때 사용된다고 한다.

⑥ 목 긁기

검지로 귓불 아래쪽 목을 5회 이상 긁적이는 몸짓은 의심이나 불확실함 등을 나타내는 비언어적 표현이다.

⑦ 옷의 목둘레 잡아당기기

거짓말을 하면 얼굴과 목의 섬세한 조직에 간지럼을 느껴 문지르거나 긁어야 시원해진다는 사실을 발견했다. 그래서 불안한 사람은 목을 긁고, 거짓말이 들킬까 봐 불안한 사람은 옷의 목둘레를 잡아당기기도 한다. 혈압이 상승해 목 근처에 땀이 나기 때문이다.

⑧ 입에 손가락을 넣거나 손톱 물어뜯기

이 표현방식은 어릴 적 포근한 어머니의 품에 안긴 유아기로 돌아가고 싶은 무의식의 표현으로 성인이 되어서도 압박감을 받을 때나 불안할 때 나타난다. 이러한 현상은 어릴 적 부모에게 받은 육체적 · 정신적 학대에 대한 고통이 기억에 남아 나타나는 심리적 스트레스라는 일종의 표현이라 할 수 있다.

도움받은 곳

문금현 외, 《대학생을 위한 화법 강의》, 태학사, 2006.
이창덕 외, 《삶과 화법》, 박이정, 2003.
임칠성 외, 《말꽝에서 말짱되기》, 태학사, 2010.
전영우, 《신국어 화법론》, 태학사, 1998.
Ronald B. Adler 외, 《인간관계와 의사소통의 심리학》, 정태연 역, 박영스토리, 2021.

3장

의사소통과 말하기의 기초 원리

1. 협력의 원리
2. 공손성의 원리
3. 적절한 거리 유지의 원리
4. 고맥락 문화의 대화 원리

의사소통은 우리의 생활 속에서 매우 익숙하고 자연스럽게 이루어지는 행동이어서 아마도 어떤 원리나 규칙을 찾아내는 것이 오히려 더 자연스럽지 않게 느껴질 수도 있을 것이다. 이것은 마치 밥을 먹는 순서를 체계화하고 원리를 찾으라는 말처럼 들릴 수도 있다. 그러나 공적 스피치 화자가 담화를 성공시키기 위해서는 효과적인 의사소통을 구성하고 있는 대화의 원리를 찾아내는 작업과 학습이 필요하다고 생각한다. 이 장에서 학습하는 말하기의 기초 원리는 문법에서 이야기하는 규칙과는 다른 의미다. 물론, 올바르게 말하기 위해서는 문법론을 숙지하고 그 규칙을 반드시 지켜야 하지만, 의사소통 영역 내 대화의 원리는 그렇지 않을 수 있기 때문이다. 의사소통은 참여자 상호 간의 협조 문제이며, 주어진 환경 속에서 화자가 '말하는 것'의 문제가 아니라 화자가 '말할 수 있는 것'의 문제이기 때문이다. 따라서 말하기의 원리는 언어학적 사고라는 추상적 공간에서 이루어지는 문법과 달리 구체적인 상황과 그 맥락에서 작용하는 담화의 원리다. 담화의 원리를 파악한다는 것은 의사소통의 목적을 달성하기 위한 말하기 노력이며, 지속적으로 의사소통이 이루어지게 하는 관계의 원리를 뜻한다.

기초적인 말하기의 원리에는 협력의 원리, 공손성의 원리, 적절한 거리 유지의 원리, 관련성의 원리 등이 있다. 먼저 학습할 원리는 언어철학자 폴 그라이스가 제시한 협력의 원리다.

1.
협력의 원리(co-operative principle)

언어철학자 폴 그라이스(Herbert Paul Grice)는 대화의 원리를 객관적으로 규명하고자 했다. 요약하면 '대화'란 두 사람 이상이 모여 말로써 서로의 생각과 느낌을 표현하고 이해하는 상호 교섭적 활동을 말한다. 이 활동은 새로운 의미를 형성해나감을 의미한다. 이 세상에는 가족이나 친구 그리고 주변 사람과 나누는 사적인 대화뿐만 아니라 방송 대담이나 기자회견 그리고 인터뷰 같은 공적인 것에 이르기까지 매우 다양한 유형의 말하기가 존재한다. 의사소통은 기본적으로 대화 참여자들의 협력을 전제하는데, 이때 필요한 것이 협력이다.

대학생으로서 공적 스피치와 관련된 대화의 결속성 유지를 위해 그라이스의 '협력의 기본 원리'를 학습하고 연마하면 적어도 인간관계에서 이미지 손상을 최소화할 수 있을 것이라 생각한다.

협력의 원리(co-operative principle)는 대화의 가장 기본적인 전제인 인간관계와 의사소통 간의 상호성에서 기인하는 것으로, 사람들이 대화할 때는 반드시 현재 상태에서 지향하는 목적이나 방향의 요구에 합치되도록 말한다는 점에 초점을 두고 있다. 다시 말하자면 말하는 사람은 지금 이루어지고 있는 대화의 목적을 파악하고 그 목적에 맞는 대화, 대화의 흐름과 일치되는 대화를 통해 결속성을 유지한다는 것이고, 말을 듣는 사람은 상대방이 하는 말을 지금 이루어지고 있는 대화의 목적이나 상황에 맞는 결속성이 있는 말로 받아들이고 해석한다는 것이다. 우선 아래 예문을 살펴보자.

A: 그 가수 말이에요.
B: 네.
A: 학교 다닐 때 야구선수였대요.
B: 네에.
A: 청소년 국가대표도 하고요.
B: 아, 네에….
A: 참 특이하죠?
B: 네. … 그만 가시죠.

위 예문의 대화에서 A는 계속 대화를 이어가고 싶어 하지만, B는 건성으로 대답하고 결국은 대화를 회피함으로써 협력의 원리를 위배하고 있다. A와 B 두 사람 가운데 누군가가 협력의 원리를 위배하면 대화는 결속성을 유지하지 못하므로 이 대화는 더 이상 진행될 수 없다. 또 다른 측면에서 협력의 원리를 표면적으로 위배하고 있는 언어적 표현들을 확인해보자.

A: 너랑 더 이상 말하고 싶지 않아.
B: 누가 너한테 말해준다고 그랬어?
C: 아무 일도 아니에요.

D: 지금은 누구하고도 말하고 싶지 않아요.

E: 저 좀 그냥 내버려두세요.

F: 좀 나가주세요.

위의 대화에서 표현된 문장들은 인간관계에 장애를 가져오는 단적인 요소가 되며, 습관적으로 협력의 원리를 위반하는 사람은 원만한 인간관계를 유지할 수 없게 된다.

실습

나의 평상시 대화

위의 대화 예문 중 자신이 평소에 사용하고 있는 언어적인 표현이 있다면 적어보시오. 또 그런 표현을 쓰는 상황을 말해보시오.

효율적인 의사소통을 위한 그라이스의 협력의 원리에서 대화자들이 대화를 정상적으로 진행하기 위해서는 어떤 격률을 지킨다는 사실에 주목하며, 하위층위로 네 가지 격률을 공식화하여 제시해야 한다. 이 격률에 대해 함께 학습하고 예시를 들어보자.

1) 양의 격률(maxim of quantity)

- **주고받는 대화의 목적에 필요한 만큼만 정보를 제공하라.**
- **필요 이상의 정보를 제공하지 말라.**

양의 격률은 필요한 양만큼의 정보성만 제공하라는 대화의 원리다. 다시 말해 필요 이상으로 많은 정보성을 갖게 하지 말라는 것이다. 정보성을 갖는다는 것은 누군가에게 필요한 새롭거나 예측 불가능한 지식을 전해주는 것을 뜻한다. 대화가 오가는 동안 정보의 공유 현상이 진행된다. 이는 언어가 갖는 기능 가운데 대표적인 정보 전달 기능과 관련이 있으며, 우리가 대화를 통해 서로 가까워지기도 하고, 서로를 알아가도록 해주는 기본적인 원인이 된다. 하지만 상대방에게 정보를 전달한다고 해서 필요로 하는 것 이상의 정보를 발설하거나 최소한의 정보도 주지 않는 경우 양의 격률을 위배하게 되는데, 이는 바람직한 협력적 대화의 길을 가로막게 된다는 원리다. 아래 양의 격률과 관련된 예시를 살펴보고 각자 생각해보자.

A: 이거 안 시켰는데요?
B: 네, 압니다. 원래 디저트로 나오는 건데요. 음식에 거의 손도 안 대신 것 같아 보여서요. 근데 이건 좀 다른 다코야키라서요. 왜 우리나라 두부도 그냥 두부가 있고 손두부가 있듯이 다코야키도 만드는 방법이 여러 가진데, 오늘은 모처럼 시골 식으로 만들어봤습니다. 이런 다코야키는 대전에서 맛보기 힘들걸요? 학교 정문 앞에서 대충 만드는 정통 다코야키는 발톱의 때에 붙은 박테리아랄까요? 하하하! 맛이라도 한번 보시라고 서비스로 가져왔어요.

A: 여기 셰프세요?
B: 이런 실례! 전이 레스토랑의 모든 요리를 책임지고 있는 총괄 매니저 최유진입니다. 음식이 반 이상 남으면 항상 체크를 하죠.

위의 대화에서는 음식을 남긴 손님에게 주방장도 아닌 총괄 매니저가 본 매장의 음식이 뛰어남을 설명하면서 양의 격률을 위배하고 있다. 음식을 남긴 손님에게 대신 대접하는 이유만 설명하면 되는데, 질문 내용과 관련이 없는 정보를 길게 나열하여 필요 이상의 정보를 제공함으로써 오히려 매장 음식의 신뢰도에 대해 의구심을 유발할 가능성도 있다. 아래 예시를 살펴보자.

[시내버스에서 A가 승객의 발을 밟고 하는 말]
A: 어이쿠! 선생님, 제가 말입니다. 어제 그만 밤새도록 맥주에 소주에 양주를 퍼마시지 않았겠습니까. 그리고 오늘 아침에 도저히 일어날 수 없는데도 무리해서 일어났지요. 출근하지 않으면 요즘 같은 시대에 퇴출당할까 봐요. 이놈의 버스가 좌우로 15%씩 요동만 치지 않았더라도, 아니 제가 손잡이를 조금만 더 꽉 잡고 있었더라도 제 몸의 아래 끝부분이 선생님의 반짝이는 새까만 구두 위로 포개지지는 않았을 텐데 말입니다. 제 말초신경을 통제하지 못하고 그만 선생님의 구두 속 발가락에 75킬로그램의 하중으로 압력을 가해서 정말 죄송합니다.
B: 뭐래….

위의 말처럼 쓸데없이 너저분하게 들어야 하는 승객의 마음은 아마도 불편했을 것이다. 분명히 사과의 말이었으나 내용이 너무 많았다. 남의 발을 밟았으면 진심 어린 마음으로 "정말 죄송합니다" 하면 될 것을 갖은 현학적인 용어를 동원하면서 쓸데없는 말을 늘어놓는 모습은 대화에서 비효율적이라 할 수 있다. A는 "가능한 한 필요한 말만 간단하게 말하라"는 그라이스의 '양의 원리'를 어긴 것이다.

대학생은 준사회인으로서 다양한 전공 학생들과 논쟁할 상황이 생긴다. 이럴 때, 간혹 감정적인 대화에서 양의 격률을 위배하는 경우가 발생하게 되는데, 오래전부터 쌓아두었던 이야기를 한꺼번에 말하려고 하거나 너무 많은 말을 함으로써 양의 격률을 위배하는 실수를 범하게 된다. 또 아무 말도 안 하고 자리를 피하는 것 역시 최소한의 정보도 주지 않아서 이 또한 양의 격률을 위배하는 것이다. 따라서 논쟁 상황에서는 미리 정리해둔 핵심적인 상황만 적당한 정보 그릇에 담음으로써 양의 격률을 지키는 것이 바람직한 대화를 구성하는 요소가 된다.

2) 질의 격률(maxim of quality)

- **진실한 정보만 제공하도록 노력하라.**
- **거짓이라고 생각되는 말은 하지 말라.**
- **증거가 불충분한 것은 말하지 말라.**

공적 말하기에서 질의 격률은 대화의 진실성과 밀접한 관련이 있다. 다시 말해 말하는 사람이 거짓이라고 생각하는 것이나, 타당한 증거를 가지고 있지 않은 것은 말하지 말라는 것이다. 이 기준은 대화에서는 잘 지켜지지 않기도 한다. 거짓말을 하는 사람, 황당한 이야기를 하는 사람도 많고 하얀 거짓말이라고 하는 사람도 있는데, 이 역시 대화를 구성하기 때문이다. 아래의 예시를 살펴보자.

A: 내가 말이야, 며칠 전 배낚시에서 참치만 한 고기를 낚아서 굉장했지.

B: 그래? 나는 고기는 못 낚고 녹슨 등잔을 하나 낚았는데, 거기 불이 켜져 있더라고.

A: 뭐라고? 말도 안 되는 거짓말은 하지도 마!

B: 하하. 네가 고기의 크기를 줄이면 나도 등잔불을 끌게.

위의 대화는 낚시 대회에 참석했던 두 친구의 대화로 두 사람 모두 질의 격률을 어기고 있다. 자신의 능력을 나타내기 위해 과장되게 이야기하는 것이 지나치면 질의 격률을 위배하여 오히려 말하는 사람 자체에 대한 신뢰가 무너질 수도 있다. 어떤 면에서는 유머담화로 인정되는 경우가 있으나 매번 이런 대화가 오가는 인간관계에서는 진심 어린 대화 시 악영향을 미칠 수도 있다.

바람직한 대화를 위해서는 질의 격률을 지키는 것이 일반적인 사회

실습

타 대학생들이 건물을 물어볼 때

우리 대학에 처음 방문하는 타 대학생들이 내가 확실하게 모르는 단과대학 건물을 물었을 때 어떻게 답변할지 말해봅시다.

적 의무로 간주된다. 질의 격률을 위배하는 것은 기본적으로 자신의 행위를 은폐하려는 의도에서 나오는 것으로 인간관계에 부정적인 영향을 줄 수 있기 때문에 주의해야 한다.

3) 관련성의 격률(maxim of relevance)

• 관련성 있는 말을 하라.

관련성의 격률은 적합성이 있는 말을 하라는 것이다. 적합성이 있다고 판단되는 경우는 최소한 주어진 주제와 관련이 있거나, 목적을 달성하기 위해 적당하다고 생각되는 경우다. 사실상 의사소통 과정에서 대화를 이루는 원리 가운데 가장 중요한 것은 관련성의 격률을 지키는 것이다. 겉으로 보기에는 협동의 원리나 양의 격률, 질의 격률 따위를 어기고 있는 것도 관련성만 있다면 허용되기 때문이다. 그러나 다른 모든 격률을 지키고 있어도 관련성이 없다면 허용될 수 없으므로 말할 때 주의가 필요하다. 아래 대화 내용을 살펴보자.

A: 지금 학장님 어디 계시니?
B: 2024가 아침에 본관 앞에 서 있던데….

위 대화에서 A는 현재 학장님의 행방을 묻는데 B는 이와는 전혀 무관한 말을 하고 있어서 관련성의 격률을 위배하고 있는 것처럼 보인다. 또한 B는 협동의 원리와 양의 격률도 위배하고 있는 것처럼 보인다. 그러나 B의 대답이 관련성의 격률을 지키고 있는 대화라는 것을 전제로 하면, 이 대화는 아주 적격한 대화가 된다. B는 이 대답을 통해 2024는 학장님 차의 번호판이고 A도 그 사실을 알고 있으며, B 자신도 학장님이 어디에 계시는지 알 수 없지만, 아침에는 차가 본관 앞에 있었던 것으로 미루어 본관에 계셨다는 정보를 전달하고 있다. 이러한 관련성의 격률은 함축된 의미를 파악하는 말하기 능력에 속하고, 이것을 해석하는 능력인 추론 능력에 비례한다고 할 수 있다.

월요일 출퇴근 시간에 대전역에서 지하철 타기란 정말 총 없는 전쟁이나 다름없다. 느닷없이 A가 어떤 승객의 발을 밟고 대화를 나눈다.

A: 어휴~ 죄송합니다.
B: 아뇨, 괜찮습니다.

방금 두 사람이 주고받은 대화는 과연 이렇게 아주 간단하고 명백할까? 두 사람은 아무 생각 없이 자동으로 이런 말을 주고받은 것일까? 물론 아니다. 그럼 지금부터 이 두 사람이 위와 같은 대화를 주고받기 위해 암묵적인 어떤 원리 원칙을 지키고 있는지 생각해볼 필요가 있다. 하지만 어떤 승객의 발을 밟은 A가 이렇게 말했다고 생각해보자.

A: 빵이라면, 역시 성심당이 맛있죠?
B: ?!

발을 밟힌 어떤 승객은 틀림없이 화를 내고 말 것이다. 그 이유는 A가 상황에 맞지 않는 전혀 관계없는 말을 했기 때문이다.

우리는 말을 할 때 아무런 생각 없이 표현하는 것이 아니라 관련성이라는 원칙을 지키면서 말을 해야 한다. 발을 밟은 상황에서는 그 행위와 관련된 말을 해야지 그것과 아무 상관도 없는 성심당 빵 얘기를 하면 안 되는 것이다. 이렇듯 관련성의 격률은 대화를 유지하는 데 기본이 되는 것이어서 관련성이 없는 대화를 계속 나누는 것은 정신에 이상이 있는 경우가 아니라면 불가능하다. 따라서 대화를 나눌 때 무엇보다 중요한 것은 현재 대화하고 있는 화제나 방법과 관련이 있는지 파악하고, 주어진 상황에서 가장 적합한 맥락을 선택하여 대화에 참여하는 것이다.

4) 방법의 격률(maxim of manner)

- 상위 격률: 명료하라.
- 하위 격률: 모호한 표현은 피하라. 중의성은 피하라. 간결하게 말하라. 순서 있게 말하라.

의사소통 과정에서 방법의 격률은 한마디로 명료함을 지키는 것이다. 말할 때는 말하고자 하는 의도가 분명히 드러나도록 하라는 것으로 그 하위에 세부적으로 네 가지 항목으로 구성되어 있다.

[불명료한 표현]
A: 무슨 차를 드시겠어요? 커피? 홍차?
B: 아무거나 주세요.
A: 아무거나라면 무슨 차를 드리죠?
B: 그냥 아무거나 주세요.

A: 그럼 식사는 뭐로 하시겠어요?

B: 아무거나 다 좋아요.

이런 상황이 되면 상대방은 어떤 차를 원하고 있는지 그 마음을 알 수 없게 된다. 대화할 때는 가능한 한 모호성을 피하라는 격률을 어겼기 때문에 혼돈이 생겼다. 준비된 차 중에서 명료하게 자신이 좋아하는 차를 고르는 답변도 상대를 배려하는 마음이다.

[중의적 어휘 표현]

A: 배[腹]가 있다.

B: 배[梨]가 있다.

C: 배[船]가 있다.

[중의적 수식 관계]

A: 세련된 신사와 숙녀가 벤치에 앉아 있다.

[문장의 중의성]

A: 어떻게 오셨어요?

[수단 혹은 용무]

A: 당신 어떤 여자야?

B: 뭐래?

A: 당신 어떤 여자냐고?

B: 그렇게 물으면 어떻게 대답해요?

A: 당신 도대체 몇 살인데 그렇게 이기적이야?

[간결성]

A: 얘 사고 난 거 아냐?

B: 어휴, 그 형이 사고를 내요? 형, 그 형 차 안 타봤어요? 주행 속도가 평균 20킬로미터예요.

C: 야! 차 슬슬 몬다고 사고 안 나는 줄 아니? 술 먹은 차가 다짜고짜 중앙선 넘어들면, 지가 어떡할 거야? 사고란 건 예측 불허다. 나 지난번에 뒤통수 다쳤을 때 봐라. 설마하니 마누라가 나한테 재떨이 던질 줄 꿈엔들 알았겠냐? 나 고소도 못 하고 두 바늘 꿰맸다.

[순서의 모호성]

A: 난 당신에게 겁주려고 그런 게 아냐. 나 당신 정말 풀어주고 싶어. 난 당신 옆에서 지켜보기가 너무 미안하고 힘들어. 너무너무 미안해.

B: 도대체 무슨 말을 하는 거야.

5) 의사소통 협력의 원리 위배와 대화상 함축

(Conversational implicature)

대화에 직접 나타나지는 않았지만, 대화 속에 숨어 있는 의도를 '대화상의 함축'이라고 한다. 대화상의 함축은 말해진 것과는 구별되는 것으로, 사람들이 어떤 의도를 암시하거나 함의할 때 전달되는 지식이다. 대화상의 함축은 어떤 격률을 본의 아니게 위반하거나 명백히 도외시하거나 따르지 않겠다고 결정할 때 발생하며, 특히 의도적으로 도외시하는 경우 그럴 가능성이 더욱 크다. 대화를 나누는 사람들은 모든 대화가 결속성을 가진다는 생각을 기본적으로 하고 있기 때문에 격률을 위배했다고 생각하고 넘어가기보다는 의도적으로 위배한 것으로 보고 대화상의 함축을 찾으려고 노력할 것이다.

A: 엄마, 큰형이 람보르기니 산다는데 정말이야?
B: 밥 식는다. 얼른 먹기나 해.

위의 대화에서는 큰형이 람보르기니 스포츠카를 사는지 묻고 있는데, 엄마는 질문과는 전혀 상관없이 밥 먹으라는 명령을 하고 있어서 협력의 원리를 위배하고 있다. 이 대화에서는 엄마가 의도적으로 협력의 원리를 위배함으로써 "너와 더불어 차 문제를 이야기하고 싶지 않다"는 대화상의 함축을 전달하고 있다. 모든 의사소통 상황에서 말하기는 말하는 이의 함축과 인간관계에 따른 추론 능력으로 이루어지는 경우가 빈번하다. 아래 예시도 같은 맥락에서 파악할 수 있다.

A: 요즘 레오가 여자친구도 없이 많이 외로운 것 같아.
B: 엉? 레오 걔, 요즘 이대 앞에서 살던데….

위 예문을 표면적인 의미로만 본다면 관련성의 격률을 어기는 것이 되지만, 레오가 요즘 이대생이랑 사귀고 있다는 의미를 함축하고 있음으로써 실제로 대화의 결속성에 기여하고 있다. 문장 표면에서는 B가 레오가 이대생을 사귀고 있다는 사실을 언급하고 있지 않지만, A는 B가 협력의 원리에 따라 이야기하고 있다고 전제함으로써 레오에게 여자친구가 생겨서 외롭지 않다는 대화 함축을 어렵지 않게 추론할 수 있다.

A: 야, 너 정말 자격시험공부 안 할 거야?

B: 오늘 날씨 한번 좋다. 압구정으로 콧구멍에 바람 쐬러 갈까?

표면적으로 관련성의 격률을 위배하고 있는 이 대화는 자격시험공부에 대해서는 더 이상 이야기하기 싫다는 대화 함축을 전달하고 있다. 이와 같이 대화 함축은 발화 내용의 표면적인 의미를 넘어서 화자가 어떤 의도를 암시하거나 함의하고 있다는 전제에서 의미 해석이 이루어진다.

위의 경우에는 대화 참여자들이 대화의 격률을 의도적으로 위배함으로써 의도한 발화 내용이 오히려 더 의미 있고 정확한 문장으로 표현되고 있다. 이러한 예에서 볼 수 있듯이 어떤 면에서 대화를 움직이는 진짜 힘은 각 문장의 표면적인 의미가 아니라 함축적인 의미라고 할 수 있다. 함축적인 의미란 대화 상황, 앞뒤 문맥, 이야기 전체의 배경적 지식, 상대방에 대한 축적된 지식 정도 등의 제반 요인이 모두 작용해서 표현되고 전달되는 것이다.

이러한 맥락에서 본다면, 화자의 관점에서는 가능한 범위 내에서 협동의 원리를 준수하겠다는 마음가짐으로 대화를 나누는 것이 바람직한 대화 방법이 된다. 자신이 청자의 관점에 있을 때는 상대방이 협력의 원리를 위배한 것에 대해 불쾌하게 생각하기 전에 의도적인 위배가 아닌지를 살펴보고, 대화상의 함축을 찾으려는 적극적 자세를 가지는 것이 바람직하다.

의사소통은 분명한 목적을 가지고 있다. 특히 의사소통의 목적에서 빼놓을 수 없는 것이 인간관계 측면이다. 말하기의 기초 원리를 통해 이해하고자 하는 것도 이와 같다. 이 원리는 의사소통에 참여하는 사람들의 협조를 바탕으로 이루어지는 요소다. 우리가 의사소통을 통해 주고받는 것은 메시지의 단순한 의미가 아니라 대화행위적 의미와 더불어 의사소통에 참여한 사람들의 행복한 삶이다. 그러므로 말하기의 원리는 그러한 삶을 나누는 과정에 방향을 제시하는 요소가 된다.

말을 잘한다는 것은 단순히 말재주를 부리는 것이 아니라 당면한 어떤 상황에서 언어적인 측면과 사회문화적 배경을 고려하고, 나아가 효과적인 의사소통을 위한 전략을 세워 그것을 적절한 언어로 표현해야 하는 좀 더 고차원적인 능력에 해당한다. 링컨 대통령이나 처칠 수상, 그리고 케네디 대통령이 남긴 연설이 세월이 지난 오늘날에도 유명한 연설로서 많은 사람의 입에 오르내리고 있는 까닭은 무엇일까? 그것은 그들이 당대의 엄중한 역사적 과제를 해결하는 데 필요한 적절한 말을 효과적으로 전달했기 때문일 것이다. 전쟁에 승리하기 위해서는 전략이 중요하듯이 의사소통에서도 말하기 전략이 중요하다. 준사회인이라고 할 수 있는 대학생 신분으로서 유형별 말하기의 기초 원리를 이해하고, 이를 일상 언어생활에 어떻게 적용하여 효과적으로 표현할지 각자 고민해 보아야 할 것이다.

도움받은 곳

구현정 외, 《화법의 이론과 실제》, 박이정, 2007.
이창덕, 《삶과 화법》, 박이정, 2000.
이현국, 《대학생을 위한 화법의 이론과 실제》, 학문사, 2007.
장영준, 《언어의 비밀》, 한국문화사, 1999.

2.
공손성의 원리(principle of politeness)

현대사회에서는 다른 사람과 대화하고 의사소통하는 과정이 매우 중시되고 있다. 이전에는 다른 사람들과 대화하는 과정 자체에 집중한다기보다는 많은 사람과 교류하고 공동체 생활을 이어나가는 것이 더욱 중요했던 데 반해, 최근에는 제대로 된 대화 방법에 대해 생각하고 배우는 데 대한 관심이 크게 증가한 것을 발견할 수 있다. 현대사회가 발달하고 개인주의가 더욱 보편화되면서 다른 이들과 활발한 교류가 멈추고 원활한 대화가 이루어지지 않는 것이 하나의 원인일 수 있다. 또한 그와 더불어 인터넷이 발달하고 온라인상에서 다른 이들과 나누는 대화가 많아지면서, 상대에 대한 정보 없이 대화를 나누거나 익명성이 보장되는 곳에서 대화를 유지하는 데 대한 관심 또한 늘어났다. 따라서 많은 이들이 대화 속의 원리에 집중한다. 대화 과정에서도 특히 우리나라에서 많은 이들이 중시하는 것은 바로 공손성의 원리다. 다른 이들과 교류하는 과정에서 공손함을 유지할 수 있어야 서로의 마음을 상하게 하지 않고 원만한 관계를 유지할 수 있을 것이라는 게 우리나라 사람들의 공통적인 인식이라고 할 수 있다.

공손성의 원리란 말하기의 기초 원리로 상대방에게 정중하지 않은 표현을 최소화하고 정중한 표현을 최대화하는 공손한 어법을 가리키는 의미이며, 이를 '정중 어법'이라고도 한다. 공손성의 원리의 하위층위에는 요령의 격률, 관용의 격률, 찬동의 격률, 겸양의 격률, 동의의 격률이 있다. 리치(1983)는 일반적으로 말하기 전략에서 공손성의 원리를 다섯 가지 정중 어법으로 정리하고 있다.

간략하게 요약하면, 요령의 격률은 상대방에게 부담이 가는 표현을 최소화하고 상대방의 이익을 극대화하는 것이다. 정중하고 공손한 말은 상대방이 좋아하는 쪽으로 말하는 것이며, 상대방에게 이익이 되는 쪽으로 말하는 것이다. 관용의 격률은 요령의 격률을 화자의 관점에서 말하는 것으로, 화자 자신에게 혜택을 주는 표현을 최소화하고 화자 자신에게 부담을 주는 표현을 최대화하는 것이다. 이 격률에 의하면 의사소통 과정에서 남에게 부담되는 일을 자신이 떠맡음으로써 남을 높이고 존중하는 태도를 지니라는 것이다. 찬동의 격률은 다른 사람에 대한 비방을 최소화하고 칭찬을 극대화하는 것이다. 겸양의 격률은 찬동의 격률을 화자의 관점에서 말한 것으로, 자기 자신에 대한 칭찬은 최소화하고 자신에 대한 비방을 극대화하는 것이다. 동의의 격률은 자신의 의견과 다른 사람의 의견 사이의 차이점을 최소화하고, 자신의 의견과 다른 사람의 의견의 일치점을 극대화하는 것이다. 아래에서 각 격률에 따른 기초 원리를 자세히 알아보고 예시를 통해 함께 의견을 나눠보자.

1) 요령의 격률

요령의 격률이란 상대방에게 부담이 되는 표현은 최소화하고 상대방의 이익을 극대화하라는 것이다. 상대방이 듣기 싫어하는 말을 하는 것보다는 상대방이 듣기 좋아하는 말을 하는 것이 훨씬 더 예의를 갖춘 것이 된다는 사고를 기반으로 한 원리다. 그러므로 상대에게 부담을 주거나 상대가 싫어할 수 있는 말이라면, 최대한 상대에게 부담이 덜 되는 유연한 표현을 써서 말하라는 격률이다. 아래의 몇 가지 예를 살펴보고 어떤 문장이 요령의 격률에 합치되는지 체크하고 더 좋은 요령의 격률이 있다면 함께 토의해보자.

실습

A: 거기서 가만히 있지 말고 이 짐 좀 옮겨라. ( )

B: 미안하지만 손 좀 잠깐 빌려줄 수 있겠니? 이것만 옮기면 되는데 힘에 좀 부치네. ( )

A: 민식아! 보고서 작성했니? 이번 체험학습 다녀온 거 말이야. 어떻게 썼는지 좀 보자. ( )

B: (머뭇거리며) 어떻게 썼는지 정말 궁금하다. 당연히 잘 썼을 것 같은데…. ( )

A: 지금 이야기 좀 합시다. ( )

B: 혹시, 지금 시간 좀 있으세요? 아주 잠깐이면 됩니다. ( )

위 예문 첫 번째는 청자에게 직접적으로 요구하는 것이어서 부담을 줄 수 있다. 만약 지금 이야기할 수 없는 상황이라면 그에 대해 변명해야 하는 부담이 생기기 때문이다. 그러나 화자가 청자의 입장을 충분히 배려해서 이야기를 나누고 싶다는 메시지를 간접적이고 우회적인 방법으로 표현하고 있다. 또 위의 말하기에서는 '혹시'라는 표현을 통해 상대방이 지금 시간이 있을 수도 있고 없을 수도 있다는 가능성을 열어두고 있으며, "좀"이라는 표현을 통해 청자의 부담을 최소화하고 있다. 이런 질문 형식을 취함으로써 상대방에게 시간이 없다고 대답할 수 있는 선택의 여지를 허용해줌으로써 부담을 최대한 줄여주고 있다. 이와 같이 상대방을 배려하여 상대방의 부담을 줄여줌과 동시에 혜택을 주는 것이 요령의 격률이다. 말하기를 잘하는 대학생들은 이미 이러한 요령의 격률을 터득하여 사용하고 있을 것이다.

요약하면, 직접적인 요구보다 질문 형식을 취함으로써 상대방에게 거절할 수 있는 선택의 여지를 주어 상대방의 부담을 최대한 줄여주고 있다. "혹시 시간 좀 내주실 수 있으세요?" 또는 "죄송하지만, 질문을 드려도 될까요?"는 요령의 격률에 대한 아주 좋은 예시라 할 수 있다.

2) 관용의 격률

관용의 격률이란 요령의 격률을 화자의 관점에서 말한 것으로, 화자 자신에게 혜택을 주는 표현은 최소화하고 자신에게 부담을 주는 표현을 최대화하라는 것이다. 이 격률은 의사소통 상황에서 다른 사람이 지게 될 부담을 자신이 대신 지라는 것이다. 아래의 예시를 살펴보고 어떤 문장이 관용의 격률에 합치되는지 체크하고 더 좋은 관용적 표현이 있다면 함께 토의해보자.

실습

A: 좀 크게 말하세요. 하나도 안 들려요. ( )
B: 제가 잘 못 들어서 그러는데, 죄송하지만 다시 말씀해주실 수 있으신지요? ( )

위의 예시 A는 상대방이 말을 작게 해서 잘 듣지 못했음을 전제로 하고 있어서 못 들은 책임을 상대방에게 떠넘기는 것으로 상대방의 기분을 상하게 할 수 있는 무례한 표현법이다. 이에 비해 B는 못 들은 책임을 자신의 부주의 탓으로 돌려서 자신의 부담을 최대화하는 대신 상대방의 부담을 최소화하는 정중한 표현이다. 이와 같이 화자 자신의 부담을 최대화하고 자신의 혜택은 최소화하는 것이 정중 어법을 이루는 격률이 된다.

3) 찬동의 격률

칭찬의 격률과 같은 의미인 찬동의 격률이란 다른 사람에 대한 비방을 최소화하고 칭찬을 극대화하라는 것이다. 친구가 자신의 애인을 소개하는 자리에서 친구에게 "참 괜찮은 사람인 것 같다"고 말해주는 것은 찬동의 격률을 지키는 것이 된다. 또 만약 친구의 애인이 자신의 마음에 들지 않는 사람이라도 그냥 아무 말하지 않고 조용히 있는 것이 찬동의 격률을 위배하지 않는 것이 된다. 요약하면, 다른 사람에 대한 비방을 최소화하고 칭찬을 극대화하는 것이다. 아래의 예시를 살펴보고 찬동의 격률에 합치되는 지점은 어느 부분인지 체크한 후 더 좋은 찬동의 표현이 있다면 함께 토의해보자.

실습

A: 집이 참 좋네요. 구석구석 어쩌면 이렇게 정돈이 잘되어 있는지…. 사모님 살림 솜씨가 대단하신데요. 김 선생님은 좋으시겠어요. 이렇게 훌륭한 부인과 함께 사시니….

B: 뭘요. 그렇게 말씀해주시니 고맙습니다.

위의 예시는 초대받아서 방문한 곳에서 나눈 대화 내용이다. A의 발화는 초대해주어 감사하다는 인사로 안주인의 깔끔한 살림 솜씨를 최대화하여 찬동의 격률을 지키고 있는 정중 어법이라 할 수 있다. 대부분의 대화 상황에서 찬동의 격률을 지키는 것은 상대방과의 관계를 유지해나가는 데 매우 중요한 기능을 한다. 찬동의 격률은 상대방에게 품격을 유지하는 고문화적 맥락에서 매우 중요한 스피치 기술이라 할 수 있다. 아래 찬동의 격률이 진행된 다른 예시를 하나 살펴보자.

[박물관에서의 대화]

A: 박물관에서는 모르고 보면 그 유물이 죽어 있는 것처럼 보이지. 그러나 만들어지게 된 배경이나 사연, 그리고 지식을 조금이라도 알고 가면 마치 그것과 대화하는 듯 생생한 느낌을 받을 수 있거든.

B: 역시 전문가랑 이야기하니까 나도 덩달아 수준이 조금은 높아지는 것 같네.

4) 겸양의 격률

겸양의 격률이란 자신에 대한 칭찬은 최소화하고 자신에 대한 비방을 극대화하라는 것으로 찬동의 격률을 화자의 관점에서 말하는 것을 의미하는 말하기의 원리다. 아래 겸양의 격률이 활용된 대화를 살펴보자.

[연구실에서의 대화]

A: 어, 임 교수는 언제나 열심히 하는군. 토요일도 없이 말이야. 대단해요!

B: 학장님, 아닙니다. 워낙 손이 느려서 일을 제때 못해서 할 수 없이 나온 것뿐이에요.

위의 예문에서는 자신에 대한 칭찬을 부정하고 스스로 낮춤으로써 겸양의 격률을 지키고 있다. 특히 한국의 언어문화는 상대방의 칭찬에 대해 감사히 받아들이기보다는 "천만에요. 별말씀을 다 하십니다", "당치도 않은 말씀이세요", "여러모로 부족합니다"와 같이 상대방의 칭찬을 부정하고 자신을 낮추는 것이 보편적이다. 그러나 정도에 지나치게 상대방의 칭찬을 부정하거나 자신을 무분별하게 깎아내리는 것도 바람직하지는 않으므로 적당한 수준을 고려하여 겸양의 격률을 지킬 필요가 있다. 아래 예문에서 A에 대한 답변으로 겸양의 격률에 해당하는 B의 말하기를 각지 표현해보자.

실습

A: 중간고사라서 그런가? 너는 참 시험공부를 열심히 하는구나, 대단해!

B: (답변)

A:

B:

5) 동의의 격률

동의의 격률이란 자신의 의견과 다른 사람의 의견 사이에서 차이점을 최소화하고 의견의 일치점을 극대화하라는 정중 어법을 의미한다. 아래 예문을 살펴보고 내 주변의 대화와 대비해보고 나서 함께 의견을 나눠보자.

[친구와의 대화에서]

A: 공유야, 과제도 끝낸 주말인데 영화라도 한 편 보러 가는 게 어때?

B: 영화? 좋지. 그런데 말이야, 요즘 소제동 벚꽃이 예쁘다던데… 아마도 다음 주에는 벚꽃이 진다고 하더라고.
A: 그래? 그럼 벚꽃 구경 갈까?

위의 의사소통 상황에서 일단 상대방의 의견을 존중해줌으로써 상대방과의 일치를 강조한 후 자신의 견해를 밝히는 동의의 격률은 상대와의 갈등이나 대립을 피하는 바람직한 스피치 전략이 될 수 있으며 매우 현명한 화자라 할 수 있다. 아래의 실습에서 동의의 격률에 해당하는 B의 답변을 직접 표현해보자.

실습

A: 어이, 공지철! 우리 날씨도 좋은데 놀이공원이나 갈래?
B: (답변)
A: 그래? 그러면 그럴까? 놀이공원은 다음에 가도 되니까.

이렇듯 공손성의 원리는 공손하고 예의 바르게 주고받는 말의 태도를 기반으로 대화 참여자들 사이의 사회적인 관계를 원활하게 형성하고 유지하는 바른 스피치 문화의 중요한 요소라 할 수 있다. 현명한 대학생이라면 협력의 원리를 비롯하여 공손성의 원리를 학습하고 그 이론을 토대로 많은 의사소통 현장에서 실제로 활용할 수 있도록 숙지해야 할 것이다.

3.
적절한 거리 유지의 원리

(principles of proper distance maintenance)

인간에게는 두 가지 서로 상반된 욕구가 있다. 하나는 다른 사람과 관계를 맺고자 하는 연관성의 욕구이고, 다른 하나는 누구에게도 자신의 개인적 영역을 침해받고 싶지 않은 독립성의 욕구다. 추운 겨울, 추위를 피하기 위해 서로에게 다가가지만 이내 날카로운 가시에 찔리지 않기 위해 서로의 거리를 유지하는 고슴도치처럼 우리 인간도 소외감이나 외로움에서 벗어나기 위해 서로에게 다가가지만 이내 다른 사람에게 종속되기 싫어하는 독립성의 욕구 때문에 상대방과 거리를 두게 된다. 그리고 의사소통 과정에서 연대감과 독립성이라는 서로 상반된 두 가지 욕구 사이에서 균형을 유지하기 위해 '나와 너'라는 최적의 거리를 유지할 수 있도록 노력한다.

미국의 언어학자 로빈 레이코프(Robin Rakoff)는 이러한 거리 유지를 다음과 같이 세 가지 지침으로 정리하고 있다.

① 상대방과의 거리를 유지하라

이 지침은 상대방의 독립성 욕구를 존중해줌으로써 상대방을 편안하게 해주라는 것이다.

② 상대방에게 선택권을 주어라

이 지침은 거리 유지 원리의 핵심으로 상대방에게 의견을 말하도록 유도하라는 의미다. 독립성과 연관성이라는 상반된 욕구 사이에서 균형을 잡고 적절한 거리를 유지할 수 있게 해준다.

③ 항상 우호적인 태도를 견지하라

이 지침은 상대방과의 사이에 연관성을 확보하라는 것이다. 간접적이고 우호적으로 표현하는 것은 상대방과 정면충돌을 피할 수 있게 해준다는 점에서 자기방어 효과가 있을 뿐만 아니라 상대방과의 연대감 욕구를 손상시키지 않는다는 점에서 그 효용 가치가 높다. 위에 소개한 그라이스의 협력의 원리 및 리치의 공손성의 원리에 비해 레이코프의 적절한 거리 유지의 원리는 공적 스피치를 위한 대학생의 말하기 전략에 커다란 영향력을 미치진 않았다. 하지만 독립성과 연대감의 욕구 유지라는 측면에서는 현대의 청년들에게 매우 중요한 의사소통 코드가 될 수 있을 것이라 추측된다.

4.
고맥락 문화의 대화 원리

(Principles of Conversation in High-Context Culture)

의사소통할 때 사용하는 언어는 그 사회 구성원들의 사고와 이념, 생활 모습, 문화에 영향을 준다. 언어문화란 의사소통 과정에서 언어와 문화의 불가분 관계인 융합상태를 나타내는 개념으로 의사소통에 사용되는 언어, 행동, 자세 등의 복합작용으로서 의사소통 문화를 의미한다.

한국의 언어문화는 의사소통 과정에서 상황이나 배경 같은 맥락을 중요시하는 고맥락 문화임을 알아야 한다. 한국 언어문화의 고맥락성은 격식성과 대인 간 조화라는 두 가지 지향점을 가지는데, 이는 각각 자아체면 낮춤을 통한 타자체면의 우회적 높임, 청자 부담 완화와 갈등 회피의 두 가지 전략을 통해 실현된다. 한국 언어문화에서 대화의 원리는 아래와 같다.

1) 격식성과 체면

격식성은 체면 의식에서 비롯된다. 체면은 보통 다른 사람들에게 보여주기 원하거나 혹은 공적으로 인정받기 바라는, 사회적으로 바람직한 이미지로 정의된다. 한국에서 의사소통은 타자의 체면을 높여주기 위한 대화 전략이 발달해왔다. 유교 문화권에 속하는 한국인은 겸손을 최고의 미덕으로 여기기 때문에 대화할 때 자신을 낮추는 것이 당연하고 사회적으로도 바람직하다고 생각해왔다. 하나의 예시로 상대방의 칭찬에 "별말씀을요, 사실 잘 못해요" 같은 발화는 자신의 체면을 낮춰서 상대방의 체면이 높아지도록 하는 메시지 전략으로 생각할 수 있다.

2) 대인관계 조화

대인관계에서 조화로움을 지향하는 것은 안정적이며 원만한 인간관계와 사회를 유지하고자 하는 성향을 말한다. 한국의 언어문화에서는 의사소통 시 타인 간의 갈등을 해소하고 양극단 사이에서 의견의 일치를 추구하고, 다른 사람에 대한 비판적 의식이나 다른 사람과의 논쟁을 피하려는 경향으로 드러나는데, 이는 의사소통 상황에서 청자 부담을 완화하고 갈등을 회피하는 전략으로 실현된다.

① 청자 부담 완화

고맥락 문화권은 집단 구성원의 조화를 중시하고, 상대의 감정을 배려하고 체면을 고려하는 특성을 가진다. 이는 의사소통에도 반영되어 발화 시 자신의 발화로 인해 상대가 느낄 심리적 부담을 최소화하려는 전략으로 실현된다.

② 갈등 회피 성향

대인 간 조화를 피하는 한국어의 고맥락적 특성은 대화 시 갈등 회피 성향이 두드러진다. 한국 등 아시아 국가에서는 직접적인 대면을 피하기 위해 공격성을 숨기거나, 부정적인 의사를 표현하거나, 소극적인 저항의 형태로 침묵하는 등의 간접적 소통 행위를 취한다. 한국인은 상대방과의 갈등을 최소화하고, 조화로운 관계를 유지하는 것을 중요하게 생각하며, 대인 간 조화를 달성하기 위한 일련의 소통 행동을 보인다. 또 의사소통 상황에서 갈등이 외부로 표출되는 경우 서로의 체면이 손상된다고 여겨 바람직하지 않은 것으로 생각한다.

참조

긍정 후 부정의 원칙

긍정 후 부정의 원칙은 'YES/NO 말하기'라고 불리는데, 부담스러운 상대방의 질문에 먼저 긍정으로 대답한 후 자신의 상황을 이야기하는 "네, 그러나" 화법이다. 누군가의 의견에 대해 긍정으로 말하지 않고 부정의 형태로 "싫은데요!", "그래서 되겠냐?" 하고 윽박지르면 십중팔구 상대편은 즉각 반발할 것이다. 그러므로 가능하면 "당신의 얘기도 이해가 돼요. 그런데 이렇게 하면 어떤가요?"처럼 말한다면 상대방과의 관계는 유지될 것이다. 이때는 상대방의 처지나 입장을 성실히 인정해주는 각별한 심리적 배려가 필요하다. 이러한 배려는 의사소통 상황에서 담화뿐 아니라 토의나 토론, 협상 등의 공적인 말하기 상황에서도 꼭 필요한 자세다.

이를 위해서는 먼저 상대방이 누구인가를 알아야 한다. 그리고 상대방 입장을 인정한다는 것은 말하는 내용이 옳다고 인정하는 것과는 다르다. 다만 상대방의 존재를 인정하는 것이며, 이를 '긍정화법'이라고 한다. "그렇지 않다고", "그럴 리가 없다고", "그건 모르는 소리라고", "무슨 헛소리야" 등과 같은 말투는 모두 부정적인 것이다. 자기주장을 인정받지 못하면 상대방에 대해서도 반드시 "당신 주장도 인정할 수 없다"는 반발을 보이기 쉽다.

쉽게 알아듣도록 말하는 원칙

의사소통 상황에서 상대방에게 자신만이 알고 있는 전문용어나 어려운 어휘는 되도록 쓰지 않는다. 음성은 주어진 정황에 알맞은 크기로 말한다. 그리고 발음을 정확히 한다. 말하고자 하는 내용 또는 메시지를 정확히 전하는 데는 여러 가지 문제가 뒤따르는데, 그중에서도 어휘 선택을 잘해야 한다. 어휘는 쉽고 적절한 것이어야 하며, 저속한 어휘를 쓰지 않도록 노력해야 한다. 그리고 말할 때는 청자의 수준에 맞춰 구체적 설명, 실례, 비교, 비유, 새로운 정보, 숫자 또는 통계, 증명, 증언의 인용, 사례보고 등과 감각적인 표현 또한 연구해서 의사소통해야 한다. 상대방이 모르는 전문용어를 풀이 없이 사용하는 발화자는 절대 친절한 화자가 될 수 없다.

도움받은 곳

박명순, 《한국어 화용론(Korean Pragmatics)》, 박이정, 2007.
이창덕, 《삶과 화법》, 박이정, 2000.

4장

프레젠테이션과 연설
(Presentation and Rhetoric)

1. 프레젠테이션을 위한 설계
2. 프레젠테이션의 유형
3. 성공적인 프레젠테이션 설계
4. 성공적인 프레젠테이션의 실제
5. 연설의 유형과 표현 전략

1.
프레젠테이션을 위한 설계

1) 프레젠테이션의 정의와 도구

대학에서 활용되는 프레젠테이션(presentation)이란 시청각 자료를 활용하여 연구물이나 프로젝트 등의 계획과 절차를 분석적으로 발표하는 행위다. 프레젠테이션의 목적은 주제에 대한 단순 정보 전달이 아니라, 문제를 분석하고 관련 자료를 체계적으로 정리하여 제한된 시간 내에 청중에게 설명하거나 설득하는 활동이다. 발표 중에서도 특히 시청각 자료를 활용한 말하기를 '프레젠테이션'이라고 한다.

프레젠테이션을 계획할 때는 말하기의 목적을 분명하게 확인하고, 청중을 분석해야 한다. 말하기의 목적이 설명인지 설득인지 등을 확인하는 것이다. 또한 청중을 분석할 때는 청중의 요구, 지적 수준, 주제에 대한 개인적 견해 등을 고려해야 한다. 또한 발표 장소에 대한 이해도가 있어야 한다. 공간의 크기, 청중 수용 범위, 필요 장비의 배치 여부 등을 확인해야 한다. 특히 프레젠테이션의 경우 시청각 자료를 제시하기 때문에 필요한 장비가 발표 장소에 있는지, 컴퓨터나 멀티미디어 장비가 제대로 작동하는지 등을 중요하게 고려해야 한다.

프레젠테이션을 효과적으로 하기 위해서는 문제 분석 능력, 자료의 요약 능력, 매체 자료의 효과적인 사용 능력 등이 필요하다. 문제를 분석하여 이를 해결할 방안이나 발표 내용의 필요성 등에 대해 설명 · 설득해야 한다. 또한 문제와 관련된 적절한 자료를 수집하여 이를 효과적으로 요약하는 능력도 필요하다. 요약할 때는 매체 자료를 활용하여 청중의 이해를 돕고, 핵심 내용을 간결하게 제시할 수 있어야 한다. 마지막으로 매체 자료를 효과적으로 사용하는 능력이 필요하다. 발표 내용과 목적에 적합한 매체 자료를 선정해야 하는데, 발표 내용에 따른 효과적인 매체 자료는 다음과 같다.

① 그림과 사진: 언어로 표현하기 어려운 내용을 설명하는 경우나 청자의 감정적 반응을 이끌어내는 것이 필요한 경우 사용하는 것이 효과적이다.

② 영상과 소리: 프레젠테이션 내용에 청각적 요소가 효과적으로 작용할 수 있을 때 사용하는 것이 효과적이다.

③ 표와 그래프: 자료의 구체적인 수치를 전달해야 할 경우나 데이터의 양이 중요할 경우에 사용하는 것이 효과적이다. 그래프는 일반적으로 두 가지가 사용되는데 막대그래프는 자료의 차이를 부각하여 제시할 경우, 선그래프는 시간에 따르는 변화 양상을 보여줄 경우, 원그래프는 요소 간 비율의 차이를 드러내는 것이 필요할 경우에 사용하는 것이 효과적이다.

④ 목차와 그 흐름도: 프레젠테이션 주제에 관한 일련의 과정이나 단계를 보여줄 필요가 있는 경우에 효과적이다.

2) 프레젠테이션 구성의 원칙

(1) 단순성(Simplicity)

"세련미의 극치는 단순함이다"라고 말한 레오나르도 다빈치의 말처럼 단순함은 사물을 명확하게 만드는 강력한 힘이 있다. 불필요한 내용을 버리고 핵심이 되는 내용을 찾아서 표현하는 것으로 프레젠테이션에서 핵심 포인트, 중심이 되는 아이디어와 그 이유를 파악하고 표현하는 것이 중요하다.

(2) 의외성(Unexpectedness)

청중을 놀랍게 만들어 관심을 유발하는 것으로 그들이 알고 있는 내용의 허점을 일깨워놓은 후 궁금증을 해소해줌으로써 그 빈틈을 채워주는 것이다.

(3) 구체성(Concreteness)

실제적인 예를 들면서 자연스럽게 이야기를 풀어주는 것으로 막연한 관념 대신 구체적인 이미지를 활용하는 것이 효과적이다. 이미지는 추상적인 개념을 구체적이고 단순하면서도 강렬한, 그리고 기억에 남는 언어로 바꾸어준다.

(4) 신뢰성(Credibility)

다른 이의 말을 인용하거나 신문 기사를 언급하여 청중이 듣고 머릿속에 떠올릴 수 있도록 한다.

(5) 감성(Emotion)

청중에게 무언가 느낌을 주는 것으로 인간적인 표현과 이미지 등의 요소를 활용하여 감성적인 유대감을 유발한다.

(6) 스토리(Stroy)

이야기는 인간이 사용해온 의사소통 방법으로, 단순히 열거하는 것보다 주목하게 만들고 기억하기도 좋다. 신문, 소설, 잡지, 드라마, 영화 등 실생활에서 일어날 수 있는 이야기를 통해 사람들의 주의(관심)를 끌 수 있는 이야기가 되는지를 냉정하게 판단하고, 전달하고자 하는 것이 무엇인지 검토하여 그에 적합한 스토리를 구성해야 한다.

3) 프레젠테이션의 요소

프레젠테이션 구성요소에는 말할 내용, 시청각 자료, 음성언어(목소리), 비언어적 표현 그리고 음성언어에 영향을 미치는 기타 요소들이 있다.

(1) 내용(Contents)

프레젠테이션 구성요소 중에서 가장 중요한 것은 바로 내용 구성이다. 체계적인 내용 구성은 성공적인 프레젠테이션의 첫걸음이라 할 수 있다. 내용을 효과적으로 구성하기 위해서는 전체적인 내용에 대한 개요를 파악하는 것이 필요하다. 내용 개요에는 전체적인 내용, 즉 서론, 본론, 결론에서 다루게 될 주요 요점들을 포함해야 한다.

① 서론

도입부의 60~90초는 프레젠테이션에서 가장 중요한 부분이다. 이유는 이 시간을 통해 청중이 발표자에 대한 첫인상을 결정하기 때문이다. 따라서 서론 도입부에서는 청중의 관심과 흥미를 유발하여 다음 내용을 기대하도록 세심한 주의를 기울여야 한다. 이를 위해 주제와 관련한 유머나 일화, 인상적인 질문 등으로 시작하는 것이 효과적이며 서론의 분량은 발표할 때 보통 전체의 10% 정도를 할애하는 것이 좋다.

② 본론

발표자가 전달하고자 하는 요점을 간략하게 제시하고 증명, 통계, 예시, 인용 같은 관련 자료가 어떻게 작성되었는지 제시함으로써 요점의 근거를 제공해야 한다. 일반적으로 본론의 요점은 세 가지로 정리 · 요약하여 전달하는 것이 효과적이다. 본론은 발표 내용 가운데 가장 핵심적인 부분이지만, 청중이 지루하지 않도록 내용을 적절하게 구성하여 적용하는 기술이 필요하다.

③ 결론

청중의 관심이 정점에 도달하는 부분으로 내용의 비중은 서론의 양과 비슷한 정도로 발표한다. 결론에서는 핵심 내용을 반복 진술하거나 요약 · 정리하여 전달 효과를 극대화할 수 있다. 일반적으로 청중과의 상호작용인 질의응답 시간을 통해 내용을 보완하는 역할을 한다. 결론이 명확하지 않거나 정해진 시간을 초과하지 않도록 깔끔하게 마무리하는 것이 요구된다.

(2) 시청각 자료(Visual Aids)

효과적인 내용 전달을 위해 적절한 시청각 자료를 활용하는 경향은 최근 들어 그 비중이 더 높아지고 있다. 시청각 자료를 활용하면 청중의 정보 기억 능력을 20% 이상 향상시킬 수 있다고 한다.

시청각 자료는 전달하고자 하는 내용의 주요 사항을 그림이나 표를 통해 재구성하여 보여주는 것으로 청중이 내용을 이해하는 데 큰 도움이 된다.

실제 발표 현장에서 필요한 시청각 자료에는 컴퓨터 등 매우 다양하며 청중의 기대 수준, 규모, 프레젠테이션의 목적, 발표 시간, 발표 장소 및 설비 등 여러 사항에 따라 적합한 선택과 준비과정이 필요하다. 미리 발표 현장을 방문하여 시청각 자료를 확인하는 것도 좋은 평가를 받는 필수요소가 된다.

청중은 시각적 자료에서 가장 깊은 인상을 받기 때문에 '색상과 디자인', '적합성', '선명도', '간결성' 등 여러 각도에서 좀 더 효과적인 시청각 자료를 만들어야 할 것이다. 그러나 발표의 주체는 시청각 자료가 아니라 발표자의 태도와 발표 내용이라는 것을 놓치지 말아야 한다. 시청각 자료는 더욱 효과적인 발표를 위한 부교재 정도로 활용될 수 있도록 자신감 있는 표정과 자세로 발표하는 방법을 먼저 익혀야 한다.

(3) 음성언어(Vocal Quality)

음성(목소리)은 전달자의 머릿속에 들어있는 정보를 다른 사람에게 전달하는 중요한 표현 도구다. 음성언어는 무의식적으로 전달자의 자신감을 드러낸다. 크고 활기찬 목소리는 분위기를 압도하고 청중의 신뢰를 얻는 데 충분한 조건이 된다. 목소리는 프레젠터의 이미지를 결정하는 데 매우 중요한 요소다. 그뿐만 아니라 프레젠테이션의 성패를 좌우할 수도 있는 막강한 힘을 지닌 중요한 도구다. 좋은 발표자가 되기 위한 음성언어의 조건을 살펴보면 다음과 같다.

① 음량이 풍부해야 한다

발표 공간에 있는 모든 청중이 전달자의 목소리를 자연스럽게 들을 수 있을 정도로 소리가 커야 한다. 풍부한 음량은 다양한 음성 형태를 자유자재로 구사할 수 있어 발표의 효과를 증진할 수 있다. 그러나 음량이 작거나 힘이 없으면 자신감이 결여된 것으로 오해받기 쉽고 청중의 관심과 이목을 집중시키기 어렵다. 음량이 풍부한 소리를 내기 위해서는 복식호흡을 통해 발성하는 연습을 꾸준히 해야 한다.

② 발음이 분명해야 한다

발음이 정확하지 않은 사람들은 대부분 문장의 한 구절 끝부분을 힘없이 말하는 경향이 있다. 이런 사람들은 평소 문장의 끝부분을 분명하게 발음하는 습관을 들이는 것이 필요하다. 메시지 내용을 잘 준비했더라도 그 내용을 전달하는 발표자의 발음이 부정확하여 청중이 듣기에 불편하다면 그 발표는 결코 성공적일 수 없다.

③ 다양하게 변화를 주어야 한다

사람의 감각은 동일한 자극이 일정 시간 지속하면 무감각해지고 주의가 흐트러진다. 사람의 주의를 지속적으로 끌기 위해서는 반드시 자극에 변화를 주어야 한다. 청중의 마음을 지속적으로 모으기 위해서는 음의 변화를 다양하게 주어야 한다. 고저, 장단 · 강약, 완급 같은 다양한 음의 변화가 있을 때 청중의 관심을 계속 끌어당길 수 있다.

청중이 듣기에 편안하고 즐거운 음성을 내기 위해서는 꾸준하게 음성훈련을 해야 한다. 후천적인 노력을 통해 음성의 양과 질을 향상시킬 수 있는 다양한 방법이 있다. 특히 음성개발에서 복식호흡은 그 기초다. 복식호흡이 아닌 흉식호흡을 통해 좋은 음성을 개발하려는 것은 사상누각과 다르지 않다. 아랫배 깊숙이 들이마시는 호흡을 통해 활기차고 선명한 음성을 개발해야 한다.

(4) 비언어(Nonverbal Language)

비언어적 요소는 발표자의 자신감과 능력을 나타내주는 요소다. 여기에는 표정, 시선, 발표 자세, 제스처 등이 있다. 특히 표정과 시선(눈 맞춤)은 청중에게 발표자의 자신감은 물론이고 신뢰감을 심어주는 매우 중요한 요소다. 또한 발표자의 용모 자체도 시청각 자료이기 때문에 발표자의 발표 상황에 맞는 복장이나 헤어메이크업 등에 관한 교육도 필요한 부분이라고 본다. 상황에 적합한 발표자의 모습을 갖추기 위해서는 청중에 대한 사전조사와 지식을 갖추어야 한다. 그럼에도 대부분의 발표자가 외적인 시청각 자료에 소홀하여 프레젠테이션을 효과적으로 이끌어내지 못하고 있다.

① 발표에서 비언어적 요소는 발표 자세 및 몸짓, 시선 관리, 표정 관리로 구분할 수 있다. 이러한 비언어적 요소들은 언어적 요소로 표현할 수 없는 느낌이나 감정을 청중에게 전달함으로써 프레젠테이션의 효과를 더욱 배가시킬 수 있다.

② 언어 외적인 요소는 발표자의 자신감을 나타내주는 요소로서 표정 관리, 발표 자세, 제스처 및 시선 관리 등이 이 범주에 속하며 특히 시선 관리는 발표자에게 자신감과 신뢰를 심어주며 청중과 교감할 수 있는 매우 중요한 요소다.

③ 비언어적인 행위는 의식적으로 쉽게 통제되지 않는 특성을 갖고 있다. 대부분 무의식적으로 수행되기 때문에 쉽게 통제되는 언어적인 메시지에 비해 비교적 왜곡이나 속임수가 적다. 그리고 의식하지 못하고 쉽게 통제할 수 없기 때문에 비언어적인 행위를 말하는 이와 느낌이 더 정확히 나타내는 척도로 여긴다(김현애, 2007). 또한 발표 자세는 프레젠터가 청중에게 신뢰감을 주기 위해 필요한 요소이며, 몸동작은 메시지를 힘 있게 전달하거나 청중의 주의를 집중시키는 역할을 한다.

④ 프레젠터는 프레젠테이션 내내 같은 표정을 하기는 어렵지만, 되도록 밝은 미소를 잃지 않아야 한다. 표정이 굳어 있거나 화난 표정이라면 청중은 그 자리가 불편해진다. 프레젠터의 시선은 청중과의 커뮤니케이션 창구로서의 역할을 하는데, 이때 편안한 시선은 청중의 불안감을 해소함으로써 프레젠터가 효과적인 프레젠테이션을 하는 데 도움이 된다. 시선 처리는 청중의 수에 따라 적절하게 처리해야 한다. 특히, 한 군데 오래 머물거나 짧게 지나가는 시선은 좋은 결과를 주지 못한다.

⑤ 이 외에도 비언어적 요소에는 손동작, 걸음걸이, 움직이는 동선 등 여러 가지가 있다. 이러한 비언어적 요소들은 특별히 정형화된 법칙이나 규칙이 있는 것은 아니다. 예를 들면 손동작은 1분에 몇 회 정도가 합리적이고 시선은 몇 분에 한 번 정도 청중과 마주쳐야 한다는 근거 같은 것은 없다. 단지 프레젠테이션의 여러 가지 상황을 분석하여 청중과 최대한 교감할 수 있는 액션을 연출해야 한다. 다시 말해 프레젠터는 본능적으로 환경에 적응하는 힘을 키워야 한다.

(5) 기타

아무리 좋은 내용이라도 그것을 전달하는 방법이 잘못되면 청중에게 온전하게 전달되지 않는다. 의사 전달에서 가장 기본은 발음과 발성이다. 각 소리의 음가에 맞는 정확한 발음을 하면서 말소리에 변화를 주어 리듬감 있게 말해야 한다. 이렇듯 음성언어에 영향을 미치는 언어를 '준언어'라 한다. 청중 한 사람 한 사람에게 말하듯이 구어체 말투를 구사함으로써 청중이 쉽게 이해할 수 있도록 해야 한다.

① 발음의 정확성

대중을 상대로 하는 공적 말하기에서는 대화할 때보다 발음에 더욱 신경을 써야 한다. 듣는 이와 거리를 둔 채 비교적 넓은 공간에서 말하기 때문에 그만큼 소리가 제대로 전달되지 않을 수 있기 때문이다. 자신의 발음이 정확한지 아닌지를 제대로 알아보기 위한 좋은 방법은 자신이 말하는 것을 녹음해 직접 들어보거나 주변 사람들에게 물어보는 것이다.

가	구	거	고	그	기	게	개	갸	교	겨	규
나	누	너	노	느	니	네	내	냐	뇨	녀	뉴
다	두	더	도	드	디	데	대	댜	됴	뎌	듀
라	루	러	로	르	리	레	래	랴	료	려	류
마	무	머	모	므	미	메	매	먀	묘	며	뮤
바	부	버	보	브	비	베	배	뱌	뵤	벼	뷰
사	수	서	소	스	시	세	새	샤	쇼	셔	슈
아	우	어	오	으	이	에	애	야	요	여	유
자	주	저	조	즈	지	제	재	쟈	죠	져	쥬
차	추	처	초	츠	치	체	채	챠	쵸	쳐	츄
카	쿠	커	코	크	키	케	캐	캬	쿄	켜	큐
타	투	터	토	트	티	테	태	탸	툐	텨	튜
파	푸	퍼	포	프	피	페	패	퍄	표	펴	퓨
하	후	허	호	흐	히	헤	해	햐	효	혀	휴

발음을 훈련하기 위한 '가나다라 표'를 이용해 잘 안 되는 발음을 체크한 후 그 발음을 위주로 꾸준히 연습해본다.

특히 발음할 때 혀의 위치와 입술 모양을 면밀히 관찰해 이를 비교하면서 교정해나간다. '가나다라 표'를 이용할 때는 가로, 세로, 대각선 방향 그리고 그 역방향으로 소리 내어 읽어보는 것도 도움이 된다.

또한 발음을 정확하게 하는 것은 의사전달의 명확성을 위한 것인 만큼 입속에서 웅얼거리거나 말끝을 흐리지 않는지 또는 어미를 늘이거나 지나치게 올려서 말하지는 않는지도 함께 신경 써서 들어본다. 특정한 소리를 제대로 발음하지 않거나 지나치게 강조해 발음할 경우 청중이 내용을 이해하고 스피치에 집중하는 것을 방해할 수 있으니 정확하면서도 올바르게 발음하도록 신경을 써야 한다.

② 말소리의 변화

변화가 없는 단조로운 어조는 듣기에 지루할 뿐만 아니라 말하는 내용을 이해하는 데도 걸림돌이 된다. 말은 노래를 부르듯이 하라는 말이 있는데, 이것은 말소리에 변화를 주어 리듬감 있게 말해야 한다는 뜻이다. 리듬감 있는 말소리는 듣기에 편해서 집중해 들을 수 있다. 어릴 적 할머니께서 내용에 맞추어 자연스럽게 리듬을 타며 들려주던 옛날이야기는 한없이 그 내용 속으로 빠져들게 했다. 청중과 진정으로 교감하고 싶다면 리듬감 있게 말하는 연습을 해야 한다. 리듬감을 만들어내는 데 영향을 미치는 대표적인 요소에는 음량, 억양, 강조, 속도, 쉼(포즈)이 있다.

③ 목소리의 크기

음량은 목소리의 크기를 말한다. 연사와 청중 사이의 거리, 주변의 소음 정도, 발표장의 크기, 청중의 수, 마이크 사용 여부 등을 고려해 결정한다. 어떠한 경우든 목소리의 크기는 제일 뒤에 앉은 청중까지 들을 수 있어야 한다. 이를 확인하기 위해 제일 뒤에 앉은 청중에게 잘 들리는지 직접 물어볼 수도 있고, 또는 청중이 보내는 비언어적 단서를 살펴보는 방법이 있다. 소리가 잘 들리지 않을 경우 얼굴을 찌푸리거나 아예 집중하지 않는 모습을 보이기 때문에 이런 비언어적 단서가 포착되면 소리의 크기를 바로잡아줘야 한다.

마이크를 사용할 때 마이크가 잘 작동하는지, 소리의 크기는 적당한지 점검한 후 스피치를 시작하는 것이 좋다. 자신의 목소리가 작다고 해서 지나치게 마이크에 가까이 대고 말하면 숨소리까지 전달되는 것은 물론이고 웅웅거리는 소리로 인해 말소리가 탁하게 들릴 수 있으니 적당한 거리를 두고 말해야 한다. 목소리가 지나치게 작은 사람은 마이크에 전적으로 의존하기보다는 평소 발성 연습을 통해 목소리를 좀 키워서 마이크를 보조 장치로만 이용하는 편이 낫다. 원래 큰 목소리를 가진 사람은 지나치게 큰 소리로 인해 청중에게 불쾌감을 줄 수 있으니 마이크 사용 시 각별히 조심한다.

④ 스피치의 속도

대중 스피치의 경우 1분에 200~300자 정도로 말하는 것이 적당한 속도다. 너무 빨리 말하면 스피치의 내용을 따라가기 힘들거나 자칫 공격적으로 보일 수도 있고, 너무 천천히 말하면 내용 몰입에 방해가 되거나 지루하다고 느낄 수 있다. 기본적으로 적당한 속도를 유지하되 내용의 성격과 난이도, 청중의 특징, 행사 성격 등에 따라 말의 속도에 변화를 줄 필요가 있다. 예를 들어 기쁨이나 놀람, 두려움의 감정을 표현할 때는 빠른 속도로 말하고, 슬픔이나 불만의 감정을 표현할 때는 느린 속도로 말하고, 복잡하고 어려운 내용이나 중요한 내용은 천천히 말하고, 청중이 이미 알고 있거나 쉬운 내용은 빠르게 말해야 스피치에 생동감을 더하면서 청중의 이해를 도울 수 있다.

⑤ 스피치의 높낮이

억양은 소리의 높낮이에 의해 만들어진다. 높낮이의 변화 없이 말하는 것을 단조로운 어조라고 하는데, 이는 말할 때 가장 경계해야 할 점이다. 시종일관 단조로운 어조로 얘기하면 청중의 집중력은 급격하게 떨어질 수밖에 없다. 한결같이 높은 어조도, 한결같이 낮은 어조도 청중의 집중력을 방해한다. 중요한 것은 기본적으로 자기가 구사하는 억양에 음량, 속도, 강조 등과 함께 변화를 줘서 리듬감 있게 말하는 것이다.

억양은 특히 감정상의 의미와 분위기를 전달하는 중요한 수단이다. 예를 들면 기쁨, 슬픔, 화, 만족, 불만족, 긴장, 당황, 지루함, 흥미 같은 심리 상태를 표현할 때는 말의 높낮이에 변화를 줘서 그 의미를 극대화하는 것이 효과적이다. 그리고 흥분된 상태를 나타낼 때는 비교적 높은 어조의 억양을 구사하고, 자제하거나 진지한 느낌을 불러일으킬 때는 비교적 낮은 어조의 억양을 구사한다면 내용의 의미를 좀 더 명확하게 전달할 수 있다.

⑥ 휴지

휴지는 말의 쉼을 의미한다. 쉼은 효과적인 의미전달을 위해 문장이나 단어 앞에서 잠깐 시간적 쉼을 두는 것을 가리킨다. 글에서 띄어쓰기와 구두점이 독자에게 글의 내용을 좀 더 잘 파악할 수 있게 돕듯이, 말에서 쉼은 청중에게 말의 내용을 좀 더 잘 이해할 수 있게 돕는 역할을 한다. 서론에서 본론으로 넘어가기 전에, 본론에서 하나의 논점에 대한 논의가 끝나고 다른 논점으로 넘어가기 전에, 본론에서 결론으로 넘어가기 전에 쉼을 두어서 내용이나 단락이 바뀐다는 신호를 보낼 수 있다. 또한 클라이맥스에서 긴장을 불러일으키기 위해, 또는 중요한 내용을 강조할 목적으로도 그 앞에 쉼을 둘 수 있다. 링컨 대통령이 발화한 아래 예시를 보면 쉽게 이해할 수 있을 것이다.

"국민을 위한, (쉼) 국민에 의한, (쉼) 국민의 나라는 결코 이 지구상에서 사라지지 않을 것입니다"와 같이 쉼 다음에 나오는 단어는 자연스럽게 강조되는 효과가 있다.

⑦ 스피치의 세기

말의 세기란 강조점과 관련된 것으로 말 문장에서 강조하고자 하는 중요한 음절이나 단어 또는 어구를 다른 것들보다 더 힘주어 말하는 것을 의미한다. 세게 말할 때 음량이나 억양, 길이도 함께 변화를 줄 수 있다. 이때 해당 음절이나 단어 앞에 쉼을 두어 강조의 효과를 극대화할 수 있다. 예를 들어 "그 당시 (쉼) 저~엉말 죽을 만큼 힘들었습니다", "지금 우리에게 필요한 것은 바로 (쉼) 변화입니다"와 같이 강조하고자 하는 단어 앞에서 잠시 쉼을 두어 말하면 그 단어가 훨씬 강조된다.

⑧ 공감하는 구어체

웅변이 유행할 때는 딱딱한 말투로 문어체를 구사하는 것이 일반적이었다. 이런 모습은 다분히 심리적 거리감이 느껴진다. 공적 스피치는 청중과 교감하고 호흡하는 상호작용을 꾀하면서 공감을 이끌어내는 것이 주된 목적이다. 그러므로 청중 한 사람 한 사람에게 말하듯이 구어체 말투를 구사하는 것이 좋으며, 이때 공감하는 구어체를 사용해야 청중이 친근감을 느끼고 쉽게 이해할 수 있다.

하지만 공감되는 구어체라고 해서 느긋한 일상생활의 발화와 똑같이 하라는 얘기는 아니다. 쉽게 말하고 간결한 문장을 구사하고 친근한 말투를 사용하되 공식 석상에서 말한다는 점을 잊지 말고 품위와 예의를 갖추어야 한다. 예를 들면 '해요체'를 사용한다든가, 말끝을 흐린다든가, 비문을 사용해서는 안 된다. 평서문의 문장 종결 어미는 주로 '~했습니다'를 사용하면서 간혹 '~고요'나 '~했어요' 같은 어미를 섞어 사용하는 것이 좋다. 현대사회에서 익숙한 채팅 용어나 은어, 속어는 당연히 대중 스피치에 적절하지 않다. 요즈음에는 '되게'라는 단어를 지나치게 많이 사용하거나 '뭐~ 그냥', '살짝'이라는 단어를 의미에 맞지 않게 습관적으로 쓰는 경우가 많은데, 이런 잘못된 습관도 반드시 고쳐야 할 것이다.

도움받은 곳

김은성, 《파워 프레젠테이션》, 서해문집, 2011.
백미숙, 《스피치 특강》, 커뮤니케이션북스, 2006.
장소원 외, 《방송화법》, 커뮤니케이션북스, 2007.

2.
프레젠테이션의 유형

1) 프레젠테이션의 규모와 목적

구분	프레젠테이션 스피치의 특징
1:1	• 인터뷰, 상담, 방문, 판매 형태의 진행 • 개인 대 개인의 소통이 자연스러움
1:다수	• 소개, 홍보, 세미나, 회의 등 다수 청중 대상 • 대규모의 행사 프레젠테이션 • 다양한 기법 요구(시청각, 구성 방법 등)
제안식	• 의사 결정에 영향 • 객관적 자료 제시 • 영업 제안, 기획안 제출
협상식	• 의견 조율, 충돌 등의 변수 발생 • 합의점 도출을 위한 성공법 모색
토론식	• 자유롭고 비형식적인 상호작용 • 진행상 통제 방법 구상이 과제

2) 목적 및 내용별 프레젠테이션

① 정보 제공을 위한 프레젠테이션

프레젠테이션의 가장 일반적인 목적이 바로 정보 제공으로 발표자가 가지고 있는 지식을 청중에게 나누어주는 것인데, 이때 제공되는 지식은 유익한 것이어야 한다. 명심해야 할 것은 청중이 필요로 하는 정보만 전달함으로써 시간을 낭비하지 말아야 한다. 너무 많은 정보를 주는 것 또한 치명적인 실수다. 청자가 흡수할 수 있는 정보량은 제한되어 있기 때문에 너무 많은 정보에 질릴 경우 청중은 프레젠테이션에 흥미를 잃게 된다. 미리 청자의 학력과 이해력을 측정한 후 프레젠테이션을 기획해야 실패할 확률이 낮다.

② 유희적 프레젠테이션

남을 즐겁게 만드는 것은 매우 어려운 일이다. 발표자가 아무리 조심한다 해도 마음을 다치는 참석자가 나올 수 있기 때문에 프레젠테이션에서는 되도록 농담을 삼가는 것이 좋다. 유머는 매끄럽게 전달되지 못하거나 급소를 찌르는 대목이 완벽하지 못하면 발표자가 민망해지는 사태가 발생할 수 있기 때문에 프레젠테이션의 주제와 직접적으로 연관되는 것이어야 한다. 청중이 관심을 가지고 있는 분야와 관련된 개인적인 경험담으로 2~3분 동안 몇 가지 유머로 활기를 돋운 후, 본격적인 프레젠테이션에 들어가면 효과적이다.

③ 감성적 프레젠테이션

청중의 마음을 움직이기 위한 프레젠테이션도 있는데, 이런 스피치는 청중을 울리기도 하고 감동에 겨워 목이 메게 만들기도 한다. 요즘 흥행하고 있는 〈김창옥쇼〉가 이러한 유형에 속한다. 감성적 프레젠테이션 전반부는 청중을 준비시키는 시간이기 때문에 가벼운 이야기로 시작해서 긍정적인 내용으로 프레젠테이션의 끝을 장식할 수 있도록 유도하여 참석자의 기분을 좋아지게 한다. 사람들은 스스로에 대해 선량하고, 자신의 삶을 통제할 수 있으며, 인생의 도전에 대처할 수 있다는 확신을 갖길 원한다. 신뢰할 수 있는 발표자는 청중을 무기력하고 절망적인 기분이나 우울하게 만들어서는 안 된다. 어떤 문제에 대해 비판할 때는 반드시 해결책을 제시해야 하며, 상황을 개선할 수 있는 아이디어를 제공하는 것이 중요하다. 정이 많은 한국인에게 가장 공감되는 프레젠테이션은 아마도 감성적 말하기인 것 같다.

④ 설득적 프레젠테이션

대부분의 비즈니스 프레젠테이션은 청중에게 행동을 변화하도록 설득하는 것이기 때문에 프레젠테이션 메시지를 준비할 때는 자신의 말하기를 들은 청자가 추후 어떤 행동을 하길 바라는지 그 사항에 대해 명료한 초점을 정해놓고 이야기해야 한다. 프레젠테이션을 끝내면서 청중에게 요청할 행동 사항을 질문 형태로 기록하면 효과적인데, 질문은 구체적이고 직접적이어야 한다.

3) 설문지 조사를 활용한 프레젠테이션

프레젠테이션 형태로 발표할 수 있는 또 다른 주제로는 다종다양한 사회 현상에 대한 정밀한 분석을 바탕으로 글쓴이의 주장을 객관적으로 설명하는 것이다. 이 경우 가장 대표적으로 사용되는 것이 설문조사 방법이다. 다수의 사람을 대상으로 문제에 대한 각자의 입장이나 의견을 듣고 이를 취합해 발표자의 주장에 반영하여 근거로 제시할 수 있기에 설문조사는 주관적일 수밖에 없는 사회적 주장을 객관화할 수 있는 최선의 방책이라 할 수 있다.

설문조사(enquête)는 간접조사의 일종이다. 원래는 어떤 조사를 할 경우 관찰 대상에 대해 이미 일정한 정보를 가진 것으로 생각되는 소수의 전문가에게 질문하고 그 결과를 통합하여 조사 목적을 달성하려는 방법이었으나, 최근에는 저널리즘에서 동일한 질문을 각 방면의 사람들에게 제시하여 의견을 구할 목적으로 쓰이고 있다. 구체적으로는 조사자가 직접 작성한 조사표를 배부하여 의견을 묻게 되며, 왕복 엽서나 전화를 이용하는 방법을 쓸 수도 있다. 이러한 설문조사는 저널리즘 영역에서 자주 사용되며, 시장조사 분야에서는 소비자를 대상으로 엽서나 전화에 의한 조사를 중시하는 식으로 사용된다.

(1) 설문조사 방법

설문조사 시에는 먼저 보고서의 목적과 관련된 몇 가지 가설을 세우고 이 가설이 설문지의 질문사항에 충실히 반영되도록 구성해야 한다.

설문의 목적을 바탕으로 설문 응답자의 집단 역시 분명히 한다. 보고서의 목적이 '주 5일제가 노동과 여가에 미치는 영향' 또는 '주 5일제가 일상생활에 미치는 영향'을 밝히는 데 있다면 설문 응답자는 주 5일제 근무를 시행하고 있는 직장에 근무하는 사람들이 될 것이며, 성별과 연령별로 다양한 집단에 대한 조사가 이루어져야 할 것이다.

① 형식적 사항

설문에 앞서 설문조사의 주체, 조사의 목표, 조사지의 사용범위에 대해 명백히 밝혀야 한다. 응답자의 이름을 묻지 않으며 응답자의 개인정보 보호를 위해 "이 설문 내용은 통계법 제13조 및 제14조에 따라 연구를 위한 통계 이외의 목적에는 사용되지 않을 것이며, 비밀을 보장함을 밝혀 드립니다"라는 구절을 삽입하고 지킨다.

설문 응답자의 집단을 분명히 하고 설문 목적에 따라 성별, 연령, 직종, 학력 등의 정보를 요구한다. 이런 질문사항은 설문지의 끝에 배치한다. 이 가운데 성별과 연령은 대부분의 설문지에 필수로 요구되는 문항이지만 직종이나 학력, 소득수준 등에 대한 정보는 연구의 목적에 부합할 경우에만 답변을 요구한다. 직종이나 학력 등은 대체로 표준양식을 따른다.

② 질문지 작성

질문의 배열을 논리적으로 하여 생략되거나 비약하는 질문이 없도록 한다. 아래의 예시를 살펴보자.

1. 귀하는 주 5일제 근무가 시행된 이후 근무가 없는 주말에 특별한 취미활동을 하고 계십니까?

   ① 그렇다 ② 아니다

2. 1번의 물음에 '그렇다'라고 대답하신 분만 답변해 주십시오. 귀하는 주말에 어떤 취미활동을 하고 계십니까? (빈도를 고려하여 2개까지 선택해 주십시오.)

   ① 여행 ② 독서 ③ 영화, 연극 등 공연관람

   ④ 스포츠 ⑤ 기타

3. 1번의 물음에 '아니다'라고 대답하신 분만 답변해 주십시오. 귀하는 주말을 주로 무엇을 하며 보내십니까?

   ① 휴식 ② TV 시청 ③ 게임

   ④ 사교 또는 음주 ⑤ 업무의 연장 ⑥ 기타

하나의 질문에는 하나의 아이디어가 있어야 한다. 질문 문항은 연구의 목적과 부합해야 한다. 또한 한 가지 문제에서 선택지가 너무 많거나 적어서는 안 된다. 선택지에 반드시 '기타', '모른다' 등의 항목을 넣어야 하며, 경우에 따라 개인적인 의견을 적을 수 있는 항목이나 참고란을 따로 부여할 수 있다. 질문의 선택지는 정도를 묻는 것과 의견을 묻는 것을 달리할 수 있다. 민감한 질문은 처음이나 끝에 배치하지 않는다. 처음에는 가급적 응답자들이 가벼운 마음으로 대답할 수 있는 질문을 배치하는 것이 좋다. 편파적이거나 선입견을 심어줄 수 있는 질문은 피한다. 이를 위해서는 강한 단어를 사용하지 말아야 한다. 아래의 질문지 내용을 살펴보자.

1. 현재 시행되는 주 5일제 근무와 각종 휴가 및 공휴일 수에 만족하십니까?
   ① 매우 만족 ② 만족 ③ 보통
   ④ 불만 ⑤ 매우 불만

2. 현재 시행되는 주 5일제 근무와 관련하여 만족하지 못하는 사항은 무엇입니까?
   ① 업무량이 늘어 평일 근무 연장
   ② 주말 추가근무 수당 감소
   ③ 강제적으로 시행되지 않는 탓에 누구는 쉬고 누구는 쉬지 못함
   ④ 할 일도 없는데 휴일이 너무 많음
   ⑤ 기타

③ 사전조사와 배포 방식

설문지가 완성된 후에는 응답자와 유사한 성격이나 직위를 가진 동료들에게 시험적으로 사전조사를 해보아야 한다. 이를 통해 여러 질문에 대해 보완할 수 있으며, 사전조사 대상자의 의견을 적극적으로 받아들여 질문이나 선택지에서 까다롭거나 반발을 일으킬 수 있는 표현을 수정해야 한다.

설문지를 배포할 때는 우편 설문처럼 응답률이 낮은 방법을 피하고 직접 배포 같은 응답률이 높은 방법을 취해야 한다. 또한 응답률을 높이기 위해 협조편지를 보내거나 답례품을 주는 등의 방법을 강구할 수도 있다.

④ 설문조사지의 취합과 분석

설문조사를 시행한 후에는 조사지를 취합하여 각 항목에 대한 분석

을 수행해야 한다. 분석을 위해서는 먼저 분석 결과가 자신이 세운 가설과 부합하는지를 밝혀야 한다. 자신이 세운 가설이 '주 5일제 근무로 인해 많은 사람이 취미활동에 대한 요구를 가지고 있을 것이다'라면 설문조사 결과가 그러한 가설을 증명하고 있는지 분석해야 한다. 만약 조사 결과가 자신의 가설과 다른 것으로 나타났다면 그 이유가 무엇인지도 역시 설문조사 결과를 통해 확인해야 한다.

다음으로 설문조사의 분석 과정에서 성별, 연령별, 직업이나 소득별로 조사 결과를 세분화해서 밝힐 수 있어야 한다. 여성이 남성에 비해 취미활동에 대한 요구가 크다든지, 저연령이 고연령에 비해 취미활동에 나서는 비율이 높다면 그 이유가 무엇인지 추론해보도록 한다. 설문조사 결과를 제시할 때는 도표나 그래프 등 시각화된 방식을 취하는 것이 좋다. 오차범위와 설문조사 일시, 조사대상 인원, 조사대상의 성별 · 연령별, 소득별 분포도 등과 조사의 주체도 명확히 밝혀야 한다.

4) 프레젠테이션 발표 유형

① 준비된 프레젠테이션

준비된 프레젠테이션은 가장 보편적인 발표방식이며, 충분한 시간을 가지고 발표의 목적과 주제를 만든 후에 전달내용을 구성하고, 청중분석 등의 과정을 거쳐 효율적인 방법으로 메시지를 전달하는 것이다.

② 즉흥적 프레젠테이션

즉흥적인 프레젠테이션이란 예상하지 못한 자리에서 생소한 청중을 상대로 사전에 준비 없이 발표하는 것을 말한다. 가령, 수상소감 자리나 특별한 장소에서 자신을 소개하거나 축하 메시지를 전하는 등 즉석에서 발표하는 것이다.

③ 텍스트 프레젠테이션

텍스트 프레젠테이션은 대통령 취임식 연설과 같이 원고를 읽으면서 발표하는 것을 말한다. 이 방식은 발표보다는 연설에 가까우며, 기술적이며 전문적인 내용을 담고 있다.

④ 전문가 프레젠테이션

전문가 프레젠테이션이란 암기형 프레젠테이션으로, 핵심 내용 또는 주제어휘 또는 단어를 암기한 후에 나머지 내용을 덧붙여 발표하는 방식이다. 특정한 분야의 전문가들이 주로 활용하는 방식이며, 청중과 충분히 시선 교환을 하면서 자신감 있게 발표해야 실패가 없다. 한국에서는 건강과 관련된 미디어 프로그램에서 자주 방영되는 프레젠테이션이라 볼 수 있다.

⑤ 브리핑(briefing)

"요점을 간추린 간단한 보고나 설명. 또는 그런 보고나 설명을 위한 문서나 모임"을 '브리핑'이라 하는데, 공적 스피치에서 브리핑은 계획 또는 운영에 대한 정보를 짧고 명확하게 요약한 내용을 청중에게 설명하거나 설득하는 것을 목적으로 하는 프레젠테이션이다.

3.
성공적인 프레젠테이션 설계

1) 프레젠테이션 설계

(1) 서론(Introduction)

발표자에게는 도입부의 60초에서 90초에 이르는 부분이 가장 중요하다. 왜냐하면 이 짧은 시간에 대부분의 청중이 발표자에 대한 첫인상을 결정하기 때문이다. 그러므로 서론의 도입부에 해당하는 이 시간 동안 청중의 관심을 유도하면서 발표자의 신임도를 높이고 다음에 이어질 내용을 요약 · 소개하기 위해서는 매우 세심한 주의가 요구된다. 예를 들어 프레젠테이션 내용과 연관된 재미있는 유머나 일화, 인상적인 질문 등으로 프레젠테이션을 시작하는 것은 청중의 주의와 관심을 집중시키는 데 매우 효과적인 방법 중 하나다. 서론의 분량은 전체 프레젠테이션 분량의 10% 정도를 할애하는 것이 적당하다.

(2) 본론(Body)

본론에서는 프레젠테이션을 통해 전달하고자 하는 요점을 제시하고, 보도자료, 통계, 예시, 인용 등의 관련 내용을 제시하여 요점의 근거를 제공해야 한다.

본론은 프레젠테이션의 핵심 부분에 해당하기 때문에 전달하고자 하는 내용을 세 가지 요점사항으로 정리하여 말하는 것이 효과적이다. 청중의 이해를 돕기 위해 상황에 따라 전달하는 내용의 요점을 정리해주고, 명확한 문장전환 표현을 사용하여 요점이 부각되도록 해야 한다. 원활한 문장전환 표현과 함께 적절한 어조의 변화, 제스처, 시청각 자료 등의 활용은 청중의 주의를 환기하는 역할을 하기 때문이다.

본론은 서론이나 결론에 비해 상대적으로 많은 시간과 비중을 두어야 한다. 예를 들어, 본론이나 서너 가지 정도의 요점을 중심으로 전개하는 방법으로는 세 가지 요점 중에서 가장 중점을 두는 부분부터 시작해서 전개해나가는 방법, 점차 요점을 발전시켜나가는 방법, 모든 요점에 같은 비중을 두어 전달하는 방법 등의 세 가지가 있다. 말하는 이가 자신 있는 방법을 선택하면 된다. 본론은 프레젠테이션에서 가장 중요한 부분이기는 하지만, 청중의 집중력이나 기억력에는 한계가 있으므로 발표내용의 분량을 청중 분석을 통해 적절하게 구성해서 발표하는 것이 효과적이다.

(3) 결론(Conclusion)

프레젠테이션의 결론은 청중의 관심이 정점에 도달하는 시기로 서론 부분과 같은 정도의 비중을 차지한다. 그러므로 서론의 분량과 마찬

가지로 전체 분량의 10% 정도가 적당하며 '결론적으로', 혹은 '요약하지만' 등의 문장전환 표현을 사용하여 청중에게 결론에 이르렀음을 일깨워 주는 것도 효과적인 방법이다. 프레젠테이션의 결론 부분은 앞에서 전달한 내용의 요점을 정리하는 의미로서 핵심 사항을 반복 진술하거나 청중을 고려한 좀 더 폭넓은 시각에서 핵심 내용을 요약 · 정리해줌으로써 프레젠테이션의 효과를 극대화할 수 있는 부분이다.

일반적으로 결론 부분은 청중과의 상호작용인 질의응답을 통해 프레젠테이션을 보완하는 역할을 하며, 프레젠테이션의 본론 내용만큼 중요성을 갖는다.

2) 프레젠테이션 순서

① 인사(Greet)

② 자기소개(Introduce self)

③ 발표 주제 소개(Introduce subject of presentation)

④ 발표 내용 설명(Explain structure of resentation)

⑤ 본론 설명[Present main body (Point 1, 2, 3)]

⑥ 결론(Conclude)

⑦ 요약(Summarize)

⑧ 질문에 대답하기(Take questions)

3) 프레젠테이션 청중 분석

① 청중의 관심도

프레젠테이션에 참석하는 사람이 어떤 사람인지를 먼저 분석하고 확인해야 한다. 참석자는 대학 강의 시간의 청중이거나 사회적인 측면에서의 고객 혹은 직장동료, 팀원일 수도 있다.

- 청중은 누구인가?
- 청중이 원하는 것은 무엇인가?
- 청중에게 어떤 가치나 이익을 줄 것인가?
- 청중으로부터 얻을 수 있는 것은 무엇인가?

위의 질문을 바탕으로 발표의 방향과 수준을 결정해야 한다. 청중의 수준이나 관심을 제대로 파악하고 이를 충분히 반영한 자료를 제작하여 진행할 때 청중의 관심과 흥미를 유발하여 성공적인 발표를 할 수 있다.

② 청중의 수

청중의 수에 따라 전략이 달라야 한다. 청중의 수가 적을 때는 청중의 관심과 분위기를 발표자의 의도대로 이끌기가 쉽다. 반면 청중의 수가 많은 경우에는 청중의 긴장이 쉽게 풀어져 분위기가 어수선할 수 있고, 연사가 청중 수에 압도되어 두려움을 느끼고 위축되어 실패할 가능성이 있다.

③ 청중의 수준

청중의 수준을 고려해야 한다. 보통 청중의 평균 수준에 기준을 두고 설명하는 것이 일반적인데, 수준이 높은 청중이나 결정권자를 위해 일부 자료는 수준 높은 것으로 준비할 필요가 있다. 일반적으로 결정권자를 포함하여 참석자의 50% 이상이 발표내용을 이해했다면 비교적 성공적인 프레젠테이션이라 할 수 있다.

④ 청중의 반응

성공적인 프레젠테이션을 위해 발표자는 청중의 반응과 자세를 지속적으로 살펴야 한다. 가장 좋은 방법은 청중의 표정이나 몸동작을 보는 것이다. 강의를 들으면서 은연중에 나타나는 청중의 몸짓을 통해 그들의 심리상태를 파악하고 이에 적절한 대응 방법으로 대처하면서 변화를 주어야 한다.

4) 프레젠테이션 목적 분석

프레젠테이션의 목적을 파악하는 것은 필수다. 목적을 먼저 알아야 그에 맞는 메시지와 전달자료, 전달 방법 등을 결정할 수 있기 때문이다. 프레젠테이션 목적은 다양하다. 대학에서 발표점수를 획득하기 위한 목적 이외에 기업조직 내 신제품의 정보 전달 및 소개, 신규 사업 진행을 위한 고객 설득, 회사 내에서 새로운 사업 투자를 위한 제안, 팀원들의 사기진작을 위한 동기부여, 행사나 기념일을 위한 행사 등 그 종류가 많다.

프레젠테이션 목적을 몇 가지로 나누어 정리하면 아래와 같다.

첫째, 정보 전달의 경우다. 신제품, 새로운 정보, 신기술 등에 대한 내용을 회사 직원 혹은 고객에게 소개하는 경우가 이에 속한다. 정보 전달 방법을 살펴보자.

① 기존 정보와 비교하여 새로운 정보 제공
② 쉽게 이해하도록 정보를 분석, 가공
③ 그림과 사진, 도표 등 시각화(visual) 자료를 많이 제공
④ 제품을 실제로 시연하고 청중이 조작할 기회 제공
⑤ 중요 핵심 사항은 반복이나 강조를 통해 분명하게 이해시킴

둘째, 설득과 제안의 경우다. 새로운 사업 계획이나 기획안 등을 준비하여 관계자들에게 설명함으로써 그들의 동의와 지원을 얻어내는 것을 목적으로 한다. 상대를 설득하는 요령과 순서를 살펴보자.

① 감성적 혹은 논리적인 상대의 성격에 맞는 전략으로 설득
② 발표자가 강한 자신감과 확신을 갖고 발표하기
③ 상대가 동의할 수 있는 타당한 근거와 자료 제시하기
④ 상대가 얻을 수 있는 이익과 가치 강조하기

셋째, 동기부여의 경우다. 마음속의 두려움, 회의, 불신, 좌절 등을 물리치고 도전 의식, 열정, 사기진작을 불러일으켜 새로운 모험과 결단을 감행하도록 촉구 · 유도하는 것을 말한다. 동기부여 방법을 살펴보자.

① 구성원 모두에게 공동의 목표와 개인적인 목표 부여하기
② 서로 선의의 경쟁 유도하기
③ 달성목표를 단계적으로 높이기
④ 성취 결과를 스스로 평가하여 문제점과 개선책 수립하기
⑤ 긍정적 보상(칭찬, 인정, 포상)과 부정적 보상으로 자극하기

넷째, 엔터테인먼트 행사의 경우다. 구성원이나 팀원들 간에 유대와 단합을 강화하고 성과나 업적을 기념하기 위한 프레젠테이션을 말한다. 행사의 경우, 직위나 서열과는 상관없이 일체감을 조성하는 것이 필요하다. 기념식의 경우에는 목표 성취자들을 공개적으로 인정 · 치하하여 새로운 동기를 유발하는 것이 필요하다. 행사나 기념식을 진행하는 사회자는 그날의 행사 목적과 주인공에 유념하여 행사의 본래 목적이 실현되도록 힘써야 한다. 진행자가 행사의 주인공으로 부각되는 우를 범하지 말아야 한다.

5) 프레젠테이션 장소 분석

프레젠테이션 전략에서 가장 소홀하기 쉬운 것이 바로 장소 분석 전략이라 할 수 있다. 프레젠테이션 장소에 대한 분석을 중요하지 않게 생각하고 소홀히 취급한 결과, 그로 인해 프레젠테이션이 실패하는 경우가 가장 빈번하게 발생한다. 발표 장소와 관련한 사항들은 사전에 확인해야 한다. 프레젠테이션 장소에 가는 교통편과 소요시간을 미리 파악하는 것이 필요하며 발표 당일에도 현장에 미리 도착하여 최종점검을 할

수 있도록 여유를 갖고 이동해야 한다. 그러나 발표 당일 현장에 너무 일찍 도착하여 관계자나 담당자에게 부담감을 주는 것은 금물이다.

① 컴퓨터 활용

컴퓨터로 파워포인트를 사용하는 경우, 발표 시간 전에 도착하여 정상적인 작동 여부를 확인해야 한다. 컴퓨터나 노트북은 배터리보다 전기를 이용하고, 컴퓨터 조작은 발표자가 직접 하는 것이 바람직하다. 포인터는 설명하는 부분을 스크린에 표시하는 도구로 청중을 집중시키고 이해력을 높이는 데 유용하다. 특히 설명하는 문장 위에 포인터 불빛을 정지하거나 문장 위를 천천히 지나가면 된다. 문장 위에 포인터 불빛을 빙빙 돌리는 것은 바람직하지 않다.

② 마이크 점검

마이크는 발표 전에 목소리가 잘 나오는지, 잡음이 없는지, 볼륨은 적당한지 확인하는 것이 필요하다. 발표가 시작된 이후에 청중 앞에서 전원과 볼륨 크기를 확인하는 것은 피해야 한다. 마이크는 무선과 유선 두 가지가 있는데, 가능하면 무선마이크를 사용하는 것이 좋다. 무선마이크는 양손을 번갈아 가며 사용할 수 있고 움직이면서 몸동작을 자유롭게 할 수 있어서 좋다. 그뿐만 아니라 발표자가 위치를 이동하고 싶을 때 이동 거리나 공간의 제한이 없어서 매우 편리하다.

6) 발표 자료 및 리허설

실전에 임하는 발표자들은 대부분 크고 작은 불안을 경험한다. 이러한 예기불안과 두려움을 극복할 수 있는 가장 좋은 방법은 발표 준비를 철저하게 하는 것이다. 발표를 충분히 준비하면 두려움은 사라지고 자신감을 갖게 되어 성공적인 프레젠테이션을 수행할 수 있다.

정보와 자료를 수집할 때는 다양하고 신선한 자료를 모아야 하고, 이를 철저히 분석하고 가공하여 프레젠테이션에서 사용할 자료를 만든다. 이때 각 분야의 전문가나 경험자들과 상의하거나 혹은 자료를 준비하는 것이 가장 효율적이다. 발표 자료 제작은 파워포인트 프로그램이나 컴퓨터그래픽 사용에 익숙한 사람들이 해야 한다. 그래야 세련되고 깔끔한 자료를 제작하여 청중의 시선을 사로잡을 수 있다.

리허설은 성공적인 프레젠테이션을 위한 마지막 준비 관문이다. 리허설 없이 프레젠테이션 실전에 임하는 것은 상상조차 할 수 없는 일이다. 경험이 풍부하고 능력 있는 전문가들도 프레젠테이션을 할 때마다 항상 연습한다. 리허설은 다음과 같이 네 단계로 진행한다.

① 발표 자료를 충분히 이해하고 파악하기

② 발표 자료를 갖고 실제처럼 연습하기

③ 발표 소요 시간을 측정하면서 반복 연습하기

④ 몸동작과 전달 기술 구사하기

프레젠테이션 리허설은 최소한 발표하기 24시간 전에 이루어져야 한다. 하지만 전달자 대부분은 발표내용과 시청각 자료를 수정 · 보완하는 데 마지막 시간을 매달린다. 그래서 충분한 리허설을 하지 못하고 시간에 쫓기면서 실전에 임한다. 이렇게 조급한 마음으로 실전에 임한다면, 프레젠테이션 성공률은 낮아진다. 성공적인 프레젠테이션을 진행하기 위해서는 최소한 발표 24시간 이전에 리허설을 반복하여 미흡한 부분을 체크하고 이를 집중적으로 보완해야 한다. 충분한 리허설만이 성공적인 프레젠테이션을 보장하는 유일한 길이다. 아울러 프레젠터의 발표 시간을 체크해 오버타임(Over Time)이 되지 않도록 각별히 주의해야 한다.

7) 프레젠테이션 단계

단계		주요 활동
1	목표설정	(1) 설명하기: 실험, 실습 보고, 연구발표, 면접, 제품설명, 업무보고 등 (2) 제안이나 설득: 의사결정권에 대한 제안이나 설득
2	정보수집	(1) 청중과 관련된 정보 (2) 발표자와 발표내용(집단 프레젠테이션의 경우) (3) 발표 시간 (4) 발표 장소와 상황
3	내용구성	핵심어 → 제목 설정 → 전개도 작성 → 내용 구조화 → 원고작성 → 표현 방법 결정 → 자료 형태의 결정 → 우선순위 결정
4	자료작성	(1) 시청각 자료에 작용하는 요소를 고려한 자료작성 (2) 활용 매체의 장단점 분석(컴퓨터, 슬라이드, 유인물, 오디오/비디오, 화이트보드)
5	점검	(1) 문제점 발견 및 수정 (2) 현장 적용 정도 점검
6	실행	(1) 시작하기: 자기소개, 인사말, 주제설명 (2) 본론소개: 정보 및 설득내용에 대한 간결한 말하기 (3) 마무리와 질의응답

단계		내용 구성
1	목표설정	목표 명료화
2	정보수집	성격 및 목표검증 이후 단계의 전략과 방향 제시
3	내용구성	좋은 내용, 알맞은 내용, 표현 방법, 매체 결정
4	자료작성	의미전달 효과, 목적달성도, 오감별 정보습득 의존도 분석
5	점검	원고, 자료 등을 실전에 맞추어 점검
6	실행	시작-본론-마무리, 질의응답 고려

4.
성공적인 프레젠테이션의 실제

1) 긴장감 해소

청중 앞에서 발표한다는 것이 부담스럽고 싫다는 것은 "죽는 것보다 싫은 것이 남 앞에서 발표하는 것"이라는 말이 있을 만큼 부담스럽다. 이것은 누구나 마찬가지일 것이다. 더구나 공적 스피치라면 더욱 긴장되고 어렵게 느껴질 것이다. 청중 앞에서 긴장감을 해소하고 성공적으로 프레젠테이션을 마무리하기 위해 가장 절실한 것은 자신감을 갖는 것이다. 그런데 자신감은 결코 저절로 얻어지는 것이 아니라 경험과 철저한 준비, 그리고 내용에 대한 해박한 지식과 발표 장소에 대한 경험 등이 있어야만 얻을 수 있다.

2) 무대불안증 극복

자신감을 갖고 프레젠테이션을 성공적으로 이끌기 위해서는 무대에 대한 두려움을 극복할 방안을 찾아야 한다. 두려움을 가지고 있을 때는 신뢰를 얻기도 어렵고 상대방을 설득하는 것은 더더욱 어렵다. 수십 년 동안 무대에 섰던 배우나 가수들도 무대에 설 때마다 공포감을 느낀다고 한다. 이러한 두려움을 극복하기 위해서는 철저한 준비와 완벽한 리허설, 그리고 자신만의 긴장해소 방법을 터득해야 한다.

① 프레젠테이션 내용뿐만 아니라 모든 환경적 요인을 청중보다 많이 알고 있는 전문가가 되어야 한다. 즉, 얕은 지식으로 청중을 설득하려 했다가 오히려 낭패를 볼 수 있음을 명심해야 한다.
② 프레젠테이션 전문가가 되어야 한다. 청중을 설득하기 위해서는 주의 집중과 공감대 형성 등 청중과의 교감을 통해 청중을 내 편으로 만드는 기술을 완벽하게 구사할 줄 알아야 한다.
③ 발표자의 표정, 시선, 자세, 목소리는 자신감이 충만해 있을 때 제대로 청중에게 전달된다. 이러한 자신감을 바탕으로 무대공포증을 떨쳐내고 프레젠테이션의 첫인상을 좋게 가져가야 한다. 프레젠테이션에서 첫인상은 전체를 결정할 만큼 큰 역할을 하며, 청중의 관심과 기대감을 불러일으키는 중요한 역할을 담당한다. 또한 자신감은 초반부의 어색하고 경직된 분위기를 해소하고 청중의 마음을 여는 데 도움을 준다.

3) 음성언어의 명확한 전달

청중이 잘 들을 수 있어야 하는 것이 발표에서 가장 중요한 원칙이다. 발표자의 목소리가 작다면 마이크를 사용해야 하며, 목소리는 작은 것보다 큰 것이 좋다. 물론 마이크 없이 잘 들린다면 금상첨화다.

메시지를 정확히 전달하기 위해 명확한 발음과 풍부한 음량으로 말해야 한다. 핵심적인 메시지들이 정확히 전달될 수 있도록 발음이 명확하고, 뒤에 앉은 청중에게까지 들릴 정도로 목소리가 충분히 커야 한다. 그렇기에 목소리는 자신감을 간접적으로 표현하는 중요한 수단이다. 크고 자신감에 찬 목소리는 분위기를 압도하는 청중으로부터 신뢰를 얻는데 충분한 조건이 된다. 맨 뒤에 앉은 청중에게 발표자의 목소리가 잘 들리는지 확인하는 것도 성공적인 발표의 한 방법이다.

말의 속도는 전달력에 큰 영향을 미치므로 속도의 조절이 필요하다. 말의 속도는 주어진 시간 내에 얼마나 많은 양의 말을 하느냐로 결정된다. 말이 빨라지면 프레젠테이션의 속도도 덩달아 빨라지기 때문에 청중이 생각하고 이해할 여유를 갖지 못하게 된다. 반대로 너무 느리면 분위기가 늘어지고 시간적 틈이 생겨 청중이 집중하지 못하고 다른 생각을 하게 된다. 따라서 프레젠테이션은 적절한 속도와 완급 조절이 필요하다. 발표자가 말의 속도, 강약, 고저 등을 조절하여 상황에 맞는 적절한 목소리를 자신감에 실어 청중에게 전달한다면 프레젠테이션의 목적을 달성할 수 있을 것이다.

4) 발표자의 자세

① 발표자의 위치

남성일 경우 다리를 어깨너비보다 다소 좁게 선다. 여성일 경우라면 다리를 붙인 상태로 서거나 한 다리를 약간 앞으로, 또 다른 다리는 반 보 정도 뒤로 위치시켜 서는 것이 발표할 때 편하다.

② 손의 위치와 손동작

- 허리띠와 명치 사이에 위치
- 두 손을 모으고 있을 것
- 깍지를 끼워서 느슨하게 잡거나 한 손이 다른 손을 감싸쥐는 방법

발표자는 두 손을 계속 움직여야 하며, 가끔씩 양손을 어디에 두어야 할지 모를 때는 위에 제시한 위치를 활용한다. 손동작의 폭은 겨드랑이에 주먹 쥔 손을 넣어 팔이 몸에서 떨어질 정도로만 움직이며, 손 높이는 가슴과 허리 사이에 두면 적절하다.

③ 마이크 사용 방법

마이크의 중간을 잡는다. 볼륨을 높이고 입에서 떨어뜨려놓으며, 다른 쪽 손은 옆으로 내려놓거나 마이크를 잡은 손을 움켜잡듯이 하는 것이 좋다.

④ 메모지를 들고 할 때의 자세

발표 메모지 하단의 모서리를 가볍게 쥔다. 또는 대각선으로 양쪽 모서리를 가볍게 쥔다. 발표자의 책상에 두고 사용하는 것도 무방하나 너무 책상만 내려다보면 다소 청중의 신뢰감이 낮아질 수 있으니 주의해야 한다.

⑤ 판서를 활용할 때의 자세

- 적당한 속도의 판서
- 비스듬한 자세로 판서
- 단어 위주의 판서
- 좌측 상단에서 우측으로 이동하면서 판서
- 멀리서도 잘 보일 수 있도록 크게 판서
- 사전에 계획된 판서

⑥ 발표자의 시선

발표할 때 시선은 부채꼴 모양의 방사선으로 봐야 하지만, 일대일이라는 느낌이 들도록 보는 것이 제일 좋다. 상대방에게 자신감 있는 발표자의 느낌을 전하기 위해서는 일대일의 느낌을 받을 수 있도록 해야 하고, 발표장 전체에 아무리 많은 사람이 있더라도 사람들이 발표자와 직접 일대일로 눈 맞춤을 하고 있다는 느낌이 들 수 있도록 하는 것이 좋다. 단, 이때 주의할 것은 한 사람을 너무 오래 바라보면 상대방이 불편할 수 있으므로 대략 2~3초 정도 바라보는 것이 좋다.

발표장에 사람이 너무 많아서 일대일로 눈을 맞추기 어려운 경우라면 그룹화해서 발표장 전체를 바라볼 수 있다. 예를 들면 발표장의 형태에 따라 6개 또는 8개 영역으로 구분하고, 그 안의 사람들을 그룹화해서 바라본다. 그리고 그룹 안의 한 사람을 쳐다보는 것만으로도 사람들에게 발표자가 발표장 전체를 바라보고 발표를 진행하고 있다는 느낌을 줄 수 있다.

사각지대를 유념해야 하는데 발표장과 가장 가까운 첫 번째 줄이

제1 사각지대 라인이며, 두 번째로 맨 뒷줄이 제2 사각지대 라인인데, 이 사각지대에 지속적으로 관심을 두고 발표를 진행해야 한다.

[예시] 스티브 잡스의 프레젠테이션 분석

스티브 잡스의 프레젠테이션이 높은 평가를 받는 이유는 내용이 이해하기 쉽게 전달되고, 간단하고 명료하며, 제품에 관해 자세하게 묘사하고, 사물을 기존과는 다른 관점에서 바라보고 해석하기 때문이다.

1) 긍정적 분위기 조성

군더더기 없는 말, 많은 것을 생각하게 하는 짧은 침묵, 자연스럽고 자신감 있는 표정 등은 그만의 트레이드마크가 되었다. 연설의 첫 순간은 매우 중요하다. 이때 청중의 눈과 귀를 사로잡지 못하면 연설은 엉망이 되고 만다. 2007년 1월 미국 샌프란시스코에서 개최된 맥월드 엑스포 기조연설에서 스티브 잡스는 인류 역사상 길이 남을 발표를 했다. 그는 프레젠테이션을 시작할 때 음악이 힘차게 울려 퍼지는 무대 위로 등장했다. 그때 흘러나온 음악은 제임스 브라운의 〈I Feel Good〉이었다. 노래 가사는 애플사나 신제품과도 관련이 없었다. 청중은 음악을 들으며 무의식적으로 무언가 기분 좋은 일이 일어날 것이라고 기대했을 것이다. 관객은 그의 등장에 환호하며 박수를 보냈다. 비즈니스 프레젠테이션은 흔히 딱딱하다는 예상을 뒤집은 것이다. 스티브 잡스는 초장에 긍정적 분위기를 조성해 청중을 사로잡았다. 무대에 오른 그는 두 장의 슬라이드를 제시했다. 첫 슬라이드는 애플 로고였고, 다른 하나는 'Mac World'라는 글씨였다. 그는 오늘의 주제가 무엇인지 나열하지 않았다. 그 대신 "오늘 우리는 함께 역사를 만들어갈 것(Together today, we're going to make history)"이라는 간단하고 명료한 메시지를 전했는데, 이는 크게 호평을 받았다.

2) 철저한 준비와 위기 상황에 대처하는 프레젠테이션 영웅

스티브 잡스의 작품 같은 프레젠테이션은 결코 쉽게 생산된 것이 아니다. 스티브 잡스는 실제로 프레젠테이션을 시작하기 전에 모든 내용을 사전에 철저히 연습했다고 전해진다. 실제로 그의 프레젠테이션 스타일은 시대에 따라 변해왔으며, 이는 그가 무수한 연습을 했다는 것을 방증한다. 스티브 잡스는 1984년에는 카리스마 넘치는 연사였으나, 1997년에는 부드러워졌고, 2007년 애플의 혁신인 아이폰을 발표할 때는 그보다 더 자연스러운 모습을 보였다.

스티브 잡스는 예상치 못한 위기상황에도 뛰어난 임기응변을 보였다. 2010년에 있었던 WWDC2010 프레젠테이션에서 스티브 잡스는 애플의 아이폰4의 신규 기능을 발표했다. 하지만 이때 무선 연결에 문제가 생겼고, 이에 그는 "발표 현장의 네트워크는 언제나 예측 불가능합니다. 지금의 무선연결 문제를 어떻게 해결해야 할지 모르겠습니다. 오늘 연결 상태가 상당히 느린 것 같습니다"라고 말하면서 위기를 넘겼다. 네트워크 연결에 문제가 생기자 잡스는 "아시다시피 여러분이 Wi-Fi에 접속되어 있다면 저를 조금은 도와주실 수 있을 것 같은데요. 그래서 여기 무선네트워크에 문제가 있다는 것에 감사합니다. 여러분이 서로의 Wi-Fi가 켜져 있는지 살펴보는 동안 저는 좀 여유를 얻게 되었으니까요"라며 농담을 던져 청중이 웃게 만들었고, 무대 뒤편의 기술자가 기술적인 문제를 해결할 시간을 벌었다. 또한 그는 흐름을 깨지 않고 사진을 보여주면서 모든 프레젠테이션을 중단시키지 않고 물 흐르듯이 진행해냈다.

주목할 만한 점은 스티브 잡스가 다른 사람을 어설프게 흉내 내거나 따라하지 않았다는 점이다. 그는 청중에게 자신에게 충실하다는 인상을 주었다. 그가 프레젠테이션 말미에서 애플사 직원들에게 감사 인사를 할 때 목이 메는 장면이 나온다. 이로써 관중은 그의 발표 내용뿐 아니라 그의 내면의 감정까지 깊이 공감하게 된다.

3) 중요한 부분을 강조하고 자세한 설명하기

스티브 잡스는 이야기를 풀어갈 때 늘 특정한 순서를 따르는 경향이 있었다. 먼저 새로운 개념을 소개하고, 세부적인 설명을 하며, 마지막으로 총체적인 관점에서 요약한다. 아이폰 프레젠테이션을 할 때는 아이팟, 전화 그리고 혁명적인 인터넷 통화의 세 가지 기능을 모두 강조해서 설명했다. 그러고 나서 그는 청중에게 세 가지 개념을 반복해서 말하도록 요청했다. 모든 청중이 그가 전달하고자 하는 핵심 요소를 자연스럽게 저절로 확인한 것이다.

그는 프레젠테이션을 할 때 항상 검은색 목폴라 티셔츠와 청바지 차림으로 나섰다. 아이폰 발표였다. 이날 그의 무대 매너는 빛을 말했다. 아이폰은 애플이 발표하는 세계 최초의 스마트폰이었다. 그전까지의 피처폰과는 모든 것이 달랐다. 그만큼 설명할 기능도 무척이나 많았다. 다른 사람들이었다면 수많은 기능을 단순하게 나열해 지루한 프레젠테이션을 진행했을 것이다. 하지만 잡스는 우선 청중의 긴장감을 고조시켰다. 1984년에 발표된 애플의 노트북 맥, 2001년에 발표된 애플의 MP3 아이팟에 이어 애플이 만든 세 번째 혁신이 될 것이라 발표하며 청중의 기대감을 한층 고조시키고 "오늘 세 가지 새로운 기기를 발표한다"고 말했다. 그러고 나서 아이콘과 간단한 문구로 구성된 세 장의 슬라이드를 차례로 등장시켜 와이드 스크린 아이팟, 혁신적인 모바일폰, 새로운 인터넷 커뮤니케이터가 바로 그 기기라 얘기했다.

4) 지루하지 않은 프레젠테이션

스티브 잡스는 프레젠테이션에서 지루한 화면만 보여주지 않았다. 그는 TV 광고로 사용된 장면이나 사진들, 심지어 비디오 같은 영상물을 집어넣어 청중을 흥분시켰다. 어떤 때는 2~3초마다 슬라이드를 넘기기도 했다. 자신이 가장 강조하고 싶은 말을 할 때는 모든 청중의 관심을 모으기 위해 내용이 없는 슬라이드를 켜놓고 자신의 메시지를 전달했다. 그는 현대의 청중이 너무 많은 시각적 · 청각적 자극에 노출돼 있다는 점을 간파하고 있었다.

5) 적절한 침묵을 더한 프레젠테이션

진정한 음악의 힘은 음 중간에 있는 조용함 속에서 드러나는 경우가 많다. 스티브 잡스 역시 프레젠테이션에서 침묵을 잘 활용했다. 여백, 침묵, 평정의 요소는 그가 전달하고 싶은 가장 중요한 대목에서 빈 슬라이드를 보여주면서 전달하고자 하는 내용을 더욱 확연하게 드러내는 기법을 통해 알 수 있다. 때로 빈 스크린은 다음에 나타날 이미지에 더 강한 인상을 준다. 빈 슬라이드를 내놓는 것은 자신감 있는 사람만이 할 수 있다. 대부분 발표자는 내용이 빼곡히 적힌 슬라이드를 보여준다. 스크린을 비우고 침묵한다는 것은 모든 사람의 시선이 스티브 잡스에게 쏠린다는 것을 의미한다.

아이폰 발표 현장에서 그는 세 가지 기기를 발표한다고 말하고 청중의 기대감을 한껏 고조시킨 후 아무 말도 내뱉지 않고 무대를 그저 걸어 다녔다. 청중의 기대감이 더한층 고조된 뒤 그는 "사실 이 세 가지 기기가 아이폰 하나에 모두 들어 있다"고 말했고, 청중은 크게 환호했다. 아이폰의 기능을 그대로 나열하지 않고 아이팟-폰-인터넷 커뮤니케이터 세 가지 방향으로 청중에게 각인시키기 위해 의도된 연출이었다. 비슷한 시기 경쟁사들이 내놓은 단순 나열식 신제품 키노트와 비교했을 때 이해하기 쉽고 오래 기억되는 구성이었다.

6) 스티브 잡스의 명언

스티브 잡스는 생전에 사람들의 기억에 인상 깊게 남을 수 있는 말을 많이 남겼다. 그의 인생 자체가 매우 파란만장했고 최고의 위치에 오르기까지 수없이 많은 실패와 좌절을 했기 때문에 그의 경험에서 우러나오는 진정성 있는 말들을 많이 찾아볼 수 있다. 그는 실패를 딛고 일어나 자신의 위치를 일구었다. 그는 자신이 창업한 회사에서 쫓겨난 후 실패자라는 낙인이 찍혔지만, 결국 세계 최초의 컴퓨터 애니메이션인 〈토이 스토리〉를 성공시켰고 나중에는 애플에 돌아와서 회사를 크게 부흥시키게 된다. 스티브 잡스는 이 경험을 통해 자신이 애플에서 해고라는 실패를 겪지 않았더라면 애플을 부활시킬 수 없었을 것이라고 말한다. 그는 이를 통해 실패를 성공의 밑거름으로 삼는 인생의 태도를 갖게 됐다.

> "저는 흠집이 난 스테인리스를 좋아합니다. 그것은 우리와 비슷한 모습이거든요. 저도 내년이면 이제 50세가 되는데, 제 인생도 흠집이 난 아이팟의 스테인리스하고 많이 닮았습니다."
> "우리는 수많은 실수를 합니다. 그것이 바로 인생이죠. 하지만 최소한 그것들은 새로워지고 창조적이게 됩니다."

완벽한 프레젠테이션은 수많은 연습과 물샐틈없는 구성으로 이루어졌다. 과거보다 일반인들도 많은 사람 앞에서 발표할 일이 많아졌다. 스티브 잡스의 방식으로 프레젠테이션에 임한다면 더욱 효과적으로 의사전달을 할 수 있을 것이라고 생각한다.

도움받은 곳

권순희, 《말하기에서의 언어적, 비언어적 범위》, 한국화법학회, 2004.
김명혜, 《스피치와 프레젠테이션》, 박영스토리, 2021.
김현애, 《효과적인 프레젠테이션》, 신성출판사, 2007.
심재우, 《잭 웰치처럼 프레젠테이션 하라》, 더난, 2008.
이유나 · 허경호, 《발표상황에서 발표자의 비언어적 요소가 발표자의 이미지 평가 및 메시지 인지도에 미치는 영향》, 한국소통학회, 2008.
이추경, 《CEO를 감동시키는 발표력의 비밀》, 미래와경영, 2010.
장용진, 《프레젠테이션의 모든 것》, 청림출판, 2002.
조오현 외, 《자기 가치를 높이는 면접과 프레젠테이션 전략》, 건국대학교 출판부, 2006.
카민 갤로, 《스티브 잡스 프레젠테이션의 비밀》, 랜덤하우스, 2018.
황순희, 《스티브 잡스 스피치에 담긴 설득의 비기》, 한국수사학회, 2016.

5.
연설의 유형과 표현 전략

연설은 화자가 여러 사람을 대상으로 일정한 목적에 도달하기 위해 일방적으로 자신의 사상과 감정을 표현하는 공적 스피치의 한 형태다. 연사는 연설을 하게 될 시간적 · 공간적 상황에 대해 정확하게 파악하고 있어야 한다. 그래야만 청중에 대한 정보를 알고 연설 준비를 할 수 있기 때문이다. 또한 연설의 목적을 정확하게 설정해야 한다. 청중에게 새로운 지식과 정보를 알려주는 연설인지, 청중을 설득시키기 위한 연설인지, 청중을 즐겁게 하기 위한 연설인지 등 목적을 파악해야 한다. 그리고 연설의 목적에 맞는 연설의 주제와 제목을 정해야 한다. 또한 주제를 드러내는 데 적절한 자료를 수집하고 필요한 것을 선정해야 한다. 연설의 목적 · 주제, 청중의 지적 수준을 고려하여 자료 조직의 원리에 따라 어떤 내용을 어떻게 조직할지를 결정해야 하며, 결정한 후 개요를 작성하고 이를 토대로 연설문을 작성해야 한다.

연설에서는 연설 내용도 중요하지만, 무엇보다 화자가 자신감 있는 말투와 태도를 갖추지 않으면 청중을 설득하기 어렵다. 사전에 내용을 미리 만들어서 그것을 읽어나가거나 외우는 방식으로 연설하기도 하지만, 즉석에서 내용을 만들어내기도 한다. 전자의 경우는 다른 사람들이 스크립트를 짜줄 수 있으나 후자는 배경지식이 풍부해야 하며, 비록 즉석이기는 하지만 화자의 머릿속에 어느 정도의 계획과 방향을 구상해야 한다.

청중에 대한 분석은 연설에서 특히 중요시된다. 연설은 학교나 회사처럼 연설자가 알고 있는 청중을 대상으로 하기도 하지만, 불특정 다수를 대상으로 행하는 연설이 훨씬 많아서 청중 분석이 쉽지는 않다. 하지만 연설자와 청중 간의 우호성이나 연설 주제에 대한 관심의 정도, 찬반 여부 정도는 대략적으로 조사한 다음 임하는 것이 좋다. 만약 청중이 연설 주제에 대해 관심이 많고 연설자에게 우호적인 입장이라면 연설자가 주장하는 바를 직접적으로 표현해도 좋지만, 그렇지 않은 경우에는 오히려 청중에게 반발심만 느끼게 하므로 공감대 형성이 우선시된다. 그리고 모든 연설의 기본은 청중도 쉽게 이해할 수 있는 일반인 수준의 단어들로만 구성하는 것이 좋다. 그래야 청중이 연설 내용을 쉽게 이해할 수 있고 전하고자 하는 내용을 효과적으로 전달해서 청중을 더욱 효과적으로 설득할 수 있기 때문이다.

연설자 자체에 대한 공신력도 연설의 성패에 중요한 영향을 미치는데, 연설자의 공신력을 높이는 요소에는 연설 분야와 관련된 전문성 보유 여부나 지식수준, 연설자에 대한 사회적인 인지도 등이 있다. 한 예로, 2018 평창 동계올림픽 유치와 관련된 김연아의 연설은 성공적이었다고 평가받았는데 성공 요인 중 연설자 김연아가 동계올림픽이라는 연설 분야에서 전문성을 가지고 있으며 그만큼 그 분야에서 사회적 인지도도 높았기 때문이다. 만약 동계올림픽과 전혀 연관이 없거나 전문성이 낮은 연설자가 같은 연설을 했다면 그만큼 성공적인 연설이 될 수 없었을 것이다.

설득적 말하기인 토론에서는 감정에 호소하여 말하기가 금기시되는 반면, 같은 설득적 말하기인 연설에서는 논리정연하게 말하는 만큼 감정에 호소하는 것이 중시된다. 아무리 논리정연한 연설이라도 청중의 공감과 호응을 이끌어낼 수 없다면 결코 좋은 연설이라고 할 수 없기 때문이다. 물론 논리정연함 없이 일방적으로 감정에 호소하는 연설은 지양되어야 하며 둘 사이를 적절히 조절할 수 있는 능력이 요구된다.

1) 설명 연설(informative speech)

① 개념

정보적 말하기와 같은 의미로, 지식이나 정보를 제공하기 위한 연설을 의미한다. 이것은 어떤 사실에 대해 청중이 모르고 있거나 알아도 불충분할 때 필요하고 적절한 지식이나 정보를 제공하는 것이다. 연설의 가장 보편적인 형태로, 주로 문제의 설명과 연구보고 형식이 쓰인다. 지식이나 정보 제공 또는 전달이 목적인 연설은 청중에게 분명한 사실을 명백히 밝혀주는 것이 중요하다. 설명 연설에는 주로 묘사적 설명, 서사적 설명, 정의가 사용된다. 많은 청자가 같은 시간, 같은 자리에 참가하므로 상대의 주의와 관심을 끄는 일이 중요하다. 설명 연설은 대체로 서론 10%, 본론 75%, 결론 15%가 알맞으므로 설명할 시간 전체를 서론, 본론, 결론으로 나누어 준비하는 것이 좋다.

② 진행

말하는 이는 결론을 끝낸 후 듣는 이에게 질문이 있는지 묻는다. 질문이 있으면, 설명의 제재와 관련되는 범위에서 답한다. 여러 질문이 들어오면, 간단히 답할 수 있는 것을 먼저 답한 후, 보충 설명이 필요한 것을 뒤에 이야기한다. 모르는 것을 물어오면, 당황하지 말고 이야기한 것 외에는 자세히 알지 못한다고 솔직하게 이야기한다.

③ 시각 자료

시각 자료는 듣는 이가 정보를 잘 이해하도록 돕는 볼거리로, 차트, 그래프, 도표, 지도, 포스터, 만화, 사진, 실물, 모형 같은 것이 있다. 이 자료들은 정보 전달에 도움이 될 때만 사용하고, 제재와 밀접한 관련이 있는 자료를 적당히 사용하는 것이 좋다. 시각 자료를 바르게 사용하려면 연습이 필요하며, 오버헤드 프로젝터, 슬라이드 프로젝터, 비디오테이프 장치, 영화기 등으로 시각 자료를 보여주려면 빛을 가리는 등 준비를 철저히 해야 한다.

2) 설득 연설(persuasive speech)

① 개념

설득 연설은 설득적 말하기와 같은 의미로, 여기서의 설득은 청자를 이해 · 납득 · 공감시켜서 화자가 의도한 대로 움직이게 하는 것이다. 따라서 설득 연설은 청중이 연설을 납득하여 자신들의 믿음과 행동을 연설자가 의도하는 대로 하도록 하기 위해 행해지는 것이다. 선거 때의 후보 연설이나 찬조 연설, 상품의 선전, 광고 등이 이에 포함된다. 설득은 이유와 의견으로 이루어진다. 이유는 논증의 증거와 비슷하고, 의견은 결론과 비슷하다. 준비 단계에서 최근의 언론 보도 사실, 전문가의 연구 결과, 통계, 전문 서적의 기록 등의 증거를 충분히 모아야 한다. 말하는 이의 개인적 경험도 증거로 사용할 수 있다.

설득 연설은 서론, 본론, 결론으로 구성한다. 서론에 의견을 배치하는데, 의견은 설득 전체의 주제가 된다. 본론에는 이유와 증거를 배치하는데, 이유는 중요성에 따라 배치하는 것이 좋다. 더 중요한 이유를 앞에 배치하고, 덜 중요한 이유를 뒤에 배치한다. 결론에서는 본론의 이유를 간추리고, 서론에 배치했던 의견을 반복한다.

② 청자의 태도

설득 연설의 주된 의도는 듣는 이의 태도나 행동에 영향을 주려는 것이다. 그런데 말하는 이의 의견에 대해 듣는 이의 태도는 매우 다양할 수 있으므로 설득 연설을 준비할 때 미리 생각해두어야 한다. 설득하려는 의견에 대한 청자의 태도는 긍정적 태도, 중립적 태도, 무관심, 부정적 태도로 나눌 수 있다. 긍정적 태도를 가진 듣는 이에게는 의견을 강조하기보다 의견에 따라 실천하는 방법을 강조하는 것이 좋고, 중립적 태도를 가진 듣는 이에게는 의견을 밑받침할 사실적 정보를 제공하는 것이 좋다. 무관심한 태도를 가진 듣는 이는 설득에 포함된 문제가 듣는 이에게 중요하며, 심각한 영향을 줄 수 있음을 강조한다. 마지막으로 부정적 태도를 가진 듣는 이에게는 부정적 태도를 누그러뜨리기 위해 듣는 이의 반대 의견을 긍정적으로 평가한 후, 문제점을 지적하는 것이 좋다.

③ 신뢰도

설득 연설이 성공적이려면 청자의 신뢰를 얻어야 한다. 또한, 사람은 자기가 좋아하는 이의 의견에 찬성하기 쉬우므로 듣는 이가 말하는 이에게 친밀감을 갖게 해야 한다.

- 인사말로 친밀감 느끼게 하기
- 청자와 같은 생각이나 태도를 가지고 있음을 표현
- 청자 중 친분이 있는 이름을 말하며 관계 강조
- 듣는 이와의 공동 경험 말하기
- 적절한 유머 사용으로 호감 얻기

3) 기타 연설들

공적 스피치에서 30초나 3분 정도의 시간에 끝내는 간단한 연설로, 일상에서도 많이 접하게 되는 연설을 말한다.

① 소개 연설

소개 연설은 연설하도록 초청된 사람을 청자에게 알리는 것이다. 소개될 사람의 이름, 배경, 연설할 제재, 제재와 청자의 관심과의 관계 등을 다룬다. 소개될 사람의 이름은 정확히 발음해야 하며, 배경이란 소개될 사람의 경험과 성취에 관한 지식을 말한다. 소개 연설도 미리 연습해야 하며, 짧은 원고를 준비하고 이를 참고하여 중요한 사실을 빠뜨리지 않고 말해야 한다.

② 기념 연설

기념 연설은 중요한 사건, 그 사건에 참가한 사람, 훌륭한 업적을 이룬 사람, 오래도록 함께한 사람을 기억하고 존중하며, 새로운 인생을 시작하는 사람의 앞날을 축하하는 연설이다. 기념 연설에는 축하 연설과 추모 연설이 있다.

축하 연설은 결혼, 전근, 퇴직, 송별 같은 행사를 치를 때 하는 연설이다. 이 연설에서 중요한 것은 느낌이다. 연설자는 자기가 말하는 느낌에 다른 참가자들이 공감하게 해야 한다. 행사에 어울리는 따뜻하고 긍정적인 분위기의 내용을 전달하는 것이 좋다.

추모 연설은 고인에게 존경을 표시하는 연설이다. 연설자는 고인이 사는 동안 보여준 정신과 노력을 참가자에게 드러내고, 이를 본받을 것을 호소해야 한다. 또한 고상하고 품위 있는 말을 사용하여 참가자를 감동시켜야 한다. 한편, 추모 대상자를 지나치게 부풀려서 없는 사실을 업적에 보태거나, 업적으로 보기 어려운 것을 찬양하면, 참가자들을 실망시킬 수 있다. 또한 슬픔을 지나치게 강조하면 참가자들의 공감을 얻기 어렵다.

③ 졸업 축하 연설

졸업식에는 졸업생, 교사, 가족, 친구 등 많은 사람이 참석하는데, 이들은 식이 오래 걸리는 것을 싫어한다. 졸업 축하 연설은 학생들이 학교에 다니는 동안 고생하며 연구하여 지식과 도덕성과 육체적 강인성이 발전한 것을 칭찬하고, 학생을 훌륭히 가르친 스승님의 은혜를 인식시키며, 졸업 후 사회에서 맞이할 새로운 노력과 성과 그리고 책임을 강조한다.

참조

연설(演說, speech)이란 많은 사람 앞에서 자신의 의견이나 주장을 말하는 것을 의미한다. 우리나라에서는 연설, 웅변, 변론 등이 각각 다른 개념인 것처럼 여겨지지만, 본래 '연설'의 이론과 실제가 만개했던 고대 로마에서 'oratio'라고 하면 위 세 가지를 모두 지칭하는 것이었다. 인간의 특질은 비단 이성(ratio)뿐만 아니라 말(oratio)에 있다는 마르쿠스 툴리우스 키케로의 주장은 로마인이 연설을 얼마나 중시했는지를 단적으로 보여주는 예다. 아리스토텔레스의 고전적 분류에 의하면, 연설은 정치 연설, 식장 연설, 법정 연설로 구분해볼 수 있다(논자에 따라 번역어를 좀 달리하고 있기는 하다). 각각의 알기 쉬운 예로 국회에서의 연설, 축사, 변호인의 변론 따위를 꼽아볼 수 있겠다. 수사학 역시 본래의 의미는 연설을 잘하기 위한 학문이었다.

4) 연설을 위한 음성언어 표현

(1) 음량

풍부한 음량은 연설에서 절대적인 원동력이 된다. 장시간 연설해도 쉬지 않는 음성, 큰소리로 연설해도 찢어지는 소리가 나지 않도록 계속적인 음성 수련이 필요하다.

(2) 음폭

목소리의 굵기를 말한다. 일반적으로 굵직한 음성은 남성의 특징이며, 가는 음성은 여성의 특징이다. 그러나 여성이라도 지나치게 음폭이 좁으면 신경질적인 사람으로 인식되기 쉬우며, 더구나 남성의 음폭이 좁으면 신뢰감이나 위엄이 서지 않는다. 또한 음폭이 가는 음성은 청중에게 실망, 피로, 괴로움을 주는 동시에 연설 내용 자체보다는 음폭이 주는 인상으로 모든 것을 너무 쉽게 판단을 내릴 수 있으므로 연설자는 믿음직스럽고 웅장하며 폭넓은 음성을 갖도록 노력하는 것이 좋다.

(3) 음색

음색이란 다른 사람과 구별되는 목소리다. 이는 그 사람의 성격적인 특성이 많이 작용한다. 연설자의 음성을 들으면 '귀에 거슬린다', '호감이 간다' 등 여러 가지로 느끼게 되는데, 이는 음색이 말할 때의 감정이나 성격적인 영향에 좌우되기 때문이라고 할 수 있다. 그러므로 연설자는 악센트나 억양, 어미 처리에 신경 써서 말하도록 노력한다.

(4) 정확한 발음

청중이 분명히 알아들을 수 있도록 정확한 발음으로 뚜렷하게 말해야 한다. 사람에 따라 발음하기 힘든 낱말들이 있으니 연설자는 큰소리로 연습하면서 고치든지, 도저히 고칠 수 없을 경우에는 같은 뜻의 다른 낱말로 바꾸거나 아니면 쉬운 말로 풀어서 사용하는 것이 좋다.

(5) 음의 장단

우리말에는 음의 장단이 엄연히 구별되어 있으므로 음성의 장음과 단음을 정확하게 발음해야 한다. 대개 장음은 높은 음으로 발음되며 인용, 낭독, 선언문, 장엄, 위엄, 안정, 평화, 부드러움을 표현할 때 사용한다. 단음은 대개 낮은 음으로 발음하며 흥분, 명랑, 쾌활, 기지, 놀람 등을 표현하는데 인체의 기관이나 사용 빈도가 많은 말들은 대부분 단음이다.

(6) 음속

음절과 음절, 낱말과 낱말, 어구와 어구 등 말하는 시간의 빠르고 느린 정도를 말하는데, 한마디로 기준 속도를 제시하기 어려우나 청중이 알아듣기 쉬운 속도는 너무 느려도 너무 빨라도 안 된다. 또한 연설 중에 적당한 간격을 두고 조금씩 쉼으로써 그다음에 오는 내용을 강조하거나 극적인 효과를 거둘 수 있다. 그러므로 내용에 따라 속도를 변화시켜야 한다. 변화는 양과 쉼으로 나눌 수 있는데 양은 한 낱말을 발음하는 데 소요되는 시간이며, 쉼은 낱말과 낱말 사이에 오는 침묵이다.

속도를 늦춰야 할 곳은 강조하고자 하는 점, 다짐, 엄숙한 사실, 억압당한 감정, 의혹을 자아내기 쉬운 상황, 숫자, 사람의 이름, 지명 등이다. 그에 반해 누구나 아는 사실, 그다지 중요하지 않은 사항, 스릴 있는 이야기의 클라이맥스, 억압되지 않은 감정 등은 속도를 빨리해야 한다.

음성의 고저 훈련 방법은 다음과 같다.

- 높은 음성을 낮추어 말하는 습관을 들이려면 슬프고 장엄한 내용을 큰소리로 아주 천천히 읽는 연습을 한다.

- 낮은 음성을 높여서 말하는 습관을 들이려면 즐겁고 생기가 넘치는 글을 큰소리로 빠르게 읽는 연습을 한다.
- 단조로운 말소리를 다양하게 말하는 습관을 들이려면 보통의 목소리보다 한 단계 높거나 낮게 변화를 주며 읽는 연습을 한다.

5) 연설의 준비 단계

연설자는 여러 사람 앞에서 연설하기에 앞서 우선 청중에 대한 정보를 알고, 연설의 목적을 분명히 설정해 그 목적을 성취할 수 있도록 사전에 준비를 충분히 해야 한다. 연설의 목적이 뚜렷하지 못하면 성과를 기대하기 어렵다. 우리는 종종 연설자가 어떤 목적을 가지고 말하는지 모르는 경우를 본다. 이야기의 주제에서 벗어나서 청중을 혼란하게 해서는 안 된다. 연설자는 확고한 목적을 가지고 연설할 내용을 충실히, 질서정연하게 파악하고 있어야 한다.

(1) 연설의 목적에 따른 주제 선정

연설의 목적에 따라 연설자는 주제를 정해야 한다. 주제가 명료하면 내용은 자연히 명확해진다. 연설자는 자신이 '무엇을 말하고자 하는지' 핵심을 분명히 인식하고 있어야 한다. 대부분의 경우 주제는 여러 가지 관점에 의거하여 결정된다. 주제를 선정하기 위해서는 먼저 주제의 조건을 명백히 해둘 필요가 있다. 하나의 주제가 갖추어야 할 조건의 기준으로 ① 최종 목표를 표현한 것 ② 사상이나 주장을 간결한 말로 명확하게 표명한 것 ③ 중심이 되는 것 ④ 범위가 한정된 것 ⑤ 의미가 명확한 것 ⑥ 구체적으로 표현된 것 ⑦ 청중과 관련을 갖는 것이 있다.

위의 주제들은 우리의 경험과 상상을 환기하기에 적합한 것들이어야 한다. 청중은 일상적 범위에 드는 여러 주제에 매우 민감한 반응을 보인다. 주제를 선정하는 데 청중을 고려한다는 것은 가장 기본적인 단계다. 그래서 연설에 앞서 최대한 청중을 완전히 파악할 수 있도록 사전에 치밀한 준비가 이루어져야 한다.

(2) 연설 청중의 분석

연설자는 청중을 분석하여 연설의 내용과 전달 방법이 청중에게 맞도록 한다.

① 청중의 나이

청년층의 지지를 얻고자 할 때는 금전이나 물질적인 혜택을 상기시키는 것보다 인격적으로 믿고 따르게 만드는 영웅 숭배의 경향을 이용하는 것이 좋다. 연설은 우렁차고 씩씩하고 활기차게 하고, 제스처도 활달하고 크게 한다. 한마디로 점잖게 말하기보다는 박력 있고 추진력이 강한 인상을 심어주는 것이 효과적이다.

청년층에 비해 노인층은 어떤 문제를 평가하고 판단하는 데 의심이 더 많고 새로운 사상을 잘 받아들이려고 하지 않는다. 또한 명분과 예의에 집착하는 경향이 강하기 때문에 안전성, 재산, 명예, 전통 숭배, 가문에 관한 내용들이 더 관심을 끌게 된다. 그러므로 노인층을 대상으로 한 연설에서는 낮은 음성으로 정중함을 잃지 말고 예의 바른 사람이라는 인상을 주도록 제스처, 복장, 행동 하나하나에 신경을 써야 한다.

② 청중의 성별

• **남성일 경우**

- 남성은 여성보다 적극적이고 행동적이다.
- 추상적인 법률이나 규칙에 여성보다 쉽게 따라가며, 정부의 번영 문제 또는 추상적인 원리의 수호에 대해서도 여성보다 더 관심을 갖는다.
- 자기고집이나 주관이 강하기에 연설자는 강하고 직설적으로 부딪히는 것이 효과적이다.
- 어떠한 분위기나 감상보다는 명분, 의리, 대장부, 충성심, 애국심 등 추상적인 단어에도 관심을 갖는다는 것을 참고로 하여 남성다움에 호소한다.

• **여성일 경우**

- 칭찬으로 연설을 시작한다.
- 진지하고 열성적으로 연설한다.
- 다른 사람을 헐뜯거나 비방하지 말아야 한다.
- 아주 조그만 변화에도 관심을 보인다.

③ 교육 정도와 직업 환경

교육을 많이 받았고 경제적으로 부유한 사람은 그렇지 못한 사람보다 책을 더 많이 읽고 미디어의 교양 프로그램을 치중해 듣는다. 그러나 그들은 자기의 주장이나 사상을 새롭게 하기보다는 단순히 그것을 보강하기 위해 읽거나 듣는 것이기 때문에 사실상 설득하기가 어렵다. 여기에 비하면 교육 수준이나 경제적 수준이 낮은 사람들은 자기의 주장이 견고하지 못하기 때문에 신문, 다양한 미디어 등의 영향을 많이 받게 되고 이성이 약하고 감정적이고 선동되기 쉽다. 그러므로 이러한 사람들을 대상으로 할 때는 너무 어려운 이론이나 철학적인 용어를 피하고, 쉽고 구체적이고 실질적인 내용으로 연설하는 것이 좋다.

또한 청중의 직업에 따라서도 연설 내용을 연구해야 한다. 농촌이면 그 지역이 안고 있는 특성에 따라 해결책을 제시하고, 도시의 대부분은 다양한 직업에 따라 다양한 욕구가 있으므로 어느 한 곳에 치우치지 말고 일반적으로 흥미와 관심을 끄는 내용으로 연설을 준비한다.

청중의 마음가짐 상태는 처해진 상황에 따라 그때그때 변한다. 따라서 회의 장소, 청중의 자세, 청중의 피로도, 날씨와 기온 같은 점에 유의하여 적절한 대비책을 세워두어야 한다. 특히 현장 중심으로 일어나는 일이므로 적절한 방법을 강구하도록 한다.

제한된 시간에 충분한 내용을 담는다는 것은 어려운 일이다. 그러므로 연설의 목적과 화제가 정해지고 청중에 대한 분석이 끝나게 되면 이를 중심으로 자료수집에 착수해야 한다.

(3) 연설 자료의 수집

자료를 수집하기 위한 문제는 연설의 자료로 어떤 것이 있으며, 어디서 구할 것인가, 그리고 수집된 자료를 어떻게 정리할 것인가의 세 요소로 요약된다. 대부분 자료는 자기 자신과 타인, 인쇄 매체나 인터넷 등에서 찾을 수 있다.

남의 이야기나 문헌에서의 자료 수집도 당연하지만, 자기 자신의 자료 수집에도 만전을 기해야 한다. 자신의 과거 경험과 지식, 자신이 접했던 정보를 돌이켜보고 면밀히 숙고할 필요가 있다. 가장 유용한 자료는 인쇄된 모든 것, 그리고 인터넷이다. 신문, 잡지, 전문지, 문헌, 사전 등 인쇄물은 얼마든지 있다. 이 밖에도 백과사전이나 전문 서적 등이 활용되기도 한다. 이들 자료는 최신의 것일수록 좋고, 출처는 신빙성 있는 확실한 것이어야 한다. 숫자와 통계를 인용할 때는 항상 언제 간행된 어느 기록에서 인용했다는 사실이 명확히 드러나도록 그 근거를 밝힌다.

(4) 연설 자료의 정리

자료의 정리는 연설할 내용을 조직하는 것이다. 각 부분이 전체적으로 유기적 관련을 갖고, 전체로서 일관성 있는 통일체가 되도록 한다. 자료 정리는 연설 구상과 직결된다. 어떤 목적의 연설이라도 구상 단계에서 다음 세 기준은 공통된다.

① 일관성

연설을 시작하여 끝낼 때까지 이야기의 줄거리가 질서정연해야 한다. 이 이야기에서 저 이야기로 목적도 없이 왔다 갔다 해서는 안 된다. 연설에 일관성을 주는 것이 주제다.

② 부분과 전체

연설의 구성과 자료 정리는 예상되는 청자를 위한 것이다. 따라서 부분이 전체와의 연관상 분명히 자리 잡도록 구성하고, 부분이 이야기 전체를 받쳐주게 구조화해야 한다. 연설에서 분명한 전달은 핵심을 이룬다.

③ 시간의 명확성

예정된 시간을 초과하게 되면 청중의 집중도는 떨어진다. 그러므로 연설자는 주장하고자 하는 것과 직접 관계있는 자료만 중점적으로 취급할 필요가 있다. 자기가 하고 싶은 말을 빠뜨리지 않되 모든 내용은 조금 여유 있게 제한된 시간 내에 정리할 수 있도록 해야 한다. 그러나 아무리 좋은 자료를 통해 주장을 전달한다 하더라도 자기 자신의 사상적 가치가 없으면 그 연설은 청중을 설득시킬 수 없다. 따라서 평소에 많은 지식과 경험을 풍부히 쌓아 자기 나름대로 사상을 만들도록 해야 한다.

6) 연설의 실제 상황에서 필수 요건

연설에는 연설할 내용 외에도 중요한 것이 있다. 똑같은 내용을 말하더라도 말하는 사람에 따라 같은 이야기로 들리지 않는 경우를 겪어 보았을 것이다. '어떻게 말하느냐'가 '무엇을 말하느냐'만큼 중요하다.

(1) 청중의 호기심과 흥미 유도

연설의 시작은 매우 중요하다. 연설자는 연설 내용 외에 여러 가지 마음의 준비가 필요하다. 연단에 올라가면 연설하려는 내용에 확신과 자신을 갖고 침착하게 청중을 대해야 한다. 연설자가 청중 앞에 나서면 주의를 끄는 것이 당연하지만, 계속해서 청중의 주의를 집중하게 하는 것은 쉽지 않다. 따라서 연설의 서두에서 청중에게 무엇인가 들을 만하다는 기대를 줌으로써 시작부터 주의를 기울이게 만들고 들을 자세를 취하도록 해야 한다.

첫째, 연설의 시작은 청중의 주의와 흥미를 끌 수 있는 것이어야 한다. 청중의 주의와 관심을 집중시켜서 청중이 귀를 기울이게 할 수 있나면 성공한 것이다. 따라서 연설의 시작과 동시에 청중에게 흥미를 가지도록 하기 위해서는 극적이고도 강력한 서두가 필요하다. 연설자가 연설의 첫머리에서 청중의 호기심을 불러일으켜 즉각적인 주의를 끄는 데는 ① 우스운 이야기 ② 유명인사의 말 인용 ③ 실제 사물의 예시 ④ 충격적인 사실 먼저 말하기 ⑤ 결과 우선 제시 ⑥ 화제를 청중의 관심사나 개인적인 흥미에 맞추는 방법 등이 있다.

둘째, 서두는 짧고 간단해야 한다. 서두가 장황해서는 안 된다. 사람들은 장황한 이야기나 뻔한 내용 따위는 들으려 하지 않는다. 따라서 연설의 시작은 짧고 간단해야 한다.

셋째, 절대로 사과하는 말로 시작해서는 안 된다. 연설의 시작부터 사과의 말을 늘어놓으면 청중은 대부분 맥이 빠지게 될 것이다. "저는 워낙에 말재주가 없어서…", "미처 준비를 못했다"는 등의 사과의 말부터 꺼낸다면 청중은 무엇인가를 듣기 위해 왔다가 실망할 뿐이다. 설령 준비가 소홀했거나 자기 스스로 말재주가 없다는 사실을 잘 안다고 해도 주어진 여건이나 현재 상태에서 최선을 다한다는 마음가짐과 당당한 자세로 임해야 한다.

(2) 청중의 집중도 유지

연설은 많은 청중을 상대로 연설자가 일방적으로 말하는 것이므로 청중의 집중도가 매우 중요하다. 연설자의 말이 흥미 있다면 끝까지 들을 것이고, 재미가 없으면 마지못해 앉아있거나 퇴장하기도 한다. 따라서 연설자는 자신의 연설이 끝날 때까지 청중이 깨어 있도록 만들어야 한다. 연설자가 청중의 주의를 지속시킬 방법에는 다음과 같은 것이 있다.

① 자연스럽게 말한다

연설할 내용을 사전에 철저히 준비하되 원고를 보지 않고 즉흥조의 말투로 연설한다면 더욱 생동감 있는 연설이 될 것이다. 연설자가 중요한 내용을 메모한다든지 연설의 내용을 요약해서 자연스럽고 유창하게 이끌어나갈 때 청중에게 감동을 줄 수 있다.

② 제한 시간을 지킨다

연설자가 제한된 시간을 채우지 못하거나 초과하는 것은 사전 준비가 부족했음을 입증하는 것이다. 이는 청중을 대하는 태도에도 소홀했음을 의미하는 것이다.

③ 확신에 가득 찬 말을 한다

자기가 타인에게 전달하고자 하는 것이 무척 중요하며, 그것에 대해 폭넓게 알고 있으면 자연히 자신이 있는 법이다. 따라서 연설할 내용을 충실히 파악하여 듣는 이에게도 확신을 갖게 할 수 있도록 해야 한다.

④ 강조하면서 말한다

어떤 말을 어느 정도로 강조하느냐에 따라 연설의 중점이 달라질 수 있다. 실제로 명연설가들은 예행 연습을 열심히 한다. 그리고 소소한 강조 하나하나를 대단히 중요하게 생각한다. 그러나 끊임없이 계속되는 지나친 강조는 오히려 나쁜 결과를 낳는다.

⑤ 권위를 가지고 말한다

자신이 말하고자 하는 사실에 대해 확신을 가지고 말하게 되면 권위를 가지게 된다. 주어진 문제에 관한 한 화자가 권위자라는 인상을 심어주면 청자는 신뢰감을 갖는다. 논할 주제가 있다면 당당하게 말하여 청중의 호응을 얻어야 한다.

⑥ 적절한 예화나 유사한 사실을 인용한다

이야기를 도표나 시사, 영화 등의 시청각 자료와 조화시켜야 한다. 연설에서 드는 실례는 청중을 위해 그리는 '말로 그린 그림'이라고 할 수 있다. 그 실례가 적절하다면 청중은 후에 연설자의 연설은 잊어도 실례만은 기억할 것이다.

⑦ 제스처를 활용한다

자연스러운 제스처는 논조에 따라 이루어져야 가치가 있다. 이는 연설자 내부의 열의를 외부로 드러내 보이는 데 가장 효과적이다.

⑧ 시선은 청중을 향한다

연설 장소에 모인 사람을 가능한 한 번갈아 주시함으로써 연설자가 전체 청중을 보고 있다는 기분이 들도록 해야 한다. 시선과 시선의 연결은 곧 연설자와 청중 간의 심리적 유대를 가져오기 때문이다. 만일 연설자가 청중을 보지 않는다면 청중의 반응을 받아들일 수 없게 된다. 많은 사람을 앞에 놓고 이야기하는 것은 결코 일방통행이 아니다.

(3) 인상적인 마무리

영화의 마지막 장면을 오래도록 기억하듯 연설에서도 마무리 내용은 기억에 오랫동안 남는다. 연설은 감동적이고 인상적이어야 한다. 여운을 남기는 끝맺음으로 연설 전체를 감동적으로 만들 수 있다. 연설자는 끝을 어떻게 맺을 것인가를 명확히 알고 있어야 한다.

① 간단명료하게 요점을 말한다

이야기의 결론을 맺는 것이다. 지금까지 청중에게 말한 것을 요약해서 말함으로써 청중에게 하고 싶은 부탁과 그것이 이루어졌을 때 어떠한 이익이 얻어지는가를 분명하게 밝혀야 한다. 자세하게 설명할 필요는 없으나 강한 확신을 가지고 정확히 말해야 한다.

② 행동으로 옮길 것을 호소한다

연설자가 꼭 이행해주었으면 하고 바라는 것을 청중에게 알리려면, 먼저 청중이 이해하고 행동하기 쉽게 구체적으로 표현해준다.

③ 희망적이어야 한다.

부정적으로 말하기보다는 긍정적으로 호소하는 것이 훨씬 설득력이 있다.

[예시] 백범 김구 선생 연설문 일부 발췌

백범 김구 선생의 이 글은 청중을 납득시키기 위한 목적으로 대중 앞에서 연설했다. 즉 청중을 설득하기 위한 것이었는데 설득은 자기의 의견 · 사고에 청중이 찬성 · 지지하게 하든가, 자신의 의지대로 상대가 동작 · 행동하게 하는 것이다. 따라서 이 글은 명백한 의견, 요구, 주장, 제안 등의 유형을 취하고 있으며 그 요지가 주제로 드러나 있다. 이 연설문은 우리나라의 완전한 자주독립과 우리의 사명을 제창하는 강한 설득력과 호소력을 지닌 논리적인 글이다. 이 글에서는 반복법, 문답법, 점층법 등의 표현기법으로 주제를 강조하고 있으며 지은이의 애국정신이 강하게 드러난다. 또한 당시 세태를 병렬식으로 비판하고 있다.

(1) 청중의 호기심과 흥미 유도

(백범) "네 소원이 무엇이냐?" 하고 하나님이 물으시면, 나는 서슴지 않고 "내 소원은 대한 독립이오" 하고 대답할 것이다. "그다음 소원은 무엇이냐?" 하면, 나는 또 "우리나라의 독립이오" 할 것이요, 또 "그다음 소원이 무엇이냐?" 하는 셋째 번 물음에도 나는 더욱 소리를 높여서 "나의 소원은 우리나라 대한의 완전한 자주독립이오" 하고 대답할 것이다.

(해설) 이 연설문의 서두는 "네 소원이 무엇이냐?" "내 소원은 대한 독립이오" "그다음 소원은 무엇이냐?" "우리나라의 독립이오" "그다음 소원이 무엇이냐?" "나의 소원은 우리나라 대한의 완전한 자주독립이오"라는 청중의 주의와 흥미를 끌기 위해 짧고 간결한 어투의 말을 하고 있는데, 점층적인 확장 방법을 통해 이 연사는 청중에게 강한 인상을 남기고 있다는 사실을 확인할 수 있다.

(2) 청중의 집중도 유지

(백범) 동포 여러분! 나 김구의 소원은 이것 하나밖에는 없다. 내 과거의 칠십 평생을 이 소원을 위해 살아왔고, 현재에도 이 소원 때문에 살고 있고, 미래에

도 나는 이 소원에 달하려고 살 것이다. 독립이 없는 백성으로 칠십 평생에 설움과 부끄러움과 애탐을 받은 나에게는 세상에 가장 좋은 것이 완전하게 자주독립한 나라의 백성으로 살아보다가 죽는 일이다. 나는 일찍이 우리 독립 정부의 문지기가 되기를 원했거니와, 그것은 우리나라가 독립국만 되면 나는 그 나라에 가장 미천한 자가 되어도 좋다는 뜻이다. 왜 그런고 하면, 독립한 제 나라의 빈천이 남의 밑에 사는 부귀보다 기쁘고, 영광스럽고, 희망이 많기 때문이다.

(해설) 김구 선생은 이 당시에 사람들의 존경을 받는 위치에서 대한 독립을 위해 애쓰던 사람이었다. 그런 존경받는 위치의 사람이 미천한 자가 될지언정 독립을 바란다는 말은 일반 청중에게 그가 간절하게 독립을 원한다는 사실을 알게 한다.

(백범) 옛날 일본에 갔던 박제상(朴堤上)이 "내 차라리 계림(鷄林)의 개돼지가 될지언정 왜왕(倭王)의 신하로 부귀를 누리지 않겠다"고 한 것이 그의 진정이었던 것을 나는 안다. 제상은 왜왕이 높은 벼슬과 많은 재물을 준다는 것도 물리치고 달게 죽임을 받았으니, 그것은 "차라리 내 나라의 귀신이 되리라" 함에서였다.

(해설) 청중의 주의와 관심을 집중시켜서 청중이 귀를 기울이게 할 수 있다면 연설은 성공한 것이라고 볼 수 있다. 따라서 연설의 시작과 동시에 청중에게 흥미를 가지도록 하기 위해서는 극적이고도 강력한 서두가 필요하다. 이 부분은 박제상이라는 인물의 실제 이야기를 인용하여 청중의 관심을 불러일으키는 것이라고 볼 수 있다.

(백범) 근래 우리 동포 중에는 우리나라를 어느 이웃 나라의 연방에 편입하기를 소원하는 자가 있다 하니, 나는 그 말을 차마 믿으려 아니하거니와 만일 진실로 그러한 자가 있다 하면, 그는 제정신을 잃은 미친놈이라고밖에 볼 길이 없다. 나는 공자 · 석가 · 예수의 도를 배웠고 그들을 성인으로 숭배하거니와, 그들이 합하여 세운 천당 · 극락이 있다 하더라도 그것이 우리 민족이 세운 나라가 아닐진대, 우리 민족을 그 나라로 끌고 들어가지 아니할 것이다. 왜 그런고 하면, 피와 역사를 같이하는 민족이란 완연히 있는 것이어서 내 몸이 남의 몸이 못 됨과 같이 이 민족이 저 민족이 될 수 없는 것은 마치 형제도 한 집

에서 살기에 어려움이 있는 것과 같은 것이다. 둘 이상이 합하여 하나가 되자면 하나는 높고 하나는 낮아서, 하나는 위에 있어서 명령하고 하나는 밑에 있어서 복종하는 것이 근본 문제가 되는 것이다.

(해설) 이 글에서도 논리성을 위해 겹문장이 많이 쓰이고 있다. 홑문장으로 쓰일 경우 연설문에서 강조를 위해 선택할 수 있는데, 논리성이 떨어지게 된다. 또한 미친놈 등의 비속어가 쓰임을 알 수 있는데, 이는 김구 선생에게 그러한 일을 하는 자는 도덕적으로 그리고 이성적으로 옳지 않다는 것을 강조한다고 볼 수 있다. 물론 연설문에서 이 같은 비속한 말을 사용하는 것은 옳지 않다.

(백범) 이에 대해 일부 소위 좌익의 무리는 혈통의 조국을 부인하고 소위 사상의 조국을 운운하며, 혈족의 동포를 무시하고 소위 사상의 동무와 프롤레타리아트의 국제적 계급을 주장하여 민족주의라면 마치 이미 진리권 외에 떨어진 생각인 것같이 말하고 있다. 심히 어리석은 생각이다. 철학도 변하고 정치 · 경제의 학설도 일시적이어니와 민족의 혈통은 영구적이다. 일찍이 어느 민족 안에서나 종교로, 혹은 학설로, 혹은 경제적 · 정치적 이해의 충돌로 두 파 세 파로 갈려서 피로써 싸운 일이 없는 민족이 없거니와, 지내어놓고 보면 그것은 바람과 같이 지나가는 일시적인 것이요, 민족은 필경 바람 잔 뒤의 초목 모양으로 뿌리와 가지를 서로 걸고 한 수풀을 이루어 살고 있다. 오늘날 소위 좌우익이란 것도 결국 영원한 혈통의 바다에 일어나는 일시적인 풍파에 불과하다는 것을 잊어서는 아니 된다.

(해설) 이 시대가 신탁통치 시대라는 것을 감안할 때 이 좌익 무리는 우리나라를 분단시키려는 무리로 볼 수 있고 김구 선생은 이에 대해 분단국으로 만들 수 없다는 입장을 강경하게 내비치고 있다. 또한 이런 좌익 무리를 제외하는 것이 아니라 민족을 중심으로 하나로 합쳐야 한다는 입장을 보이고 있다. 이 문단에서도 겹문장의 사용을 보이고 있고, 논리성을 획득하고 있다.

(백범) 이 모양으로 모든 사상도 가고 신앙도 변한다. 그러나 혈통적인 민족만은 영원히 성쇠흥망의 공동 운명의 인연에 얽힌 한 몸으로 이 땅 위에 남는 것이다. 세계 인류가 네요 내요 없이 한 집이 되어 사는 것은 좋은 일이요, 인류의 최고요 최후인 희망이요 이상이다. 그러나 이것은 멀고 먼 장래에 바랄

것이요 현실의 일은 아니다. 사해동포(四海同胞)의 크고 아름다운 목표를 향하여 인류가 향상하고 전진하는 노력을 하는 것은 좋은 일이요 마땅히 할 일이나, 이것도 현실을 떠나서는 안 되는 일이니, 현실의 진리는 민족마다 최선의 국가를 이루어 최선의 문화를 낳아 길러서 다른 민족과 서로 바꾸고 서로 돕는 일이다. 이것이 내가 믿고 있는 민주주의요, 이것이 인류의 현 단계에서는 가장 확실한 진리다. 그러므로 우리 민족으로서 해야 할 최고의 임무는 첫째로 남의 절제도 아니 받고 남에게 의뢰도 아니하는 완전한 자주독립의 나라를 세우는 일이다. 이것 없이는 우리 민족의 생활을 보장할 수 없을뿐더러, 우리 민족의 정신력을 자유로 발휘하여 빛나는 문화를 세울 수 없기 때문이다. 이렇게 완전 자주독립의 나라를 세운 뒤에는 둘째로 이 지구상의 인류가 진정한 평화와 복락을 누릴 수 있는 사상을 낳아 그것을 먼저 우리나라에 실현하는 것이다. 나는 오늘날 인류의 문화가 불완전함을 안다. 나라마다 안으로는 정치상 · 경제상 · 사회상으로 불평등 · 불합리가 있고, 밖으로 국제적으로는 나라와 나라의, 민족과 민족의 시기 · 알력 · 침략, 그리고 그 침략에 대한 보복으로 작고 큰 전쟁이 그칠 사이가 없어서 많은 생명과 재물을 희생하고도 좋은 일이 오는 것이 아니라 인심의 불안과 도덕의 타락은 갈수록 더하니, 이래가지고는 전쟁이 그칠 날이 없어 인류는 마침내 멸망하고 말 것이다.

(해설) 첫째, 둘째 등으로 우리의 임무를 일목요연하게 정리하고 있으며 우리나라에 그 역할을 한정하는 것이 아니라 전 세계로 확장시켜 나라 안과 밖을 연결해 우리 민족에게 독립국으로서의 의무를 강조하고 있는 부분이다. 이 문장에서는 홑문장이 다수 등장하고 있는데, "인류의 최고요 최후인 희망이요 이상이다", "그러나 이것은 멀고 먼 장래에 바랄 것이요 현실의 일은 아니다" 등에서 찾아볼 수 있으며 주장을 강화시켜준다고 볼 수 있다.

(백범) 그러므로 인류 세계에는 새로운 생활원리의 발견과 실천이 필요하게 되었다. 이야말로 우리 민족이 담당한 천직이라고 믿는다. 이러하므로 우리 민족의 독립이란 결코 삼천리 삼천만의 일이 아니라 진실로 세계 전체의 운명에 관한 일이요, 그러므로 우리나라의 독립을 위해 일하는 것이 곧 인류를 위해 일하는 것이다.

(해설) "우리 민족의 독립이란 결코 삼천리 삼천만의 일이 아니라 진실로 세계 전체의 운명에 관한 일이요, 그러므로 우리나라의 독립을 위해 일하는 것이 곧 인류를 위해 일하는 것이다"에서처럼 청중의 주의를 집중시키는 방법의 일환으로 확신에 가득 찬 말과 강조하기를 선택하고 있는데, 이 역시 좋은 연설의 예라고 할 수 있다. 또한 이러한 확신에 가득 찬 말은 권위를 불러오게 되고 주어진 문제에 관한 한 화자가 권위자라는 인상을 심어주면 청자는 신뢰감을 갖게 된다.

(3) 인상적인 마무리

(백범) 만일 우리의 오늘날 형편이 초라한 것을 보고 자굴지심(自屈之心)을 발하여, 우리가 세우는 나라가 그처럼 위대한 일을 할 것을 의심한다면 그것은 스스로 모욕하는 일이다. 우리 민족의 지나간 역사가 빛나지 아니함이 아니나 그것은 아직 서곡이었다. 우리가 주연배우로 세계 역사의 무대에 나서는 것은 오늘 이후다. 삼천만의 우리 민족이 옛날의 그리스 민족이나 로마 민족이 한 일을 못 한다고 생각할 수 있겠는가. 내가 원하는 우리 민족의 사업은 결코 세계를 무력으로 정복하거나 경제력으로 지배하려는 것이 아니다. 오직 사랑의 문화, 평화의 문화로 우리 스스로 잘살고 인류 전체가 의좋게 즐겁게 살도록 하는 일을 하자는 것이다. 어느 민족도 일찍이 그러한 일을 한 이가 없었으니 그것은 공상이라고 하지 말라. 일찍이 아무도 한 자가 없길래 우리가 하자는 것이다. 이 큰일은 하늘이 우리를 위해 남겨놓으신 것임을 깨달을 때 우리 민족은 비로소 제 길을 찾고 제 일을 알아본 것이다.

(해설) 좋은 연설에서는 끝맺음을 감동적이고 인상적으로 맺어야 하는데, 이 연설문의 "어느 민족도 일찍이 그러한 일을 한 이가 없었으니 그것은 공상이라고 하지 말라. 일찍이 아무도 한 자가 없길래 우리가 하자는 것이다"에서 우리 민족에 대한 김구 선생의 강한 확신을 엿볼 수 있다.

(백범) 나는 우리나라의 청년 남녀가 모두 과거의 조그맣고 좁다란 생각을 버리고, 우리 민족의 큰 사명에 눈을 떠서 제 마음을 닦고 제 힘을 기르기로 낙을 삼기를 바란다. 젊은 사람들이 모두 이 정신을 가지고 이 방향으로 힘을 쓸진대 30년이 못하여 우리 민족은 괄목상대(刮目相對)하게 될 것을 나는 확신하는 바이다.

(해설) "젊은 사람들이 모두 이 정신을 가지고 이 방향으로 힘을 쓸진대 30년이 못하여 우리 민족은 괄목상대(刮目相對)하게 될 것을 나는 확신하는 바이다" 등에서 청중에게 연사가 행동으로 옮기길 바라는 것을 호소하고 있으며, 희망적이고 긍정적인 미래에 대한 확신을 심어주고 있다. 확신에 가득 찬 말을 하는 것은 자기가 타인에게 전달하고자 하는 것이 무척 중요하며, 그것에 대해 폭넓게 알고 있으면 자연히 자신이 있는 법이다. 따라서 연설할 내용을 충실히 파악하여 듣는 이에게도 확신을 갖게 할 수 있도록 해야 한다.

5장

토의와 협상
(Discussion and Negotiation)

1.
토의의 개념과 유형

1) 토의의 개념

토의(discussion, 討議)란 어떤 문제에 대한 해답이나 해결안을 마련하기 위해 그 문제에 대한 관심이나 전문적 지식을 가진 사람들이 모여 협의하는 집단적인 언어활동으로서 공적 말하기의 하나다. 토의에서는 집단의 문제에 대해 더 나은 해법을 찾는 것이 목적이기 때문에 한 개인이 자기 의견을 지나치게 고집하거나 다른 사람의 의견을 일방적으로 무시하는 태도는 좋지 않다. 토의를 위해서는 상대의 의견을 경청하고 그 의견의 타당성과 합리성을 따지며 최대한 긍정적으로 반응하려는 자세가 필요하다. 아래 토의의 전략에 영향을 미치는 요인을 살펴보자. 공동체의 문제를 해결하기 위해 구성원들이 협력적 사고를 통해 다양한 생각과 의견을 나누어 최적의 해결 방안을 찾아나가는 스피치 유형의 일종이다. 공동체 내에서 일어나는 대립이나 갈등을 의사소통을 통해 해결한다는 점에서 의의가 있다.

일반적으로 문제 인식 → 대안 도출 → 판단 준거 선정 → 대안 분석 및 평가 → 해결안 제시 및 최선의 해결안 선택의 절차로 이루어진다. 우선, 참여자들은 토의를 통해 해결해야 할 공동의 문제를 명확하게 인식해야 한다. 그리고 참가자들은 해당 문제에 대해 충분히 공감하며 임해야 한다. 이 과정은 사회자가 토의의 주제와 논의의 필요성을 제시하는 것으로 이루어질 수 있다. 다음으로, 문제를 해결할 수 있는 다양한 대안을 도출하는 과정이 필요하다. 이때 타당한 근거와 함께 해결책을 제시하고, 그 대안에 대한 장단점을 면밀하게 살펴야 한다. 대안이 도출된 다음에는 대안을 평가할 수 있는 판단 준거를 선정한다. 판단 준거는 문제의 특성에 따라 실현 가능성, 기회비용, 효율성 등으로 다양하게 결정할 수 있다. 이 기준에 따라 앞서 도출된 대안을 분석하고 평가하여 공동의 의사결정을 통해 최적의 해결안을 선택한다.

토의는 사회자와 참여자로 역할을 구분할 수 있다. 사회자는 참여자들에게 토의의 주제와 절차, 지켜야 할 규칙을 안내하고, 토의 내용을 요약 및 종합한다. 또한 토의 참여자들이 균등하게 발언 기회를 얻을 수 있도록 조정해야 한다. 한편, 토의 참여자들은 토의 규칙을 준수하면서 적극적으로 문제 해결에 참여하는 태도를 가지고 토의에 임해야 한다. 또한 다른 사람의 의견을 경청하고, 소수의 의견을 존중해야 한다.

2) 토의에 영향을 미치는 요인

① 토의 집단의 크기

토의에 영향을 주는 요인으로서는 먼저 토의 집단의 크기다. 토의하기에 적당한 인원수는 5인 또는 7인이다. 너무 많은 인원이 참가할 경우 모두에게 충분한 발언권이 돌아가지 않게 되며, 너무 적은 인원으로는 원활한 토의가 되지 않을 가능성이 있기 때문이다. 또한 토의 인원은 반드시 홀수여야 하는데, 이는 토의의 마지막에 이르러 다수결에 입각해 의사를 결정해야 하기 때문이다.

② 토의 장소 및 시간

토의를 위해서는 조용한 장소를 물색할 필요가 있다. 각 토의자가 다른 토의자와 시선을 교환하기에 적합하도록 좌석 배치를 해야 하는데, 가장 적합한 방식은 원탁 토의다. 토의 시간은 30~40분 정도가 적합하다. 오랜 시간 토의를 한다고 해서 좋은 의견이 나오지는 않으므로 각자 문제 해결의 적극적인 의지를 가지고 진지한 자세로 적당한 시간 동안만 토의하는 것이 좋다.

③ 토의의 주제

토의를 위해서는 먼저 적당한 시간과 공간을 정해야 하며 집단의 모든 구성원에게 토의 시간과 장소, 의제를 알려서 미리 자신의 의견을 준비해오도록 하는 것이 좋다. 토의의 주제, 즉 의제는 사실문제, 가치문제, 정책문제 등 다양한 것이 가능하지만 주로 정책문제에 대한 토의가 일반적이다. 토의 문제는 분명한 논제 형태로 만드는 것이 좋다. 의제가 정해지면 문제나 상황의 배경에 대한 설명이나 원인에 대한 분석 및 대안과 해결책 고찰, 최선의 해결책이나 행동에 대한 동의와 반대의견 등에 대한 개괄적 설명이 있어야 한다.

④ 토의 참가자

토의 참가자들은 주어진 의제에 대해 각자 나름대로 조사와 연구를 수행한 후 토의에 참가하는 것이 좋다. 의제에 대한 탐색은 불필요하게 낭비되는 시간을 줄이고 문제 해결에 가장 좋은 해법을 미리 궁구해올 수 있다는 점에서 필수다. 각자가 탐색해온 내용에 의거해 회의 과정에서는 구체적인 해법이나 입장 차에 대한 토의가 이루어지며, 그 결과 특정한 타협에 의한 해법이나 다수결에 의한 의사 결정을 통해 문제 해결에 도달하게 된다.

⑤ 토의 사회자

토의 과정에서는 사회자의 역할이 막중하다. 사회자는 토의 참여자들을 서로에게 소개하거나 청중에게 소개하는 역할을 하며, 의제를 소개하고 개괄적인 배경 정보를 토의자에게 제공해야 할 의무가 있다. 사회자는 모든 토의 참가자들이 균형 있게 토의에 참가할 수 있게끔 발언권, 발언 순서와 발언 시간을 조정해야 하며 각 토의자의 주요한 의견을 요약해주어야 한다. 토의의 마지막에 이르러서는 그동안 논의된 주요한 결과들을 요약하고 다수결이나 타협을 유도해야 하며, 소수자의 의견에 대해서도 존중하는 태도를 보여줄 필요가 있다.

3) 토의의 유형과 내용 구성

토의의 유형은 목적과 방법 등에 따라 원탁 토의, 패널 토의, 심포지엄, 포럼 등으로 나눌 수 있다. 원탁 토의는 10명 내외의 사람들이 문제에 대해 자유롭게 대화하는 형식으로 진행되고, 패널 토의는 특정 문제에 관한 경험이 있거나 관심이 있는 패널들이 다수의 청중 앞에서 토의하는 유형이다. 심포지엄은 학술적인 주제를 강연 · 발표 형식으로 발화한 후에 청중이 질문하는 방식의 토의이고, 포럼은 어떤 문제에 관련이 있는 당사자들이 공개적으로 토의하는 방식으로, 소수의 발표자가 의견을 제시하고 청중이 토의에 참가하여 의견을 모으는 형식으로 진행된다.

일반적인 토의의 분류는 청중의 참여 유무에 따라 내부토의와 공개토의로 나뉜다. 내부토의는 토의 참가자 간 소통을 중시하며, 공개토의는 청중과의 소통을 중시한다는 특징이 있다. 우리가 실생활에서 자주 접하게 되는 것은 내부토의이며, 대중매체를 통해 접하게 되는 것은 공개토의라고 할 수 있다. 아래 세부적인 토의 유형별 내용 구성을 살펴보자.

(1) 원탁 토의(round-table discussion)

원탁 토의란 열 명 내외의 사람들이 모여 상하 구별이나 역할의 구별 없이 자유롭게 의견을 나누는 토의 형식을 의미한다.

모든 참가자가 대등한 관계 속에서 둘러앉아 공동의 관심사 혹은 함께 해결할 문제에 대해 각자의 의견을 교환한다. 상하 구별이 없기 때문에 토의 주제에 대해 자유롭게 이야기할 수 있고, 의사 결정이 쉽다는 장점이 있다. 하지만 사회자 역할을 수행하는 사람이 없어 토의가 산만하게 진행되므로 토의 주제에서 벗어난 발화를 할 가능성이 있다는 단점이 있다.

(2) 배심 토의(panel discussion)

배심 토의는 좌담식 공개토의법을 말한다. 구성원이 많아 모든 사람에게 발언할 기회를 주지 못하여 전체적인 토의가 성립되지 않는 경우 채택하는 토의 형식이다. 선발된 토의자들은 단상에서 특정 논제나 문제에 관하여 좌담식 자유토론을 하고, 청중은 적당한 기회에 질문하거나 의견을 진술하여 전체 토의가 이루어진다.

배심 토의의 변형으로, 토의자 외에 전문가를 배심시켜 토의에 직접 참여하지 않으면서 단순히 자료제공 역할만 하게 하는 콜로키폼(colloquy form)도 있다. 토의자는 의견이 다른 대표자 또는 전문적 지식이 있는 사람이어야 하며, 토의는 배심 토의자의 좌담에 그쳐서는 안 되고 청중의 적극적 참가가 이루어져야 한다.

한편, 패널 토의는 배심 토의라고도 하는데, 4~6명의 배심 의원, 청중, 그리고 사회자로 구성된다. 어느 하나의 문제에 대해 각 개인 또는 사회 각계의 입장이 서로 다를 때, 각각의 입장을 대표하는 전문가 또는 책임자들이 그들 입장에서 토의하는 것을 말한다. 이 토의는 토의자들이 각자의 지식이나 정보 등을 서로 교환함으로써 그 문제를 깊이 이해하고 앞으로의 행동 방안을 여러 각도에서 찾는 것이 특징으로, 위의 배심 토의 의미와 동일하게 이해할 수 있다.

(3) 포럼(forum)

공개토론회를 말한다. 특정한 주제나 문제에 대해 관련이 있는 전문가들이 발표나 연설을 통해 의견을 제시하고, 다수의 청중이 질의응답에 참여하여 의견을 종합하는 공적 스피치 방식이다.

원래 고대 로마에서 행하던 토의 방식의 하나로, 사회자의 지도 아래 한 사람 또는 여러 사람이 연설한 후에, 이와 관련하여 청중이 질문하면서 토론을 진행하는 방식이다. 오늘날에는 특정한 주제나 문제에 대해 관련이 있는 전문가들이 발표나 연설을 통해 의견을 제시하고, 소수 발표자의 의견에 대해 다수의 청중이 질의응답에 참여하여 의견을 종합하는 형식으로 진행된다. 포럼의 공개성이라는 특징을 강조하여 '공개 토론회'라고도 불린다.

(4) 세미나(seminar)

세미나란 고등교육기관에서 교수의 지도 아래 학생들이 공동으로 토의 · 토론하고 연구하는 교육 방법을 의미한다. 학회 등에서 지명된 몇몇 회원의 연구발표를 토대로 전 회원이 토론하는 연구 활동을 지칭하기도 한다.

세미나의 어원은 원래 라틴어의 'Seminarium'이다. 이 말은 원래 '묘상(苗床)'이라는 뜻이었으나, 동물의 새끼 등을 사육하는 데 적합한 축사라는 의미로 사용되다가 독일 · 영국 · 미국 등의 대학에서 고도의 독창적인 연구를 위해 한 명의 교수를 중심으로 구성된 연구학생 그룹을 가리키게 되었으며, 세미나에 속해 있는 학생은 '세미나리스트'라고 불렀다. 이후 세미나는 이들 그룹이 추구하는 연구 과정 또는 그것을 위한 집회의 의미가 되어 현재는 일반화되어 불리고 있다. 또 서양의 여러 나라에서는 교원양성소의 의미로도 쓰이고 있다. 또, 독일에서는 본래의 의미와 대학에서의 연습의 의미를 종합한 것으로서 실습학교를 부설한 교육학연구소의 의미로도 널리 사용되고 있다.

미국의 대학 등에서는 연구실을 '세미나실'이라고 부르는데, 세미나실은 대학 부속 도서관에 설치되어 있으며 전문적 연구를 위한 자료가 풍부하게 갖추어져 있는 것이 특색이다.

한국의 고등교육기관, 특히 대학원 과정의 한 형식으로 되어 있는 세미나는 구미 대학의 '연구조사 세미나(research seminar)'에 해당한다. 이것은 10명 이내의 소수 학생이 교수나 강사의 지도하에 독창적인 결과를 발표하고, 상호 간의 토의를 통해 의문점을 깊이 있게 추구하여 연구자로서의 자질을 높이려는 것이다. 연구나 교육과 함께 이루어지는 대학의 진면목은 세미나를 통해 실현될 수 있다고 하겠다. 그러나 대학의 대중화와 함께 세미나의 의미도 확대되어 선발을 거치지 않은 학생 20명 또는 그 이상이 참가한다거나, 단순히 원서강독(原書講讀)을 하게 하는 등 대학에서의 핵심이 되는 교육 형식으로서의 참된 의미를 점차 잃어가고 있기도 하다.

(5) 버즈 토의(buzz session)

버즈 토의란 '버즈 세션'이라 칭하며, 집단의 구성원 모두가 적극적으로 참가하여 발언할 수 있도록 한 소집단 토의법을 말한다.

미시간대학교의 J. D. 필립스가 창안한 방법으로, 이를 응용한 학습을 '버즈학습(buzz learning)'이라 한다. 윙윙거린다는 뜻의 '버즈'라는 이름은 토의할 때 각 분단의 학생들이 와글와글 의견을 나누는 것이 마치 벌떼가 날아가는 소리처럼 들린다고 하여 붙여진 것이다. 버즈 토의는 먼저 여섯 사람씩 짝지어 분단을 만들고, 6분간 자유롭게 의견을 나눈 뒤에 그 결과를 가지고 전체가 토의하는 방식으로, '66토의(discussion 6-6)'라고도 한다.

일반적으로 토의는 몇몇 학생만 적극적으로 참여하여 자칫 독무대를 이루기 쉽다는 단점이 있으나, 버즈 토의는 소그룹을 이루는 학생 전원을 토의에 적극적으로 참여하게 함으로써 발표 능력을 높이고 협동심을 기를 수 있다.

(6) 컬로퀴엄(colloquium)

특정 주제와 관련하여 권위 있는 전문가를 초빙하여 해당 주제를 공동으로 연구하는 토의 방식을 말한다. 즉 하나의 특정 주제에 관심 있는 사람들이 모여 발표나 토론을 통해 해당 주제를 공동으로 연구하는 모임 방식으로, 선정된 주제와 관련하여 권위 있는 전문가를 초빙하여 논평과 문답을 함께 진행한다.

전문가를 초빙하여 의견을 나눈다는 점에서 세미나와 구별된다. 예를 들어, 우리 대전지역의 발전 방안에 대한 글을 쓰기 위한 준비 모임에 대전지역 전문가들을 초청하여 문답하고, 전문가가 다른 사람의 잘못된 의견 등을 조정해주는 토의가 이 컬로퀴엄에 해당한다.

(7) 심포지엄(symposium)

심포지엄은 공중토론이라는 의미와 같은 스피치의 한 형식이다. 원래 그리스어 심포시아(symposia: 함께 술을 마시는 것)에서 라틴어 심포지엄(symposium)으로 옮겨진 말이다. 오늘날에는 '향연'이라는 의미 외에도 화기애애한 분위기에서 진행되는 학술적인 토론회나 그 밖에 신문 · 잡지 등에서 특정한 주제를 놓고 2명 이상의 인원이 각자의 견해를 발표하는 지상토론회의 뜻으로 널리 통용된다.

심포지엄의 정신적인 전형은 플라톤의 초기 작품에 속하는 《향연(Symposion)》에서 찾을 수 있을 것이다. 플라톤의 《향연》에서 처음에 '사랑'은 '아름다움'에 대해 정신이 향하는 심정이지만, 이윽고 이론으로 향하게 되고, 마침내 행동을 지향하게 된다. 이와 같은 사랑에 대한 플라톤의 선례에 따라 생활 또는 학술상의 중요한 문제를 공동의 장소에서 토론하는 것이 심포지엄의 정신이라 할 수 있다.

(8) 컨벤션(convention)

공통의 관심사를 가진 사람들이 모여 관련된 문제를 심의 · 토의 · 결정할 목적으로 사전에 결정된 일정에 따라 진행되는 공식적인 모임을 말한다.

특별한 문제를 토론하기 위한 회의를 의미한다. 또 특별한 목적을 달성하기 위한 사회단체, 정당 회원 간의 회의, 사업이나 무역 회의, 통상적으로 공인된 단체나 3개국 이상의 대표가 참가하는 정기적 또는 비정기적 토의라고 정의할 수 있다. 우리나라에선 공통의 주제를 중심으로 많은 관계자가 참여해 정기적이고 연례적인 행사로 서로 정보를 교환하거나 전시회나 다양한 이벤트도 함께 수반하는 경우가 있어 각 지역마다 컨벤션 센터가 많이 존재한다.

(9) 콘퍼런스(conference)

콘퍼런스란 공통의 전문적 · 학술적인 주제를 가지고 긴 시간에 걸쳐 열리는 회의를 말한다. 주로 과학, 기술, 학문 분야의 새로운 지식을 습득하거나 연구를 위해 개최된다. 진행 형태는 분야나 상황마다 다양하지만, 주로 '개회사-기조연설(발표)-발표와 토의'의 큰 틀 안에서 진행된다.

콘퍼런스와 유사한 개념으로는 '컬로퀴엄'과 '컨벤션'이 있다. 콘퍼런스는 특정한 분야에 대해 여러 사람이 모여 의견을 나눈다는 점에서 컬로퀴엄과 유사하지만, 컬로퀴엄은 해당 분야의 전문가가 그렇지 않은 사람들을 대상으로 지식을 전달하고 경험을 공유한다는 점에서 차이가 있다. 또한 콘퍼런스는 주로 학문 분야의 주제를 대상으로 회의 형식으로 진행되는 반면, 컨벤션은 주로 서비스나 재화의 교류를 위해 회의나 토의뿐 아니라 전시회, 이벤트 등 다양한 형식으로 진행되어 콘퍼런스와 내용과 방법 측면에서 차이가 있다.

토의는 그 목적에 따라 집단의 문제, 특히 과거로부터 이어져온 현재의 문제를 해결하기 위한 '해결하기' 토의가 있는가 하면, 현재로부터 미래의 문제를 예측하고 해결하기 위한 집단의 의사 '결정하기' 토의도 있다. 실제 토의 과정에서는 문제에 대한 자신의 주장을 명백하게 설득력 있는 언어로 제시하는 것 못지않게 상대의 의견을 경청하는 것이 무엇보다 중요하다. 토의는 토론과 달리 서로 반대되는 주장을 펼치면서 상대를 설득하는 게 목적이 아니기 때문에 상대의 의견과 내 의견의 차이를 발견하고 주장하는 데 급급하기보다 상대의 의견에서 장점과 수용할 점을 발견하고 내 의견과 어떤 점에서 타협하거나 동의할 부분이 있는지를 찾는 것이 더 바람직하다. 이를 위해서는 상대의 의견을 잘 들을 수 있는 기술, 즉 경청 기술을 연마할 필요가 있다.

2.
토의 절차와 표현방식

토의 절차는 대개 문제 제시, 문제 분석과 해결안 제시, 최선의 해결안 선택, 해결안의 실천 방안 모색, 마무리 순서로 진행된다. 토의는 5단계로 진행되며 아래에서 단계별 세부적인 내용을 살펴보자.

1) 의제 제시

도입 단계로 토의 분위기를 조성하고 문제를 제시하는 단계다. 이 단계에서는 원활한 토의가 이루어질 수 있도록 부드럽고 친숙한 분위기를 조성하며 토의 규칙 등을 알려주기도 한다. 또한 의제를 소개하고 의제 설정의 배경, 토의 목적 등을 설명한 뒤, 필요한 정보를 제공하여 참가자들이 문제를 명백히 알 수 있도록 한다. 이때 토의할 문제에 대해 참가자들이 공감대를 형성하도록 한다.

2) 논점과 해결안 제시

논점과 함께 해결안을 제시하는 단계다. 제시된 논점에 대한 다양한 의견을 이끌어내고, 논점에 대해 필요한 자료(그래프, 그림, 도표, 시청각 자료 등)를 배포하거나 실례를 소개한다. 이 단계에서는 참가자들의 시식, 경험, 정보에 기초를 둔 다양한 의견 제시와 교환을 통해 가능한 모든 해결안을 제시하고 검토한다.

3) 검토 및 최선의 해결안 선택

제시된 해결안들을 검토하여 최선의 해결안을 선택하는 단계다. 다양한 해결안을 절충하고 조정해서 최선의 해결안을 채택한다. 제시된 여러 가지 해결안 중에서 그 근거와 실천 가능성 등을 면밀히 검토하여 최선의 해결책이 무엇인가를 결정하는 단계다. 그러기 위해서는 제시된 의견을 비교 · 검토하고 그 장단점, 이해득실을 따져서 참가자의 중지를 모아 결론을 이끌어낸다. 이때는 개인의 입장이나 이익을 버리고 객관적인 입장에서 최선의 해결책을 선택해야 한다.

4) 구체적인 실천방안 모색

실천방안을 모색하는 단계다. 최선의 해결안이 채택되면 구체적인 실천방안들에 대한 검토와 실천을 위한 지침들이 검토되어야 한다. 아무리 좋은 해결책을 마련해도 실천방안을 마련해서 실행하지 않으면 토의의 의미는 없어진다. 또한 실행했음에도 기대했던 목표를 달성하지 못하면 역시 토의의 의의는 반감될 것이다. 따라서 최선의 해결안이 채택되면 구체적이고 현실적인 실행방안들이 마련되어야 한다.

5) 정리 및 평가

마무리 단계로서 토의를 정리하는 단계다. 토의의 주제인 의제와 토의 목적을 되돌아보고, 토의의 결론과 실천방안 등에 대한 전체적인 연관성, 목적의 달성 여부 등에 대한 정리와 평가를 해본다. 그리고 결론과 실행방안, 남은 문제 등에 대한 참가자들의 승인과 결의 등을 확인하고 토의를 끝내는 단계다.

참조

회의의 의미

우리가 일반적으로 말하는 회의는 2명 이상의 다수인이 모여서 어떤 안건을 의논·교섭하는 행위를 말한다.

일정한 형식·규칙을 준수하면서 개별 의제를 다수결 원리하에 능률적으로 결정해나가는 진행 절차를 말하며, 또는 이러한 종류의 모임을 계속적으로 가지는 기관을 가리키는 경우도 있다.

모든 구성원의 참여를 요건으로 하며, 의견과 정보교환을 통해 최선의 시책을 강구하는 것이므로 의견 발표나 상사의 명령, 정보전달을 목적으로 소집된 것은 회의라 하지 않는다. 인간이 사회적인 집단생활을 시작했을 때부터 발생하여 집단, 특히 그 직업이나 노동에서 통일된 행동이 요구되면서 회의 형식이 생겨난 것이다.

한편 경영학적 측면에서는 조직을 형성하는 기관 중에서 여러 명에 의해 구성되어 회의 형식에 따라 의사결정 또는 의사소통을 하는 것을 '회의체'라고 한다. 좁은 뜻으로는 조직상 명확하게 기능·책임·권한이 부여되어 영속적으로 운영되는 의사결정 기관(예: 국무회의·이사회 등)을 가리키나, 넓은 뜻으로는 필요에 따라 비공식으로 개최되며, 특정의 책임·권한이 명시되어 있는 비공식적 의사소통 기관(예: 연락회의·예비교섭 등)도 포함한다.

3.
협상의 개념과 유형

1) 협상의 개념

협상은 개인적인 갈등을 해소하기 위해서나 소규모 집단에서 의사를 결정할 때, 상품을 사고팔 때, 갈등 그룹 간의 의견을 조정할 때, 크고 작은 규모의 조직관리를 수월하게 하기 위해, 개인과 국가, 조직에서 언제든지 이용하는 공적 토의를 말한다. 협상을 간단하게 정의해보면, 교환하고자 하는 것들을 서로가 만족할 만한 수준에 도달할 수 있도록 양측이 조정해나가는 토의 과정을 말한다. 즉, 협상은 자기가 원하는 것을 타인으로부터 얻어내기 위해 그의 호감을 얻어내는 방법에 초점을 둔 지식과 노력의 집합체다. 협상이란 '거미줄 같은 긴장'의 연속에서 상대방의 행위에 영향을 미치기 위해 모든 정보와 영향력을 사용하는 것이다.

협상은 공적 스피치의 일반적인 범주로서 토의(discussion) 내용을 비롯해서 토론(debate)과 교섭(Bargaining)을 포함하는 일반적인 범주를 의미한다. 이때 토론은 양측이 받아들일 수 있는 의견일치를 결정하기 위해 양측에 의해 함께 채택되는 제안이나 토의된 내용을 활용하는 형식을 말한다. 또한 교섭은 상대의 행동을 변경시키기 위해 협상 당사자에 의해 취해지는 행동으로 명백히 정의 내릴 수 있다.

2) 현대사회에서 협상의 필요성

현대사회에서 이루어지는 말하기의 8할은 협상으로 이루어진다. 다른 사람과 함께 살아가는 한 우리는 언제 어디서 누구와 대립하게 될지 모른다. 대립은 피할 수 없는 것이다. 대립하는 게 싫다고 피하려고만 든다면 집안에 틀어박혀 살 수밖에 없다. 그러나 집안에서도 부부간에 혹은 부모와 자식 간에 갈등이 있게 마련이며, 대립을 피하고 싶다면 혼자 사는 것밖에는 달리 방법이 없다. 현실이 이렇다면 차라리 대립이라는 것을 정면으로 받아들여 다툼이나 소란으로 이어지지 않도록 서로 의논하여 해결하는 것이 가장 좋은 방법이다.

우리는 사회생활을 하면서 자신과 입장을 달리하는 여러 사람을 만나고 다양한 상황 속에서 크고 작은 갈등에 부딪힌다. 두 사람 이상 또는 두 집단 이상이 동일한 이익을 추구하는 과정에서 상호 간의 이해관계 대립으로 인해 나타나는 이익충돌을 '사회적 갈등'이라고 한다.

'사회적 갈등'이란 상대방과의 불일치와 부조화 상태를 의미하는 것으로, 이런 갈등이 지속될 경우 상대방과의 관계가 불편해질 수밖에 없으며 자신 혹은 자신이 속한 집단의 정상적인 사회활동에도 큰 장애를 가져오게 된다. 따라서 사람들은 이런 불편한 관계를 해소하고, 부조화 상태를 극복하고 상대방과의 충돌을 막기 위해 적극적으로 갈등을 해결할 방법을 모색하게 된다. 갈등을 관리하는 수단으로서 가장 효과적인 것이 '협상 전략'이다.

협상의 개념을 설명할 때 의사소통을 통한 상호교환에 강조점을 두느냐, 협상을 통한 문제 해결에 초점을 맞추느냐의 차이는 있지만, 협상이란 결국 상호 이익이 되는 합의에 도달하기 위해 둘 또는 그 이상의 당사자들이 상호작용하여 갈등과 의견 차이를 축소하거나 해소하는 과정으로 정의할 수 있다.

협상은 갈등 당사자가 주도적으로 자기들의 문제를 해결하는 방식으로, 협상하는 과정에서 다양한 이질적인 가치 교환을 통해 갈등 당사자 전체의 이익을 증진할 수 있는 방법을 모색하게 된다. 이 방법은 문제를 해결하는 과정에서 권력이나 무력에 의한 일방적인 제압이나 복종보다는 당사자들이 서로를 존중하고 대화를 통해 상호 제안을 명시적으로 교환함으로써 합의를 만들어가려고 노력하기 때문에 과정 및 결과에 대한 만족도가 높다. 또한 협상 타결로 인해 협상 목표의 달성 이외에 상대방과의 우호적인 관계를 유지할 수 있다는 점에서 바람직한 문제해결 방식이라고 할 수 있다.

전통적으로 우리 사회는 군주나 웃어른, 가장, 스승의 권위를 인정하며 그들의 지시나 명령에 순종하는 것을 미덕으로 여겨왔다. 그런 까닭에 갈등이나 불만이 있더라도 상대방이 권력자이거나 윗사람일 경우 자신의 속내를 드러내지 않고 참아야 했고, 대화와 타협에 의한 결정보다는 지시나 명령에 대한 복종, 권위자에 의한 중재, 기존 관례 등이 효력을 발휘했다. 그러나 이제는 집단적인 가치보다는 개인적 가치, 전통적인 권위보다 민주주의를 선호하게 되면서 대화를 통한 소통과 토론, 협상 등과 같은 문제해결 방식이 우리 사회에서도 중요하게 자리매김하고 있다.

3) 협상의 요소와 유형

협상은 둘 이상의 의사결정 주체나 당사자들을 구성요소로 가지며 협상 당사자 간에는 가치, 이해, 요구 등의 사안들이 집단적으로 선택되어야 하는데, 일반적으로 서로의 이해관계가 상반된다. 협상 주체들은 협상이 진행되는 동안 자발적으로 협상 상대와 잠정적인 협조 관계를 이루게 되고, 협상 과정은 불완전한 정보 속에서 동시적으로 혹은 순차적으로 상대방의 입장을 탐색하는 상호작용을 기본으로 하므로 정보에 의존하는 성격을 지닌다.

(1) 협상의 요소

협상은 다음과 같은 요소들로 구성된다고 할 수 있다.

① 협상자(party): 서로의 이익 증진을 위한 대화를 통해 문제해결
② 이해관계(interests): 협상 당사자가 분배할 자원에 대한 선호도
③ 협상 과정(process): 협상이 완료되기까지 당사자들 간의 정보탐색 및 의사소통하는 과정
④ 협상 결과(outcome): 협상 당사자의 이익을 증진할 수 있는 대안을 제시하지만, 만약 양측 모두 수용할만한 대안을 발견하지 못하면 협상 결렬

(2) 협동적 협상의 성공 전략

가장 이상적인 협상은 경쟁적(win-lose) 협상이 아닌 협동적(win-win)

협상이다. 이 협상은 창의적인 방법으로 가치 창조를 위해 노력하고 상대를 배려하는 인내력으로 서로에게 긍정적인 협상을 이끌어낼 수 있다.

① 정보교환

효율적인 정보교환을 통해 호혜적 해결안을 찾을 수 있다. 이를 위해 양측은 각자가 원하는 바를 가감 없이 제시함과 동시에 상대의 요구사항을 주의 깊게 들어야 한다. 또한 관련된 쟁점이나 고려할 사항을 논의할 때는 개방적인 태도를 가져야 한다.

② 요구사항 및 목적 이해하기

상대의 요구사항을 충족시키려면 무엇보다 상대방을 이해하는 것이 필요하다. 한쪽이 원하는 것과 다른 쪽이 원하는 것은 다를 수도 있다. 각자의 세세한 입장까지 밝힐 필요는 없지만, 협상 당사자는 자신의 선호와 우선순위에 대한 정보를 나눔으로써 상대가 진정으로 원하는 바를 이해하려고 해야 한다. 이를 통해 협상의 본질을 명확히 하고, 더 나은 공동의 이익을 달성할 수 있을 것이다.

③ 공통점은 강조, 차이점은 최소화

협상 당사자 각각이 요구하는 개별적인 목표는 협력해서 공동의 목표를 추구할 때 더욱 수월하게 달성될 수 있다. 그러므로 협상할 때 사소한 차이점은 잠시 묻어두고, 공동의 관심 분야, 공동의 이해관계에 중점을 두는 대화가 필요하다.

④ 해결방안 찾기

협상의 성공은 양쪽의 목적과 요구사항을 충족시킬 수 있는 해결 방안을 찾는 데 달려 있다. 한쪽이 목표를 달성하면 다른 쪽은 잃게 되는 투쟁적 협상과 달리 호혜적 협상에서는 협상 참여자들의 목표가 상호배다적이지 않아야 한다. 따라서 협상가들은 자신의 목표를 설정하고 추구함과 동시에 상대의 목표를 고려하고 양쪽 모두가 만족할 수 있는 해결 방안을 모색하는 데 노력을 기울여야 한다. 한쪽이 상대방을 압도하려고 하거나 양쪽이 서로 상대방보다 많이 얻으려고 하면 협력적 협상은 불가능하다.

협동적(win-win) 협상은 속임수, 거짓말, 반칙 등 어떤 형태의 부정행위도 하지 않으며 상대방의 실수를 틈타 이득을 얻으려고 하지도 않는다. 그렇다고 해서 협동적 협상이 비기기 위한 것이거나 협상 이익을 정확히 절반으로 나누어 갖는 전략은 아니다. 이 협상에서는 한쪽이 다른 쪽에 굴복하는 대신 양보하며, 일방적인 내어주기 대신에 '교환'한다. 이렇게 함으로써 협상 과정에서 서로의 체면을 세워주게 되고, 협상 결과에 대해 신뢰와 만족감을 얻게 되며, 양측 모두의 목표를 달성하게 되는 것이다. 협동적 협상은 윤리적이며, 양측 모두 협상 목표를 달성할 수 있도록 하여 상호 신뢰와 만족감을 높여주는 협상 전략으로서 한국 사회의 직장인들에게 꼭 필요한 협상 방법이라고 할 수 있다.

참조

경쟁적 협상에서 이기기 위한 방법

① 협상의 장소와 시간 선택에 신중을 기한다.
② 매사에 의심하라. 항상 표면 뒤에 숨겨진 말의 저의를 파악하라.
③ 협상이 결렬될 경우 선택할 수 있는 차선책을 미리 준비한다.
④ 양보에는 신중을 기하며 협상의 여지를 남겨둔다.
⑤ 상대방의 요구나 제안에 즉각적으로 대응할 필요가 없다.
⑥ 상대 제안이 자신에게 유리하더라도 너무 빨리 대답하지 않는다.
⑦ 비용명세서(Cost Breakdown)를 요청하라.
⑧ 결정적으로 중요한 부분은 먼저 양보하지 않는다.
⑨ 협상 마감 시간 직전의 양보에 주의한다.
⑩ 침묵을 지킨다. 말을 많이 할수록 손해를 보게 된다.
⑪ 그럴듯해 보이는 제안(Funny Money)에 속지 말아야 한다.
⑫ 기대치를 낮추지 않는다. 기대치를 낮춤으로써 협상에서 명백히 우세한 경우에도 지는 수가 있다.
⑬ 성공적으로 협의하는 기술들을 염두에 둔다.

4. 협상 절차와 표현방식

협상에 임할 때 생각해야 할 기본 원칙은 크게 두 가지 측면에서 설명할 수 있다.

1) 감정관리(emotional management)

갈등관리의 첫걸음은 바로 감정관리다. 나와 상대의 감정 상태에 따라 적합한 의사교환 전략을 선택하는 방법은 다섯 가지가 있다.

① 정보공유 전략

나와 상대의 감정 수준이 평상심보다는 다소 높으나 비교적 낮은 수준을 유지하고 있을 때는 서로가 의견과 감정을 명확히 표출하여 상호이해력을 증진시키고 협상 내용들에 대한 만족도를 높일 수 있는 전략이다.

② 적극적 듣기(reflective listening)

나는 평상심을 유지하고 있으나 상대는 평상심보다 상당히 높은 수준의 감정 상태에 있을 때 상대의 말을 적극적으로 경청함으로써 상대가 원하는 것이나 감정 등을 알아내고 이해한 후 협상을 진행하는 전략이다.

③ 자기주장(assertion)

적극적 듣기 전략과는 반대의 경우라 할 수 있다. 협상의 상대가 평상심이고 나의 감정 상태가 높을 경우 상대의 감정, 자존심, 나와의 관계를 손상함 없이 나의 주장, 감정, 생각을 명확히 밝혀 협상을 이끌어가는 전략이다.

④ 갈등관리(conflict management)

나와 상대 모두의 감정 상태가 평상심보다 훨씬 높은 수준에 있을 때 의도적으로 갈등이 있음을 인정하고 이를 표출시킴으로써 갈등의 원인을 분석하고 그 과정에서 화난 상태를 진정시켜 당사자들 스스로 문제를 해결해가는 전략이다.

⑤ 문제해결(Problem solving)

당사자 모두의 감정 수준이 평상심을 이루고 있어서 협상을 진행하기에 가장 이상적인 감정 상태로서 나와 상대가 현재 원하는 것과 바람직한 해결책 사이의 차이점을 분석, 합리적인 대안을 찾아내는 전략이다.

2) 협상의 초점과 단계별 전략

협상을 위해서는 무엇을 논의할 것인가가 명확해야 협상이 효율적으로 진행될 수 있다. 따라서 협상 시에는 상대의 주장을 표면상 요구하는 것(positions)과 실제로 원하는 것(interests)으로 구분하여 실제로 원하는 것을 중심으로 협상을 준비해야 한다. 그러나 실제로 원하는 것과 표면적인 주장을 구분한다는 것은 쉬운 일이 아니다.

1단계: 목표 설정

① 협상 전에 목표를 미리 결정하라.

② 목표치는 최대한 높게 잡는다.

③ 목표치의 현실성을 분석하라.

④ 상대방의 목표치를 최대한 낮추게 하라.

⑤ 힘의 우위에 대해 분석하라.

2단계: 협상 진행

① 어떻게 시작할 것인가?

② 제안은 누가 먼저 해야 하는가?

③ 얼마의 여유를 두고 제안할 것인가?

④ 첫 번째 제안에 많은 무게를 두라.

⑤ 상대방이 먼저 가격 제안을 했을 때 어떻게 대처하는 것이 효과적인가?

3단계: 양보

① 언제, 얼마나, 어떻게 주고받을 것인가?

② 협상의 양보 전략은 어떤 것인가?

③ 양보 속에 어떤 메시지를 담아 보낼 것인가?

⑤ 최후통첩은 어느 때 필요할까?

4단계: 마무리

① 어느 선에서 어떻게 끝낼 것인가?

② 없던 일로 하자 & 협상의 결렬

③ 양보할 것인가? & 자신의 제안을 고수할 것인가?

④ 어떻게 공통분모를 찾아낼 수 있을까?

성공적인 협상을 위해 먼저 양측의 이해관계에 대한 정확한 분석이 필요하다. 현재 나와 상대방 사이에서 이해관계의 대립이 일어난 부분은 무엇인지, 그리고 그런 대립이 일어난 이유는 무엇인지 그 이해관계가 대립되는 데는 사람들마다 다양한 이유가 있을 수 있으므로 무턱대고 협상 장소에 나갈 것이 아니라 먼저 상대방의 요구가 발생한 배경과 내면에 대해 이해하는 것이 필요하다.

3) 협상의 영역(zone of possible agreements)

협상에 들어가기 전에 무엇을 두고 협상할 것인지를 결정해야 한다. 가능한 협의 영역(zone of possible agreements)이란 협상에서 서로가 나누어

가질 수 있는 해당 영역의 것으로, 서로의 이익을 증대시키기 위해서는 그 범주를 키우는 것이 좋다. 여기에는 직접적으로 논의의 대상이 되는 이해관계 영역뿐만 아니라 나에게는 적은 비용이지만 상대방에게 큰 이득을 줄 수 있는 부분, 상대방의 근본적인 필요나 문제를 해결해줄 수 있는 부분을 포함하는 것이 좋다.

실제 협상을 위해서는 가능한 대안이 먼저 마련되어 있어야 한다. 여기에서 말하는 대안은 협상이 실패로 돌아갔을 때 선택할 수 있는 차선책을 말하는 것으로, 이는 우리가 수용할 수 있는 최저점을 제공한다. 협상 이외에 다른 대안을 미리 마련해두지 않았을 경우, 상대방이 무리한 요구를 해오더라도 별다른 수가 없으므로 반드시 협상을 성사시켜야 한다는 강박에 쫓겨 불리한 조건으로 협상을 체결하게 될 수도 있다. 그러므로 협상을 포기했을 경우 어떤 결과가 나올지 미리 예측하고 협상 이외의 다른 방법은 없는지 생각해봐야 한다. 이상과 같은 상황에 대해 충분히 이해했다면 우리 측에서 내세울 제안사항을 검토한다. 제안사항은 세 가지 수준으로 준비한다.

① 최선의 안(best): 우리 측에 최대이익을 가져다주는 수준을 말한다.
② 합당한 수준(reasonable): 상대방에게 일정 부분 양보하지만, 만족할 만한 수준을 말한다.
③ 마지막 선(bottom line): 절대로 타협하거나 양보할 수 없는 마지막 수준이며, 협상이 결렬될 수도 있다.

참조

협상을 통한 문제해결 예시

학과 회의의 주요 안건과 협상의 주제

- 주요 안건

  작년 체육대회 때 경기 종목에 따라 남녀 학생의 참여도가 갈리고 응원이나 관심 역시 동성의 경기에만 치우쳐 학과 체육대회가 단합된 행사가 되지 못했음.

- 협상의 주제

  학과 1학년 재학생 중 남학생과 여학생의 신체적 차이나 경기에 대한 선호도를 고려하여 경기 종목과 경기 규칙에 대한 협상 필요

남학생 측 & 여학생 측 대표들의 협상 과정

- 남학생 측
  - 설문 결과 남학생들은 작년 체육대회 종목에 큰 불만이 없으므로 작년과 동일한 경기 종목을 시행하자.
  - 농구는 남학생에게 무척 인기 있는 종목이므로 경기를 시행하되 여학생이 쉽게 참여할 수 있도록 공을 잡고 세 걸음까지 걸을 수 있도록 농구 경기 규칙을 수정하자.
  - 여학생에게는 드리블과 관련된 규정을 없애는 대신 공격 제한 시간은 엄격하게 지키도록 하자.
- 여학생 측
  - 농구의 경우 몸싸움이 거칠어 여학생들이 선호하지 않으므로 농구를 훌라후프 걷기로 교체하자.
  - 여학생은 슛의 정확도가 남학생보다 떨어지고 리바운드도 약하므로 여학생은 공을 들고 무제한으로 걸을 수 있도록 농구 경기 규칙을 수

정하자.

- 공격 제한 시간은 기존의 농구 경기 규칙을 따르자.

협상 결과

- 협상 전
  - 남학생 측: 작년과 동일한 경기 종목 시행
  - 여학생 측: 농구 대신 훌라후프하며 걷기 시행
- 상대방 입장 이해
  - 남학생 측: 농구가 몸싸움이 거칠어 여학생이 즐겨 하지 않는 운동이라고 하니, 여학생들이 좀 더 쉽게 경기에 참여할 수 있도록 규칙을 수정하자.
  - 여학생 측: 농구가 남학생에게 인기 있는 종목이라고 하니, 종목을 교체하기보다는 규칙을 수정하자.
- 협상 결과 및 마무리
  - 농구 경기는 그대로 시행하되, 여학생들은 드리블과 관련된 규정 없이 공을 들고 무제한으로 걸을 수 있도록 경기 규칙을 수정함.
  - 훌라후프하며 걷기 경기 종목을 추가하되 경기 규칙은 조정하기로 함.

상대측과 협상할 때의 유의점

- 상대측 의견을 이해하며 상대의 처지에 공감하도록 한다.
- 설득력 있는 의견 제시와 자신이 제시한 의견의 가치를 강조한다.
- 양보와 수용을 통해 최선의 해결방안을 모색한다.

참조

협상 시 활용되는 협상카드

<table>
<tr><th>나의 이해</th><th>상대방의 이해</th></tr>
<tr><td>1.
2.
3.</td><td>1.
2.
3.</td></tr>
<tr><th colspan="2">가능한 협의 영역</th></tr>
<tr><td colspan="2">1. 3.
2. 4.</td></tr>
<tr><th colspan="2">협상 기준</th></tr>
<tr><td colspan="2">1. 3.
2. 4.</td></tr>
<tr><th>나의 대안</th><th>상대방의 대안</th></tr>
<tr><td>1.
2.</td><td>1.
2.</td></tr>
<tr><th colspan="2">협상 제안</th></tr>
<tr><td colspan="2">- 최선의 제안:
- 용납할만한 제안:
- 마지막 선:

협상 초기 단계에서는 우리 측에 최선이 되는 안으로 이야기하다가 상대방의 사정을 파악하고 나서 우리 측에서 일정 부분 양보할 경우 합의의 가능성이 보인다면 합당한 수준으로 후퇴할 수도 있다. 단, 우리 측에서 최대한 양보해줄 수 있는 마지막 선이 어느 정도인지를 절대로 상대방에게 노출해서는 안 된다.</td></tr>
</table>

4) 협상 과정에서 유의할 점

(1) 원만한 분위기에서 대화하기

협상 상황은 불가피하게 당사자 간의 이해관계 충돌로 인한 갈등을 내포한다. 그런 갈등 가운데서도 화기애애한 분위기를 유지할 수 있다면, 합의를 도출하는 데 도움이 된다. 좋은 분위기를 만들기 위해 우선 협상 상대방에 대한 선입견을 버리는 것이 필요하다. 협상 상대방은 단순히 안건을 논의하기 위한 대리인일 뿐 자신의 적이 아니라는 것을 명심해야 한다. 협상에서 다루는 문제와 그 문제를 다루기 위한 사람을 분리하여 문제에 대해서는 엄격하게, 사람에 대해서는 관대한 자세를 취할 필요가 있다.

다음으로, 협상 상대방을 편안하게 해주고, 우호적으로 대할 때 더 많은 양보를 얻어낼 수 있다. 이는 우리가 상대방과 친숙해질수록 그에게 더 많은 영향력을 행사할 수 있기 때문이다. 협상 과정에서 협상 목표도 달성하고 상대방과 좋은 관계도 형성하기 위해 이런 호감의 법칙을 적극적으로 활용하는 것이 좋다.

상대방에게 친근감을 표시하는 구체적인 방법으로는 상대방과의 공통점 발견하기, 칭찬하기, 대화 중 상대의 발화에 맞장구치기, 밝은 표정과 미소 짓기 등을 활용해볼 수 있다.

(2) 수준 높인 첫 제안 하기

어떤 협상에서든지 첫 제안은 이후 진행되는 모든 교환과 양보를 좌우하는 가장 중요한 역할을 한다. 이 때문에 첫 제안은 언제나 신중해야 하는데, 일반적으로 충분한 근거를 가지고 첫 제안을 좀 더 높게 제시하는 협상가는 더 좋은 결과를 얻는 반면, 협상 테이블에서 첫 제안을 보수적으로 시작하는 사람은 좋지 않은 결과를 얻게 된다.

협상에서 상대방이 원하는 것은 양보다. 상대방은 분명히 그 첫 제안에 대해 양보를 요구할 텐데, 이미 자신은 양보를 미리 다 해버렸기 때문에 더 이상 양보할 것이 남아 있지 않다. 그렇다고 첫 제안을 너무 터무니없이 높게 제시해서는 안 된다. 그런 제안에 대해 협상 상대방은 자신이 모욕을 당했다고 여기거나, 세상 물정을 모르는 사람의 무식한 주장이라고 생각하게 될 것이다.

첫 제안은 협상에서 반드시 관철하기 위한 것이 아니라, 상대방에게 협상할 수 있는 여지를 남겨두고 본인이 많은 양보를 했다는 것을 상대방에게 깨닫게 해줌으로써 그의 체면을 세워주며, 그 대가로 상대방으로부터 다른 것을 양보받아서 결과적으로는 자신이 원하는 만족할만한 협상을 위한 과정의 하나라고 생각해야 한다.

(3) 상대방의 첫 제안 거절하기

협상 공간에서 상대방이 처음 제시하는 제안은 받아들이지 않는 것이 좋다. 상대방의 첫 제안을 그대로 받아들일 경우, 협상을 통해 상대로부터 아무런 양보를 얻어내지 못하게 된다. 상대방의 첫 제안은 그가 물러설 수 있는 마지막 제안이 아니며, 그는 경우에 따라 몇 발자국 더 물러설 각오를 하고 그런 제안을 했을 것이다. 상대방의 첫 제안을 받아들일 경우 상대방은 그 협상에 대해 아주 불만스럽게 생각하게 된다. 상대방의 첫 제안은 아무리 좋아 보여도 그대로 받아들이지 말고 정중히 거절하며, 더 좋은 조건을 요구하는 것이 자신과 상대방 모두에게 유익한 결과를 가져온다.

(4) 이해와 양보의 균형 알기

상대방의 제안에 대해 단순에 수용하거나 면전에서 바로 거절하는 것은 모두 좋지 않다. 현명한 협상가는 거절하는 대답 대신에 완곡한 표현으로 "네, 만약 ~해주신다면(Yes, if ~)"이라는 표현을 사용한다. 상대방의 제안을 일방적으로 수락하고 내어주는 것이 아니라, 상대방의 제안에 대한 대가로 내가 원하는 다른 것을 요구함으로써 균형을 맞추는 것이 협상이다.

협상은 상대방의 이해와 양보를 구하는 과정이라고 할 수 있는데, 이러한 협동(win-win)의 법칙을 잘 이용하면 상대방으로부터 양보를 얻어낼 수 있다. 즉, 상대방의 제안을 수락함으로써 호의를 베풀고 그 대가로 상대방에게 내가 원하는 것을 달라고 요구하는 것이다.

(5) 덤으로 마무리하기

덤이란 협상을 마감하기 직전에 얻어내는 작은 양보를 뜻한다. 협상의 마지막 몇 분간은 아주 중요한 시간이다. 아직 협상이 완전히 끝나지는 않았지만, 사람들은 긴장이 풀어져서 마치 협상이 타결된 것처럼 행동한다. 그래서 이 시간대에 작은 양보를 부탁하면 대부분 수락할 가능성이 크다.

참조

공적 스피치에서 협상가의 전술

첫 만남에서 상대방을 사로잡아라.

"싸움에서 선방을 날리면 80%는 먹고 들어간다"는 우스갯소리가 있다. 이렇듯 항상 스타트는 중요하다. 협상에서도 마찬가지다. 첫 만남에서 상대방을 사로잡아야 자신에게 좀 더 많은 이익이 돌아온다. 상대방의 마음을 사로잡기 위해서는 네 가지가 필요하다.

첫째, 좋은 인상을 연출하고(표정, 의상, 말투 등)

둘째, 선수필승(先手必勝)의 원리를 항상 기억하고

셋째, 일찍 도착해서 기회를 포착하며

넷째, 상대방의 심금을 울려라.

협상 시 상대방보다 권력이 있는 나를 만들기 위한 필수 요인

① 합법적인 권위

② 카리스마

③ 건강한 신체

④ 일관된 가치의 힘

⑤ 보상할 수 있는 능력

⑥ 전문 지식의 힘

⑦ 일의 지위가 주는 힘

⑧ 정보의 힘

상황을 반전시키는 비장의 협상 기술 10가지

① 협상 상대를 낮춰서 평가하고 당당한 자세로 압도한다.

② 세련된 유머로 긴장을 없애주고 친밀감을 조성한다.

③ 설득은 오후에 하라. 오전보다 감성이 강한 오후가 좋다.

④ 상대와 60cm 이내를 유지하라. 우호적이고 적극적인 인상을 주는 적정 거리다.

⑤ 처음에는 냉정하게, 그다음에는 따뜻하게 대하라. 처음부터 잘해주는 이보다 사귀면서 잘해주는 이에게 신뢰와 감동이 있다.

⑥ 화제는 15분 간격으로 바꿔라. 길어지면 지루한 이야기가 된다.

⑦ 한 번도 들어본 적 없는 칭찬이라는 느낌을 주는 것이 좋다.

⑧ 수긍만 잘해도 호감을 얻는다. 고개를 끄덕일 때는 빠르게 한다.

⑨ 말이 통하지 않는 상대는 일단 져주고, 시간을 두고 재협상하자.

⑩ '덤'으로 상대방의 심리적인 만족감을 높여줘라.

유능한 협상가의 조건

1) 특징

- 더 많은 정보를 철저히 조사하고자 하는 용기
- 상대 협상가를 능가하는 인내력
- 더 많은 것을 요구할 수 있는 용기
- 윈윈 해결책을 굳건히 추구하는 고결함
- 상대의 말을 경청하려는 의지

2) 태도

- 불확실성을 받아들이는 의지, 경쟁심
- 상대가 나를 좋아하지 않아도 연연해하지 않음

3) 신념

- 협상이란 언제나 상호관계다.
- 협상은 일련의 규칙에 따라 진행된다.
- "no"라는 말은 단지 협상의 시작일 뿐이다.

6장

토론의 전략

1. 토론의 개념과 원리
2. 토론의 요건
3. 토론의 논제
4. 토론의 논증
5. 토론의 스피치 전략

1.
토론의 개념과 원리

존 스튜어트 밀(John Stuart Mill)은 "다양한 생각이 교환되는 사상의 시장이 보장될 때 비로소 민주주의 사회는 그 생명력에 활기를 불어넣을 수 있고 … 아무리 그릇된 견해라 할지라도 그 견해가 표현되는 순간 공동체의 구성원들은 그 견해에 대한 비판적 견해를 형성함으로써 더 지혜로워질 수 있다"고 말한 바 있다.

토론(debate)이란 논제에 대해 자신의 주장을 객관적이며 논리적인 이유를 제시하고, 상대방의 의견에 대해서는 어떤 점에서 오류가 있는지 충분히 따져서 합리적이고 민주적으로 의사를 결정하는 설득적 말하기다. 이때 자기주장만 옳다고 생각하거나 다른 의견을 가진 사람의 말은 들으려고조차 하지 않는 태도는 토론 문화를 저해하는 가장 큰 장애물이라 할 수 있다. 아무리 소수의 의견이라고 해도 합리적인 의견에 대해서는 귀를 기울이고 존중할 줄 알아야 한다.

공적 말하기에는 크게 두 가지 유형이 있다. 하나는 연설과 강의, 프레젠테이션, 보고와 같이 일방적 전달의 말하기이고, 다른 하나는 토론이나 면접, 협상, 회의와 같이 쌍방향적 소통의 말하기다. 전자의 경우 대개 연사가 사전에 준비한 내용을 발표하고 청중은 연사의 발표를 듣는 식으로 역할이 고정되어 있어 상호작용이 덜 활발하게 이루어진다. 반면 후자의 경우에는 상대방이 어떻게 대응하느냐에 따라 내용과 형식에 많은 변수가 작용할 수 있으며, 전자에 비해 청중과 상호작용이 좀 더 활발하게 이루어진다. 이런 이유 때문에 토론에서 발화자는 찬반 양측의 자료에 대해 폭넓게 조사하는 것은 물론이고 상대방의 전략을 예상해서 이에 어떻게 반응할지에 대해 좀 더 적극적으로 준비하지 않으면 안 된다.

1) 토론의 기초 원리

토론의 토대가 되는 수사학은 고대 그리스 · 로마 시대의 아리스토텔레스(Aristoteles), 퀸틸리아누스(Quintilianus), 키케로(Cicero) 등에 의해 이미 학문적으로 정립되었다. 그중 중요한 한 가지가 바로 공적 말하기를 준비하는 과정을 네 가지 단계로 설명한 것이다.

(1) 착상 단계

이 단계는 논제와 쟁점을 명확히 이해하고, 주장에 대해 다양하면서도 타당한 논거를 찾아내고, 청중의 감정과 욕구를 분석하고 효과적인 설득 수단들을 발견하는 것이다.

(2) 배열 단계

이 단계는 주제와 근거를 비롯해서 자신이 말할 내용을 청중이 이해하고 공감할 수 있는 순서로 일관성 있게 배열하는 것을 말한다. 서론에서는 본론의 내용을 잘 받아들일 수 있도록 준비시키고, 본론에서는 논증의 신빙성을 높여 청중이 수용할 수 있도록 주장과 근거를 효과적으로 배열하고, 결론에서는 본론의 내용을 집약적으로 잘 보여주면서 청중이 잘 기억할 수 있는 내용으로 배치한다.

(3) 표현 단계

이 단계에서는 말하고자 하는 내용을 어떻게 정확하게, 적절하게, 명확하게, 그리고 생생하게 단어와 문장으로 표현할 것인가에 주목한다. 특히 생생하게 표현하는 기술은 직유법, 은유법, 대조법, 반복법, 점층법 등과 같은 수사법과 관련이 있다. 언어 표현을 다듬은 후에는 연설 내용을 전체적으로 정리하며 기억하는 단계를 거쳐야 한다. 전체적인 내용의 흐름을 숙지하고 기억하는 데 토론 준비표, 개요서, 큐카드, 근거자료 카드를 작성하는 것이 도움이 된다.

(4) 발표 단계

마지막인 발표 단계에서는 발음, 말의 속도, 말의 강세, 말소리의 크기 등과 같은 음성과 표정, 제스처, 시선 등과 관련된 몸짓을 통해 설득의 효과를 극대화한다.

2) 토의와의 대비 구조

일반적으로 토론과 토의라는 명칭을 혼용해서 사용하지만, 엄밀하게 말하면 이 두 가지는 다르다. 토론(debate)은 특정한 주제에 대해 찬성과 반대로 나누어 의견 교환을 통해 어느 쪽의 주장이 옳고 잘못됐는지를 따져서 각각 자기 쪽 주장을 받아들이도록 상대방 또는 청중을 설득하는 것을 목적으로 한다.

토의(discussion)는 의견 교환을 통해 어떤 문제에 대한 다양한 해결방안을 모색해 의견의 일치를 이루는 것을 목적으로 한다. 따라서 토의는 각자가 가지고 있는 의견을 개진하고 검토하고 교환하는 것으로 족하기 때문에 상호 협동적 성격을 띠는 데 반해, 토론은 찬성과 반대 입장으로 나누어 대립 관계에서 논쟁을 벌이기 때문에 경쟁적이고 공격적이 되기 쉽다. 토론에서는 토의와 달리 타협과 흥정이 잘 통하지 않으며 그 결과는 오로지 승패로 결정된다. 따라서 토론에서 진 팀은 패배에 깨끗하게 승복하고 이긴 팀의 주장을 받아들이는 것을 배우는 것이 토론 교육이 갖는 미덕이다. 토론의 목적은 궁극적으로 자신의 의견이나 주장을 관철하는 데 있는 것이 아니라 의견의 일치를 구해서 바람직한 결론을 도출하려는 데 있지만, 토론 과정에서는 논거의 정당성과 합리성을 바탕으로 자신의 주장을 펴고 상대방의 주장을 논박해야 한다.

토의와 토론은 목적이나 접근 방법에서 분명히 차이가 존재하지만 토의와 토론 모두 문제해결을 위해 서로 의견과 정보를 교환하고, 각자 가지고 있는 생각에 차이가 있다는 것을 확인하고, 더 나은 방법을 찾는 의사소통 과정이라는 공통점이 있다. 따라서 토의와 토론을 문제를 해결하고 의사를 결정하기 위한 상호 보완적인 의사소통의 도구로 활용한다면 바람직한 결과를 도출할 수 있을 것이다. 아래는 토론과 토의의 대비를 도식화한 것이다.

구분	토론	토의
개념	논제에 대한 찬성과 반대의 주장을 논쟁하는 과정	의제를 해결하기 위해 다양한 해결방안을 모색하는 과정
특징	상호대립, 경쟁, 논쟁	상호협력, 협조적
목적	자신의 주장을 위해 논의하는 설득적 말하기	다양한 의견을 개진하고 교환하는 협력적 말하기
효과	논제의 본질에 대한 이해를 높임	의제에 대한 다양한 해결책 마련
결과	찬반 승패	타협과 다수결 원칙

3) 토론의 사회적 기능

유대인은 세계 인구의 0.2%밖에 안 되지만 미국 부호의 30%, 미국 아이비리그 출신자의 30%를 차지하며 노벨상 수상자의 30%를 배출했고, 세계 500대 기업 경영진의 42%를 점유한다고 하니 정말 대단한 민족이다. 대표적인 유대인으로는 아인슈타인(Albert Einstein)을 비롯해 에디슨(Thomas Alva Edison), 빌 게이츠(Bill Gates), 스티븐 스필버그(Steven Spielberg), 앨런 그린스펀(Alan Greenspan) 등이 있다. 다양한 분야에서 그렇게 많은 세계적인 인재를 배출하는 원동력은 어디에서 나오는 것일까. 이런 창의적 인재들은 '하브루타'라는 유대인의 전통적인 토론교육 현장에 있었다고 한다. 하브루타는 짝을 이뤄 서로 질문을 주고받으며 치열하게 논쟁하는 토론식 교육을 의미한다. 유대인은 어릴 때부터 가정에서 부모와 질문하고 대답하고, 대화하고 토론하는 분위기에서 성장한다. 자연스럽게 형성된 이러한 토론 문화는 학교와 직장 그리고 사회에서도 함께 진행되고 있어서 창의적 인재들은 하브루타 교육을 통해 상호 소통하고 좋은 의견을 만들어나가고 문제를 해결하게 된 것이다.

(1) 진리 탐구와 통찰력

대화와 토론을 하면서 자연스럽게 내 생각과 남의 생각 간에 차이가 있다는 것을 이해하고 토론하는 동안 평소 혼자서는 생각할 수 없었던 무수한 아이디어들을 떠올리면서 상상력과 창의력을 기른다. 이는 나아가 비판적 분석력과 종합적인 통찰력을 기르는 토대가 된다. 이처럼 토론은 논쟁의 방향만 제시할 뿐 토론하는 사람 스스로 사물과 인간의 진리를 파악하도록 유도하여 문제를 해결하게 하는 과정이라 할 수 있다.

현대의 복합적인 지식 기반 사회에서는 지식과 정보를 대량으로 습득하는 것이 아니라 능동적으로 사고하고 비판할 수 있는 지적 능력이 요구된다. 토론은 스스로 탐구하고 적절히 활용할 수 있는 능력 있고 창의적인 인재를 키우는 데 큰 역할을 할 수 있다.

(2) 사회적 문제해결 능력

우리는 현대사회를 살아가면서 수많은 문제에 부딪히게 되고 이러한 문제들을 해결할 과제들이 생성된다. 이때 가장 경계해야 할 것이 잘못된 지식과 정보를 토대로 판단을 내리거나 문제를 해결하는 것이다. 토론은 주어진 논제와 관련해 각각 찬성과 반대의 입장에서 자신의 주장과 근거는 강화하면서 상대방의 주장과 근거는 부당하다는 것을 명백하게 밝히는 경쟁적 말하기다. 누구나 토론 능력을 갖추면 사회적 문제 해결 능력을 기를 수 있다. 지식 정보화 사회에서 중요한 가치는 단순히 수동적으로 학습하고 암기한 지식의 총량보다는 자신이 습득한 지식과 정보들을 기반으로 한 새로운 지식을 창의적으로 산출해서 문제를 해결하는 능력이다.

(3) 창의적 사고와 자료수집 능력

사회적 문제해결 능력은 바로 비판적이며 창의적인 사고에서 나온다. 비판적 사고는 다음 다섯 가지 능력을 의미하는데, ① 논제를 분명하게 식별하고 그에 대한 명확한 정의를 내릴 수 있는 능력, ② 그 주제에 대해 이미 있거나 생길 수 있는 다양한 의견과 입장, 이해관계, 논리 구성을 치밀하게 정리할 수 있는 능력, ③ 관련된 증거와 보충 자료를 수집하고 해당 주제와 관련성을 입증할 수 있는 능력, ④ 논제에 대해 가능한 한 많은 대안을 제시할 수 있는 능력, ⑤ 가능한 대안들의 장단점을 검토한 다음 추론을 통해 자신이 가장 좋다고 판단하는 입장을 확정하고 예상되는 반론이나 비판에 대해 자신의 입장을 변호할 수 있는 능력을 말한다. 토론을 통해 제기된 문제를 해결하지 못한다 하더라도 상반된 측면에서 문제를 철저하게 분석해 주장과 논박을 하는 과정에서 적어도 문제를 더욱 새롭게 인식하고 문제에 접근할 수 있는 방식들이나 대안들을 다양하게 제시하는 법을 배우게 되는데, 이런 과정은 문제 해결의 시작이다.

(4) 종합적인 소통 능력

토론은 단순히 문제해결 능력을 키우는 것이 아니라 의사소통 능력도 함께 키워준다. 토론에서는 사전에 준비해온 내용을 말하기도 하지만, 이보다는 상대방의 주장을 듣고 즉석에서 반론을 제시하거나 재반박하거나 자신의 주장을 강화해야 하는 경우가 빈번하다. 따라서 토론에 대한 훈련을 많이 받으면 주어진 상황에서 즉각적으로 내용을 구성하고 전달할 수 있는 의사소통 능력을 함양하게 된다. 토론은 상대방과 대면해서 서로 대립적인 관계에서 주장을 주고받는 과정을 반복하기 때문에 민첩하고 순발력 있게 대응하는 능력이 절실히 필요하다. 그리고 상대방이나 청중과 효과적인 의사소통을 하기 위해 발음, 목소리의 크기와 빠르기 등과 같은 음성과 시선, 자세, 표정 같은 몸짓을 구사하는 방법에 대해서도 신경을 씀으로써 효과적인 비언어적 능력도 키울 수 있다.

토론은 종합적인 의사소통 능력을 함양하는 데 도움이 된다. 의사소통이라는 것은 서로 생각을 표현하고 이해하는 것을 의미하므로 말만 잘한다고 해서 의사소통 능력이 뛰어나다고 할 수 없다. 토론은 자료를 검토하고 분석하면서 읽기 능력을, 자신의 주요 주장과 근거를 토론 준비표, 개요서, 큐카드, 그리고 근거자료 카드에 옮기고 효과적인 언어 표현으로 다듬으면서 쓰기 능력을 배양할 수 있다. 또한 상대방의 주장을 논박하고 자신의 주장을 강화하기 위해서는 무엇보다 상대방의 얘기를 잘 들어야 하는데 이 과정에서 듣기 능력 또한 신장할 수 있다.

(5) 공감적 듣기 능력

토론 프로그램을 보다 보면 상대방의 말과 상관없이 일방적으로 자신의 주장만 늘어놓는 토론자가 있다. 토론은 자신의 주장을 일방적으로 전달하는 웅변이나 연설이 아니다. 토론은 자신과 상반된 견해를 가진 상대측과 탁구 경기를 하듯 합리적으로 서로 의견을 주고받고 서로에 대해 비판하는 공적인 대화인 만큼 토론을 잘하기 위해서는 먼저 상대방의 주장에 귀를 기울이는 법을 배워야 한다.

토론은 자신의 주장을 내세우는 것에서 한 발 더 나아가 상대방의 주장에 나타난 논리적 허점을 부각하고 반박함으로써 자신의 논지를 강화하는 방식으로 진행해야 하기 때문에 경청의 의미가 한층 더 중요하다. 교차조사와 반박을 통해 상대방 논리의 문제점을 들춰내고, 이에 대해 적극적으로 공격하면서 자신의 주장이 상대방의 주장보다 우위에 있다는 것을 보여주기 위해서는 우선 상대방이 입론에서 발언하는 내용을 제대로 들어야 한다.

(6) 건전한 민주시민 의식 함양

토론은 합리적으로 문제를 해결하기 위한 의사소통이기 때문에 결과에 못지않게 그 과정이나 절차도 매우 중요하다. 토론은 찬반 양측에 동등한 발언 기회와 발언 시간을 주면서 일정한 순서와 규칙에 따라 진행하기 때문에 절차와 형식에 따라 바람직한 결과를 도출하는 공적 말하기다. 따라서 토론자들은 합의한 절차를 존중하고 그 도출된 결과를 받아들여야 한다. 이것은 민주시민으로서 갖추어야 할 기본 소양에 속한다. 또한 상대방에 대해 예의를 갖추어 말하는 훈련을 함으로써 건전한 시민 의식도 함양하게 된다.

2.
토론의 요건

1) 시대적 문제의식

토론은 현재 상황(Status Quo)에 대한 문제를 인식하고 제기하는 데서 출발한다. 현재 상황을 문제로 인식하지 못한다면 토론은 이루어지지 않는다. 예를 들어 우리나라의 경우 사형제에 대한 폐지와 유지에 대한 토론은 현재 법적으로 존재하는 사형제도 아래 오랫동안 사형이 집행되지 않고 있는 점에 비춰볼 때 사형제도의 실효성을 문제 삼는 데서 토론을 시작할 수 있다. 반대로 사형제를 시행하고 있지 않은 나라의 경우에는 중범죄의 증가가 사형제가 없는 것과 관련이 있다는 인식에서 토론을 시작할 수 있다. 이처럼 현재 상황에 문제가 있어 현재 상황을 변화시키고자 하는 의도가 있을 때 사형제에 대한 토론이 가능해진다.

2) 찬반 의견의 대립 구도

토론에서는 주로 집단이나 공동체 구성원들 사이에 뜨거운 논란거리가 되는 문제들을 주제로 다루게 되는데, 토론의 특성상 하나의 주제를 두고 찬성하는 쪽과 반대하는 쪽 두 가지 입장만이 존재할 수 있다. 마치 흑백 논리를 강요하는 것처럼 보일 수도 있지만, 논쟁적 성격이 강한 사안에 대해 좀 더 심도 있게 탐구하기 위한 방편이다. 즉, 의견 대립은 분명히 존재하지만 다른 사람의 의견도 의사결정에 앞서 참고할 만한 가치가 있다고 느껴질 때 토론을 시행한다. 따라서 토론은 다양한 관점에서 여러 가지 의견을 살펴보고 생각을 모아서 균형 잡힌 시각에서 합리적인 의사결정을 하기 위해 필요한 의사소통 행위다. 그렇기 때문에 주제에 대해 중립적 입장을 취하는 것은 토론 규칙에 위배된다.

3) 합리적인 문제해결 방식

자신의 주장만 옳다고 생각하고 상대방의 의견에 대해서는 아예 귀를 닫은 채 들으려 하지 않는다면 토론할 필요가 없다. 토론은 찬반 의견 대립이 분명한 주제에 대해 찬성하는 입장과 반대하는 입장으로 나누어 진행하면서 토론자는 그중 한쪽의 입장에 서서 자기주장을 펼치게 되어 있다. 완벽한 주장, 완벽한 의견이란 존재하지 않는다. 자신의 주장이 완벽하다고 생각한다면 토론할 필요가 없다. 토론하는 것은 상대방 주장은 물론이고 자신의 주장에 대해서도 비판적인 태도를 취해서 궁극적으로 좀 더 합리적으로 문제를 해결하기 위한 것이다. 따라서 자신의 주장과 근거가 과연 합리적인지 스스로 탐구하면서 이것을 상대방의 견해와 견주어보고 만약 상대방 주장이 더 합리적이라면 기꺼이 자신의 견해를 바꿀 용의가 있어야 한다.

올바른 토론자라면, 권위로 내리누르지 않고 근거를 가지고 논쟁을 벌이며 상대방의 합리적인 근거에 대해서는 귀를 기울이고 그것에 동의할 수 있는 사람, 진리를 높이 평가하고 상대의 입에서 나온 것이라 할지라도 정당한 근거에 대해서는 기꺼이 받아들이는 공평한 사람, 마지막으로 상대방 주장이 진리라는 판단이 서면 기꺼이 자기주장의 부당함을 인정하는 고통을 참을 수 있는 사람하고만 토론을 벌여야 한다.

3.
토론의 논제

토론의 주제를 '논제'라고 한다. 토론에서 가장 중요한 첫 단계로서 논제 선정은 '무엇'에 대해 토론할 것인지를 결정하는 것이다. 토론의 논제는 아래 세 가지 기준에 맞도록 정해야 한다.

1) 명료성(clarity)

토론은 찬반의 쟁점이 뚜렷하게 드러나는 명료한 논제를 선정하는 것이 중요하다. 즉 의견의 대립을 전제로 하기 때문에 무엇보다 찬성과 반대 입장이 분명한 대립축을 세울 수 있어야 한다. 여기서 명료하다는 의미는 우선 단일한 주제를 중심 과제로 다루어야 한다는 것을 의미한다. 예를 들어 "3불 정책을 금지해야 한다"는 논제로 토론할 경우 3불에 해당하는 '본고사 부활 불가', '고교등급제 불가', '기여입학제 금지'라는 세 가지 과제에 대해 논의해야 하는데, 이런 경우 토론의 방향과 초점이 명확하지 않아서 성과 없이 끝날 가능성이 크다. 특히 제한된 시간 안에 토론을 마치려면 단일한 과제에 집중할 수 있는 논제를 선정해야 한다.

토론에서 논의하고자 하는 범위나 대상이 명확하고 구체적으로 논제에 나타나야 한다. 논의의 범위가 너무 광범위한 논제는 토론의 주제로 적절하지 않다. 예를 들어 오늘날 찬반 논쟁이 치열한 안락사를 주제로 '안락사를 허용해야 한다'로 토론할 경우 환자의 의사 여부에 따라, 시행자의 행위에 따라, 생명 윤리에 따라 자발적 안락사, 비자발적 안락사, 소극적 안락사, 적극적 안락사, 존엄적 안락사, 선택적 안락사 등 여러 종류의 안락사가 있기 때문에 정작 중요한 허용 여부에 대해서는 제대로 논의조차 하지 못한 채 개념의 정의나 허용의 범위에 대한 논의에 머무를 가능성이 크다. 이런 경우 좀 더 심도 있고 생산적인 토론을 위해 "소극적 안락사를 허용해야 한다"와 같은 식으로 범위를 좁혀서 논제를 정하는 것이 좋다.

2) 공정성(fairness)

공정성을 확보하기 위해 토론의 논제에는 선입견이나 편견이 개입해 있지 않아야 하며, 찬성과 반대 어느 한쪽에 유리하게 작용해서는 안 된다. 예를 들어 "여성의 자기결정권을 보장하기 위해 낙태를 허용해야 한다"나 "야만적인 동물 실험을 중단해야 한다" 또는 "무분별한 지역 문화행사 유치를 억제해야 한다"는 논제는 다소 주관적인 느낌이나 가치 판단이 담긴 표현이 있다는 점에서 공정성을 해칠 수 있으므로 주의해야 한다.

찬성과 반대가 똑같이 균형적인 토론을 하기 위해서는 우선 사회 상황에 비추어봤을 때 뜨거운 논란거리가 되는지, 찬성과 반대의 대립각이 첨예한지를 먼저 살펴야 한다. 찬성과 반대 입장이 팽팽히 맞서면서 근거자료가 양적으로 균형을 이룰 때 좋은 토론이 가능하다. 이렇듯 공정성을 유지하는 논제를 선정하는 일은 매우 어렵다.

3) 시의성(timeliness)

토론의 목적은 사회적으로 해결해야 할 문제에 대해 서로 머리를 맞대어 의견을 공유하고 탐색하면서 좀 더 합리적인 대안을 모색하는 데 있는 만큼 토론자와 청중의 탐구 의욕을 자극하려면 될 수 있는 대로 시사적인 주제를 논제로 채택하는 것이 좋다. 토론 논제를 비롯하여 그 논쟁 과정이 청중도 함께 관심을 갖고 공감할 수 있는 사안에 대해 토론을 진행한다면 좀 더 의미 있는 토론장이 될 것이다.

현대의 시사적인 주제는 토론자 입장에서 다양한 미디어를 통해 복합적인 정보를 접할 수 있으므로 토론을 준비하는 데 부담스럽지 않을 뿐만 아니라 청중 입장에서도 사회적 현안에 대한 해박한 지식을 얻고 다면적인 견해를 들을 수 있다는 점에서 매우 바람직하다.

4) 논제 표현 양식

① 명제 형식의 진술문으로 표현

토론하기 위해서는 우선 무엇에 대해 토론할 것인지를 명확하게 해야 한다. 즉 토론의 대상과 주제가 잘 드러나야 하는데, 이것을 보통 '논제'라고 부른다. 따라서 논제로 표현한다는 것은 토론의 범위를 정하는 것이다. 논제는 "A는 B이다" 또는 "A는 B해야 한다"와 같이 주어와 술어가 들어간 명제 형식의 진술문으로 표현하는 것이 원칙이다. 논제에는 현재 상황을 변화시키고자 하는 내용을 담아 제시해야 하는데, 이것은 토론이 현재 상황에 대한 문제 인식에서 출발하기 때문이다. 즉, 논제는 현 상황에 문제가 있으니 이 상황을 바꿔야 한다는 찬성 측 입장을 진술문으로 표현한 것이다. 따라서 논제를 올바르게 표현하기 위해서는 정책 논제의 경우 우선 주제로 다루고자 하는 제도나 정책이 현재 시행되고 있는지 유무를 생각해야 한다. 예를 들어 사형제 존폐를 논제로 다루고자 한다면 현재 사형제도가 실시되고 있는지 알아봐서 현재 시행되고 있다면 논제를 "사형제도를 폐지해야 한다"로 정해야 한다.

② 긍정의 서술문 형식으로 표현

찬성과 반대 측이 주장하는 바를 정확하게 드러내기 위해 논제는 명사형, 의문문, 부정문 대신에 긍정의 서술문으로 표현하는 것이 바람직하다. 명사형(안락사)으로 표현할 경우 대상만 적시했을 뿐 주제가 명확하지 않으며, 의문문(안락사는 허용해야 하는가?)일 경우 주제에 대한 입장과 판단이 포함되어 있지 않으며, 부정문(안락사는 금지해서는 안 된다)으로 논제를 표현했을 경우 찬성 측은 자신의 논지를 전개해나가는 과정에서 '안 된다'라는 표현과 '찬성한다'라는 표현을 함께 쓰면서 토론자 자신도 표현에 어려움을 느낄 뿐만 아니라 토론을 지켜보는 청중 입장에서도 매우 혼란을 느낄 수 있다.

③ 가치중립 표현

논제에 찬성 측과 반대 측 어느 한편에 유리하게 작용하는 표현은 배제해야 한다. 예를 들어 “야만적인 개고기 식용은 금지해야 한다”와 같이 ‘야만적’이라는 단어는 이미 가치 판단을 내포하고 있기 때문에 적절하지 않다. 따라서 “개고기 식용은 금지해야 한다”가 적실하다. 다른 예시로 “낙태를 합법적으로 허용해야 한다”의 경우 부정적인 이미지가 있는 ‘낙태’보다는 중립적인 ‘임신중절’이라는 표현으로 바꿔주는 것이 바람직하다. 또한 “양심적 병역 거부는 허용해야 한다”라고 할 경우 일반적으로 ‘양심적’이라는 단어가 ‘도덕적’이라는 의미와 달리 종교적 신념에 의한 양심을 말하기 때문에 “종교적 신념에 따른 병역 거부는 허용해야 한다”라고 표현하는 것이 좋다. 이처럼 논제에 가치중립적인 표현을 사용하는 것은 공정한 토론을 위한 기본이다.

5) 논제의 유형

토론의 논제에는 사실 논제, 가치 논제, 정책 논제 등 세 가지 유형이 있다. 사실 논제는 사실의 진위 여부를 논하는 것으로 논쟁의 핵심 쟁점은 참이냐 거짓이냐에 관한 것이다. 가치 논제란 바람직한지 바람직하지 않은지, 옳은지 그른지, 좋은지 나쁜지 등 가치관과 사고방식의 차이를 논하는 주제로 평가적 주장의 성격을 띠고 있다. 정책 논제는 문제 인식과 해결 방안의 차이를 논하지만, 사실이나 가치와 관련된 질문들에 대한 논쟁을 포함하고 있을 때가 많다.

토론에서는 동일한 주제라 해도 그 접근 방식에 따라 사실 논제나 가치 논제, 정책 논제가 될 수 있다. 예를 들어 '영리 병원 도입'이라는 주제가 "영리 병원 도입은 국민건강보험 체계를 위협한다", "영리 병원 도입은 바람직하다", "영리 병원 도입을 허용해야 한다"라는 논제로 다뤄진다면 각각 사실 논제, 가치 논제, 정책 논제가 된다. 그러나 세 가지 유형의 논제는 각각 단독으로만 다뤄지는 것이 아니라 때로 함께 다뤄지기도 한다. 예를 들면 가치 논제나 정책 논제를 다룰 때 사실 여부에 대한 판단이 논제의 일부로 다루어지기도 하고, 정책에 대한 토론에서 가치에 대한 판단과 사실 여부가 동시에 거론되는 경우도 있다.

① 사실 논제

사실 논제는 사실의 진위 여부를 논하는 것으로 논쟁의 핵심 쟁점은 참이냐 거짓이냐에 관한 것이다. 예를 들어 "원자력 발전은 친환경 에너지다", "독도는 우리 땅이다", "전자발찌 제도는 이중 처벌에 해당한다", "외계인은 존재한다", "범죄 재연 방송은 동일한 수법의 범행을 부추긴다", "식량문제 해결을 위해 유전자 조작 식품은 필요하다" 등이 있다. 사실 논제를 가지고 토론할 때 주된 판단 기준은 주장을 뒷받침하는 사실적 증거의 진실성 여부, 즉 사실과의 일치 여부에 달려 있다.

사실 논제의 경우 믿을 만한 정보를 바탕으로 사실 관계를 입증하면서 자신의 주장을 펼쳐야 한다. 사실 논제는 전문가의 의견, 목격자의 증언, 과학적 연구 결과 등을 근거로 제시하는 데 어려움이 있을 뿐만 아니라 때로는 고도의 인과관계 추리 능력과 유추 능력이 요구되기 때문에 교육 토론에서 기피하는 경향이 있다. 가치나 정책 논제에 대한 토론의 경우 어느 정도 사실 문제에 대한 논의가 필요하므로 사실 토론에 대한 경험을 쌓으면서 토론에 대한 기초 체력을 쌓아놓는 것이 중요하다.

② 가치 논제

가치 논제란 바람직한지 바람직하지 않은지, 옳은지 그른지, 좋은지 나쁜지 등 가치 판단이 개입하는 주제를 말한다. "선의의 거짓말은 필요하다", "군가산점제는 바람직하다", "게임은 아동에게 해롭다", "환경 보존이 개발보다 중요하다", "신앙의 자유는 언론의 자유보다 소중하다", "외모가 차별의 조건이 되는 것은 정당하다" 등이 가치 논제에 해당한다. 가치 논제는 가치관과 사고방식의 차이를 논하는 주제로 평가적 주장의 성격을 띠고 있다. 가치 논제에서 대립하는 쟁점은 진위나 사실 여부가 아니라 가치 선택의 문제다. 가치 판단의 기준을 상대와 공유하면서 어떤 가치가 다른 가치보다 더 수용할 만하다는 점을 입증해야 한다. 가치 논제로 토론할 경우 가치가 있는가 없는가와 같이 가치 판단을 대립의 축으로 삼기 때문에 아무리 충분한 근거를 가지고 주장하고 반

참조

가치 논제 세 가지(Freeley & Steinberg)〉

첫째는 하나의 가치를 주장하는 논제가 있다. "조기 영어 교육은 바람직하다", "올림픽 금메달리스트에게 병역 면제 혜택을 주는 것은 정당하다"가 이에 해당한다. 둘째는 어떤 가치가 다른 가치에 비해 우선한다고 주장하는 논제다. "환경 보호가 경제 발전보다 중요하다", "사생활 보호가 공공의 알 권리보다 우선해야 한다", "클래식 음악이 대중음악보다 가치 있다" 등이 있다. 셋째로 어떤 가치를 부정하는 논제가 있을 수 있다. "종교인의 정치 참여는 바람직하지 않다"와 "임신중절은 비도덕적이다"가 여기에 해당한다.

박해도 서로 가치관이 다르다는 것만 확인할 뿐 접점을 찾지 못한 채 끝나는 경우가 많다. 이런 경우 토론의 승패를 판가름할 때 어느 편이 논제에 대해 충분히 이해하고 쟁점을 잘 파악하고 적절한 근거자료를 제시했는가를 중요한 기준으로 삼는다. 그러나 승패를 떠나서 어떤 가치를 강요하거나 주입하기 위한 것이 아니라 다양한 갈등 상황에서 스스로 합리적인 판단을 할 수 있도록 생각하는 힘을 기르게 하는 데 그 목적이 있는 만큼 가치 토론이 토론자에게 올바른 가치관과 태도를 형성하는 데 기여한다는 점에서 그 의미를 찾을 수 있다.

③ 정책 논제

정책 논제는 사실과 가치 판단에 기초해 행동의 변화를 추구하는 문제를 대상으로 한다. 주로 새로운 정책을 계획하는 단계에서 어떤 것에 대해 '~을 할 것인가?' 또는 '~을 하지 말 것인가?'를 묻는 형태의 논제다. "수능시험을 폐지해야 한다", "동성결혼을 합법화해야 한다", "대리모 출산을 허용해야 한다" 등이 정책 논제에 해당한다. 국회에서 법률안 제정을 놓고 또는 기업체나 조직에서 발전 방향을 놓고 이루어지는 토론의 대부분도 정책 논제에 대한 공방이다.

정책 논제는 반드시 현 상태를 변화시켜야 한다는 입장, 즉 찬성 측의 주장을 담아서 표현해야 한다. 현재 시행하고 있는 정책에 문제가 있음을 지적하고 새로운 정책이 필요하다는 주장을 제기함으로써 토론이 성립하기 때문이다. 또한 현재 상황을 변화시키려는 의도에서 시작한 토론을 통해 현재 상황을 좀 더 잘 이해하게 되고, 이것은 결국 토론 교육의 목적인 찬성과 반대 모두 균형 잡힌 시각에서 합리적으로 판단할 기회를 제공하기도 한다.

예를 들어 "미혼모 낙태를 허용해야 한다"라는 논제로 토론할 경우 가치 판단과 관련하여 정책 논제로서 문제 인식과 해결방안의 차이를 논하지만, 사실이나 가치와 관련된 질문들에 대한 논쟁을 포함하고 있을 때가 많기 때문에 이런 경우 사실과 가치 판단에 기초해 정책을 시행해야 한다고 주장해야 한다. "미혼모가 아이를 낳아 키우기에는 여러 가지 사회적 · 경제적 제약이 있다"는 사실에 대한 판단과 "태아의 생명권보다 여성의 자기결정권이 우선한다"라는 가치에 대한 판단도 함께 다뤄야 한다. 이처럼 정책 논제는 대개 사실 논제와 가치 논제의 요소를 포함하고 있기 때문에 교육 목적의 토론에서 장려되는 논제다. 따라서 이 논제는 관련된 사실관계를 규명하거나 가치관을 뒷받침할 수 있는 충분한 근거자료를 제시할 수 있어야 한다.

참조

국제토론교육협회, 세계적인 토론 안건들

- 동물을 대상으로 한 실험을 금지해야 한다.
- 남녀공학이 교육에 좋다.
- 운전면허 취득 제한 연령을 올려야 한다.
- 자본주의가 사회주의보다 우월하다.
- 사형제도를 지지한다.
- 게임은 유익한 점보다 해로운 점이 더 많다.
- 리얼리티 TV 프로그램은 득보다 해가 더 많다.
- 과제를 금지해야 한다.

4.
토론의 논증

토론은 적절한 근거자료를 제시하고 논리에 근거해서 합리적인 추론을 이끌어냄으로써 자기주장에 대한 정당성을 주장할 때 설득력을 얻을 수 있다. 주장의 타당성을 보여주기 위해 그 주장을 입증할 수 있는 근거로 객관적이고 경험적인 자료, 즉 증거를 제시할 수 있어야 한다. 가장 많이 활용하는 증거로는 사례, 통계 수치, 전문가의 견해가 있다. 또한 증거에 기초해 결론에 이르는 추론 과정 역시 오류가 없어야 한다.

1) 논증의 세 가지 요소

논증이란 입증 또는 증명과 동일한 의미다. 입증한다는 것은 자기주장을 내세울 때 왜 그렇게 생각하는지에 대한 타당한 이유를 함께 제시함으로써 조리 있게 말하는 것이다. 자신의 주장이 정당하다는 것을 입증하려면 기본적으로 주장, 주장을 지지해주는 근거, 근거를 바탕으로 주장을 가능하게 해주는 논거, 이 세 가지 요소를 갖추어야 한다.

① 주장(claim)

주장이란 청중이 받아들였으면 하고 바라는 것을 말로 표현하는 것을 가리킨다. 주장이라는 표현 대신 '명제' 또는 '결론'이라고 부르기도 한다. 주장은 논쟁의 여지가 있기 때문에 청중에게 그 주장을 받아들이게 하려면 근거를 함께 제시해야 한다. 사실적 주장은 사실의 존재 여부로, 가치적 주장은 옳고 그름의 문제로, 정책적 주장은 행동이나 제안의 실천 당위성을 놓고 논쟁을 벌인다.

② 근거(ground)

청중에게 자신의 주장을 받아들이게 하기 위해 객관적인 자료 형태로 제시하는 증거를 가리킬 수도 있고, 논리적인 관계를 통해 설명되는 추론을 가리킬 수도 있다. 증거는 '근거자료', '데이터'라고도 부른다. 가장 많이 사용하는 대표적인 증거에는 사례, 통계 자료, 증언 등이 있다.

③ 논거(warrant)

논거란 제시된 근거에서 주장, 즉 결론을 도출하기 위해 이 두 관계를 연결해주고 설명하는 기준을 말한다. 실제로 추론하는 과정에서는 대개 논거가 생략되어 있지만 사용된 숨어 있는 논거를 찾아서 문장으로 재구성해서 표현해보는 것은 논증의 구조를 이해하는 데 많은 도움이 된다.

토론은 주장, 근거, 논거라는 세 가지 요소를 통해 논리적 관계를 얼마나 잘 입증하느냐에 따라 그 승패가 판가름 난다. 적절한 근거자료를 제시하고 논리에 근거해서 합리적인 추론을 이끌어냄으로써 자기주장에 대한 정당성을 주장할 때 설득력을 확보할 수 있다. 자기주장의 정당성을 입증할 때뿐만 아니라 남의 주장에 정당성이 없음을 입증할 때도 적절한 근거자료와 타당한 추론 과정을 제시해야 한다.

2) 주장의 타당성 입증

① 증거

주장이 타당하다는 것을 보여주기 위해 그 주장을 입증할 수 있는 근거로 객관적이고 경험적인 자료를 제시할 수 있어야 하는데, 이것을 보통 '증거'라고 부른다. 증거는 주장을 뒷받침하는 역할을 하는 것은 물론이고 주장이 의미하는 바를 더욱 명확하게 해주고 주장 자체를 훨씬 흥미롭게 만드는 역할도 한다. 가장 많이 활용하는 증거에는 사례, 통계 수치, 전문가의 견해가 있다.

증거로서 가치를 지니려면 무엇보다 정확하고 신뢰할 만하고 공정해야 한다. 논제와 관련된 배경지식을 얻고 쟁점을 파악할 때는 인터넷을 이용해도 무방하지만, 인터넷에서 얻는 근거자료는 정확성과 신뢰성 면에서 증거로 삼기에는 많은 결함과 문제점이 있다. 따라서 근거자료로 증거를 수집할 때는 신문이나 TV 보도, 책이나 논문, 보고서, 인터뷰 등에서 확보하는 것이 좋다.

② 사례

토론에서 자기주장의 타당성을 확보하거나 상대방의 주장에 대한 반론의 타당성을 높이기 위해서는 대표성 있고 신뢰할 만한 사례를 근거자료로 활용해야 한다. 이때 사례의 공신력을 높이기 위해 출처를 함께 제시해야 한다.

③ 통계 자료

통계란 현상들의 관계를 계량화해서 그것의 크기나 백분율, 비례 등을 수치로 보여주는 자료를 가리킨다. 통계 자료 역시 사례와 마찬가지로 주장을 뒷받침해주는 역할을 하며, 객관성과 타당성을 높이기 위해 대표성이 있으면서 신뢰할 수 있는 공식 정보원에서 나온 통계 자료를 사용해야 한다.

④ 전문가의 견해

관련 분야의 전문가, 권위자 또는 연구자가 강연이나 인터뷰 또는 글이나 논문들에서 밝힌 견해를 주장에 대한 근거자료로 활용할 수 있다. 전문가의 소견은 전문성, 객관성, 정확성에 근거해서 사실을 관찰하고 진단한 결과이기 때문에 신뢰도를 인정받을 수 있다. 특히 그 방면에서 명성이 높고 누구나 권위를 인정할 만한 사람인 경우에는 신뢰도가 훨씬 높아진다. 예를 들어 "인터넷 실명제를 시행해야 한다"라는 논제에서 실명제가 표현의 자유를 침해한다는 주장을 뒷받침하는 근거자료로 관련 전문가의 말을 인용할 수 있다.

3) 토론의 정의법

정의법은 토론에서 논증과 함께 주제를 실현하는 도구로서 매우 중요한 역할을 한다. 개념을 정의한다는 것은 그 의미를 명료하게 만들어줌으로써 토론 대상을 분명히 하고 토론의 범위를 대략적으로 정하는 데서 더 나아가 토론을 자신에게 유리한 논지로 끌고 가면서 청중의 이해를 도와주는 역할을 한다. 정의의 방법에는 권위를 통한 정의, 조작적 정의, 일반적 의미를 통한 정의, 부정을 통한 정의, 비교와 대조를 통한 정의 등이 있다. 토론에서 적절한 비유는 말하고자 하는 의미를 청중에게 명쾌하면서도 효과적으로 전달한다.

(1) 정의법의 기능

사실, 가치, 정책 등의 논제 유형에 상관없이 공통적으로 토론하면서 가장 먼저 해야 할 것이 바로 논제에 포함된 개념을 정의하는 것이다. 개념을 정의한다는 것은 그 의미를 명료하게 만들어줌으로써 토론 대상을 분명히 하고 토론의 범위를 대략적으로 정하는 것을 말한다. 문제를 제기하면서 현 상황의 변화를 주장하는 찬성 측이 첫 번째 입론에서 먼저 논제에 포함된 개념을 정의하게 되어 있지만, 혹시 이를 빠뜨린다면 반대 측이 개념에 대해 정의할 수 있다. 그리고 반대 측은 찬성 측이 제시한 개념 정의에 동의할 경우 이를 특별히 문제 삼지 않고 그다음 쟁점으로 넘어갈 수 있지만, 그렇지 않을 경우에는 반대 측이 개념 정의를 새롭게 하면서 이를 쟁점화할 수 있다.

토론에서는 논제에 포함된 개념에 대한 정의가 주요 쟁점이 되기 때문에 논제와 관련된 핵심 개념들에 대해 명확한 공동의 합의가 이루어져야 한다. 찬성 측과 반대 측 똑같이 논제에 대해 정확하게 이해하고 있다는 것이 개념 정의를 통해 확인될 때 토론의 방향이 명확해지기 때문이다. 예를 들어 양심적 병역 거부 문제에 대한 토론에서 '양심적'이라는 용어가 일반적으로 '도덕적'이라는 의미로 사용된다는 점을 들어 '양심적'이라는 개념에 대한 명확한 정의를 요구할 수 있다.

논제에 포함된 개념뿐만 아니라 논제와 관련된 주요 용어와 개념들 역시 다양한 방법으로 명료하게 정의해야 한다. 정의 중에는 우선 그 풀이가 구체적이고 명쾌해서 더 이상 부언 설명이 필요 없는 것도 있지만 그렇지 않은 경우도 있다. 우리는 언제나 일정한 한계 안에서 다양한 문제를 풀기 위해 다양한 목적으로 다양한 시간에 다양한 방식으로 단어를 사용하고 그 의미를 정의하기 때문이다(Williams & Colomb, 2006). 따라서 토론자는 자신의 논지에 따라 다양한 방식으로 개념을 정의하면서 토론을 자신에게 유리하게 끌고 감으로써 청중의 이해를 도와야 한다. 어떤 방식으로 정의할지 결정하기 위해 먼저 청중이 기대하는 바가 무엇인지를 판단할 필요가 있다.

(2) 정의법의 다양성

① 권위를 통한 정의

권위를 통한 정의는 전문 분야에서 합의한 공인된 정의로 일명 '필드 정의(field definition)'라고 부르기도 한다. 전문 분야 사전, 백과사전, 그리고 권위 있는 전문가나 학자가 쓴 책이나 기사에서 인용하는 것은 모두 권위를 통한 정의에 해당한다. 이런 권위를 통한 정의는 전문가들을 대상으로 토론할 때는 그 분야에서 공인된 정의를 사용해야 하지만 일반인을 대상으로 토론할 때는 아무리 공인된 정의라고 해도 청중은 그 의미를 이해하지 못할 것이다. 예를 들어 요즘 언론에서 자주 접하게 되는 '경제 민주화'라는 용어가 있는데, 이 용어에 대한 '권위에 의한 정의'는 헌법에서 찾아볼 수 있다. 헌법 제119조 2항에 "국가는 균형 있는 국민 경제의 성장 및 안정과 적정한 소득의 분배를 유지하고, 시장의 지배와 경제력의 남용을 방지하며, 경제주체 간 조화를 통한 경제의 민주화를 위해 경제에 관한 규제와 조정을 할 수 있다"라고 규정하고 있다.

② 조작적 정의

경제 민주화에 대한 '권위에 의한 정의'가 비록 헌법에 명시되어 있다 하더라도 청중은 그 헌법만으로 경제 민주화를 이해하는 데 어려움이 있다. 이처럼 다른 개념을 사용해서 어떤 개념을 정의함으로써 그 의미가 막연한 경우, 그것만으로는 청중이 그 의미를 이해하기가 어렵다. 청중의 이해를 돕기 위해 추상적인 개념을 다시 관찰이나 측정이 가능한 실체로 풀어서 부연 설명할 필요가 있다(백미숙, 2014). 토론에서 조작적 정의의 대표적인 예는 논의되는 시점의 사회적 배경이나 시대적 상황과 결부 지어 의미를 규정하고 실행 방안을 제시하는 것이다.

헌법에 명시된 경제 민주화의 핵심은 "경제에 관한 규제와 조정을 할 수 있다"는 데 있다고 할 수 있는데, 예를 들면 경제 민주화의 실천방안으로 재벌총수 사면 금지, 일감 몰아주기 금지, 순환 출자 제한, 금산분리 강화 등이 있다. 경제 민주화라는 것은 재벌과 국민 경제가 함께 잘 사는 체제를 만들어가자는 의미로 사실 일반 국민 입장에서는 이제까지 재벌이 국가의 지원을 바탕으로 성장해왔고 지금도 여러 가지 지원을 받고 있기 때문에 우리 모두가 잘사는 것에 대한 책임도 져야 한다고 생각한다. 따라서 경제 민주화의 핵심은 재벌 개혁이라고 보고 있다.

③ 일반적 정의

일반적 의미를 통한 정의란 보통 사람들이 사용하는 용법에 맞게 정의하는 것을 말한다(Freeley & Steinberg, 2013). 따라서 일반적 의미를 통한 정의에 대해서는 성별, 나이, 문화에 상관없이 누구나 이해하고 동의할 수 있어야 한다. 예를 들어 포르노가 무엇인가에 대한 정의는 사람, 국가 또는 문화마다 다른데 우리나라의 경우 대법원은 포르노를 음란물이라고 규정하고 '음란'이란 "정상적인 성적 수치심과 선량한 성적 도의 관념을 현저히 침해하기에 적합한 것을 가리킨다"고 정의한 바 있다. 이런 정의는 매우 추상적이어서 그 의미를 명확하게 설명해주지 못하고 있다. 보통 사람들을 상대로 토론할 때는 이런 공인된 정의를 들기보다는 논증의 목적을 달성하기 위해 어느 정도 한계 내에서 자유롭게 정의를 다듬어 사용할 수 있다(Williams & Colomb, 2008). 따라서 "보는 순간 불쾌감을 느끼게 할 정도로 성적 행위를 노골적으로 묘사한 것"을 '포르노'라고 부를 수 있다고 정의한다면 이것은 일반적 의미를 통한 정의에 해당한다.

5.
토론의 스피치 전략

토론은 사회적 이슈가 되는 논제를 두고 구성원들에게 찬성 측 입장과 반대 측 입장에서 각각 제기된 쟁점들에 대해 정확한 정보를 제공하고 균형 잡힌 시각에서 합리적인 판단을 하도록 하기 위한 목적이 있다. 따라서 토론자들은 청중이 토론을 참관하기 전에는 막연하게 알고 있었던 논제와 관련된 쟁점에 대해 좀 더 정확하게 이해한 상태에서 비판적으로 판단할 수 있도록 하기 위해 청중과의 의사소통에도 힘써야 한다. 토론자들은 상대편 토론자뿐만 아니라 토론을 지켜보는 시청자 또는 청중과도 의사소통할 책임이 있다. 말하기는 글쓰기와 달리 대면성, 동시성, 현장성의 특징이 있다. 즉, 청중과 대면한 상태에서 동시에 서로 반응을 주고받으면서 현장에서 청중의 반응을 즉각적으로 확인할 수 있다. 성공적인 토론을 위해 청중을 위한 의사소통 기술을 몇 가지 정리하면 아래와 같다.

① 논점은 3~5개로 범주화

토론은 제한된 시간 내에 진행되기 때문에 입론에서 논제와 관련된 모든 쟁점을 다룰 수는 없다. 따라서 자료를 조사하고 수집하고 검토한 후에는 중요성을 고려해서 우선순위에 따라 필수 쟁점들을 중심으로 쟁점들을 큰 범주로 분류하는 작업을 해야 한다. 이때 몇 개의 논점으로 범주화한 후에 각각의 논점을 뒷받침하거나 부연 설명해주는 근거를 함께 제시한다. 몇 개의 논점으로 나눌 것인지는 청중이 소화할 수 있는 정보량을 고려해서 최대 5개를 넘지 않도록 하는 것이 좋다.

② 두괄식 발화

두괄식으로 말할 경우 청중 입장에서 결론이 무엇인지를 먼저 알고 난 후 근거에 대해 설명을 들으면 근거의 타당성에 대해 좀 더 적극적으로 심사숙고하기 때문에 높은 집중력을 유지할 수 있을 뿐만 아니라 연사 입장에서는 본론을 이루는 각 쟁점에 대해 일관성 있게 논지를 전개해나가기가 용이하다. 특히 입론에서 주장과 근거를 어떤 순서로 제시하느냐에 따라 두괄식 구조와 미괄식 구조로 나뉘는데, 먼저 주장을 제시하고 나중에 근거에 대해 설명하는 두괄식 구조가 여러 가지로 장점이 있다.

③ 전문 용어의 쉬운 해설

일부 토론자들은 너무나 당연하다는 듯이 전문 용어, 외래어, 은어 등을 마구 사용하는데, 이는 청중이 내용을 이해하기 어렵다. 청중에게 익숙하지 않은 용어를 사용할 때는 청중을 배려해서 맨 처음 나올 때 그 단어를 천천히 그리고 또박또박 말한 후에 그 의미를 청중의 눈높이에 맞춰서 쉽게 풀어서 설명해주는 지혜가 필요하다. 꼭 용어가 아니더라도 청중이 이해하기 어려운 내용을 말할 때도 속도를 조절해서 청중과 의사소통하려고 노력해야 한다.

④ 주장과 자료의 관련성 해석

토론자들이 때로는 예시나 통계 자료 같은 증거를 제시하면서 그 증거가 어떻게 주장과 연관되고 어떤 점에서 주장을 뒷받침하는지에 대해 해석해주지 않아서 혼란스러울 때가 있다. 예를 들면 통계 자료를 증거로 제시할 경우 통계 자료의 어떤 부분이 주장을 뒷받침하는 자료로 사용된 것인지, 이를 통해 말하고자 하는 바가 무엇인지 설명해주지 않으면 청중이 스스로 그 관련성을 이해하기는 어렵다. 토론 내용을 처음 접하는 청중 입장에서는 내용을 이해하는 데 어려움을 겪을 수 있다.

⑤ 예고와 요약

안내 멘트는 연사가 말하는 내용을 청중이나 상대방이 단계별로 차근차근 이해하고 따라올 수 있도록 안내해주는 역할을 한다. 앞으로 말할 내용에 대해 예고하고(예고), 이미 말한 내용에 대해서는 요약해주고(요약), 이미 말한 내용에 대한 논의가 끝나고 그다음 내용에 대한 논의로 넘어간다는 것을 알려주고(논의 전환), 논의되는 내용이 전체 내용 중에서 몇 번째에 해당하는지를 '첫째', '둘째', '셋째' 등으로 순서를 매겨 알려주면(순서) 청중은 토론의 전체 흐름을 쉽게 이해할 수 있다.

⑥ 문제 내용을 먼저 언급한 뒤에 질문, 지적, 반박

상대방 주장 중에서 어떤 쟁점이나 증거 또는 논증을 문제 삼는지 명확하게 짚어준 후 질문하거나 지적하거나 반박해야 한다. 해당 내용을 명확하게 말하지 않은 채 질문하거나 지적하거나 반박하면 상대방은 물론 청중 역시 무엇을 문제 삼고 있는지, 무엇에 대한 얘기를 하고 있는지 알지 못한 채 혼란에 빠질 수 있다. 때로는 필요하다면 문제 삼는 해당 내용뿐만 아니라 해당 토론자가 누구인지 명확히 거론할 수도 있다.

⑦ 토론 예절

토론은 상대방 의견도 내 의견도 틀릴 수 있다는 것을 전제로 한다. 그러나 실제 토론을 하다 보면 상대방의 의견이나 주장의 논리적 문제점을 지적하면서 지나치게 공격적이고 호전적인 태도를 취해 상대방이 인격적인 모욕감을 느끼게 만들기도 한다. 반대로 상대방에게서 내 의견이 공격받을 때 마치 자신의 자존심에 상처라도 난 듯이 흥분하는 모습을 보이기도 한다. 또한 자기 측이 토론에 좀 유리한 발언을 한다 싶으면 의기양양한 모습을 보이거나 상대측이 발언하는 도중에 무시하거나 비아냥거리는 듯한 모습을 보이는데, 이런 모습들은 토론의 윤리상 절대 해서는 안 되는 행동들이다. 예의에 벗어난 행동은 토론을 지켜보는 청중에게는 불쾌감을 주고 심사위원들에게는 감점 요인으로도 작용한다. 예의를 지키면서 자신의 주장도 펴고 상대방 주장도 비판하는 법을 배우는 것이 진정한 토론 교육의 목적이자 우리 사회에 뿌리내려야 할 토론 문화임을 잊지 말아야 한다.

⑧ 정확한 발음

부정확한 발음은 원활한 의사소통을 하는 데 방해가 될 뿐만 아니라 연사의 공신력에도 부정적인 영향을 미칠 수 있다. 한두 사람과 비교적 가까운 거리에서 나누는 대화와 달리 대중을 상대로 공적으로 말하는 토론의 경우 청중과 상당한 거리를 둔 채 여러 가지 소음 속에서 말하다 보면 정보를 놓치기 쉽다. 따라서 상대방은 물론이거니와 청중이 토론의 내용을 잘 이해하도록 정확하게 발음하는 데 신경을 써야 한다.

⑨ 자연스러운 어조

자연스러운 말투란 리듬감 있고 친근감을 주고 생동감이 있는 말투를 말한다. 어조의 변화 없이 원고를 그대로 읽거나 외운 듯한 딱딱한 말투로 말하면 청중이 내용에 몰입하는 데 방해가 된다. 청중 개개인이 토론자가 자기에게 말하고 있다고 느낄 수 있도록 자연스러운 말투를 구사하는 것이 좋다. 단, 공적 말하기라는 점을 감안해서 자연스러운 말투를 구사하되 '해요'체보다는 '~했습니다'나 '~했습니까' 같은 공손한 종결어미를 쓴다. 화자는 특정한 단어나 내용을 강조하고자 할 때 좀 더 힘주어 말하거나 쉼(pause)을 두고 말하는 것도 매우 효과적인 말하기 전략이다. 더불어 표정이나 제스처, 시선 같은 비언어 역시 평소 친한 친구에게 말하는 것처럼 자연스러움을 유지하는 것이 좋다. 특히 청중이나 상대방의 눈을 바라보면서 말하면 상호작용하고 있다는 것을 보여주는 것은 물론 청중에게 자신의 이야기에 몰입하게 만들 수 있다.

7장

토론의 실제

1. 입론
2. 교차조사
3. 반론 및 자유토론
4. 토론 내용 구성과 개요표 작성
5. 토론의 형식과 토톤 평가

토론은 크게 입론, 교차조사, 반론으로 진행된다. 입론은 찬성 측과 반대 측이 각각 논제와 관련해서 자신의 입장을 표명하는 시간이다. 교차조사란 입론을 마친 토론자를 대상으로 상대측 토론자가 질의응답 형식으로 입론의 내용을 검증하는 과정이다. 반론은 입론과 교차조사를 통해 드러난 쟁점들을 정리해서 상대방 주장이나 근거가 지닌 약점과 허점을 공격하면서 자기주장이 지닌 강점을 강화하는 단계다.

1.
입론

입론은 찬성 측과 반대 측이 각각 논제와 관련해서 자신의 주장을 세우는 시간으로 기조연설, 발제, 입장 표명이라고도 한다. 양측의 토론자는 입론을 통해 자신의 주장을 개략적으로 정리해서 청중에게 명확하게 알려야 한다. 입론은 전체 토론의 방향을 결정할 뿐만 아니라 교차조사(교차질문)하고 반론하기 위한 기본 토대를 제공하기 때문에 논의에 꼭 필요한 내용은 입론에 반드시 포함해야 한다. 입론 내용을 근간으로 교차조사와 반박이 이루어지고 주장이 확장된다. 입론에 들어갈 요소와 구성 방법은 다음과 같다.

1) 사회적 배경 설명

토론자는 입론의 서두에서 맨 먼저 논제에 대한 토론이 왜 필요한지 그리고 그 사회적 배경이 무엇인지를 청중과 상대방에게 알려줌으로써 청중의 관심과 흥미를 불러일으키는 것이 좋다. 청중이 토론의 필요성과 가치를 충분히 인식하고 토론을 문제해결을 위한 장치로 받아들인다면 청중은 더욱 적극적인 문제의식을 갖고 토론을 지켜볼 것이다.

2) 주요 개념 정의

선정된 토론 논제의 사회적 배경에 대해 설명한 후에는 논제에 포함된 주요 개념들도 정의해야 한다. 논제와 관련된 주요 개념을 정의한다는 것은 곧 논의의 범위를 한정하는 것을 의미하는 동시에 논의가 시작됨을 알리는 것이다. 주요 개념들을 어떻게 정의하느냐가 토론의 전 과정에서 자기 팀의 입장이나 주장을 받쳐주는 기반이 되기 때문에 입론에서 주요 개념을 적절하게 정의해야 한다. 사회적 배경에 대한 설명과 마찬가지로 개념 정의 역시 토론에서 제일 먼저 발언하게 되어 있는 찬성 측이 먼저 시작하는데, 만약 반대 측이 찬성 측이 내린 개념 정의에 동의할 경우 그대로 진행되겠지만 만약 반대 측이 동의하지 않을 경우에는 반대 측이 개념에 대해 다시 정의할 수 있다.

3) 필수 쟁점 제시

필수 쟁점은 토론의 전체 방향을 좌우하는 핵심 요소들로서 논제 유형에 따라 차이가 있다. 사실 논제는 사실 여부와 행위의 책임 정도를, 가치 논제는 가치 간 우선순위와 가치의 판단 기준을, 정책 논제는 정책의 필요성, 실천 방안의 실효성, 실행 결과의 비용 편익을 필수 쟁점으로 다루면서 증거 제시와 논리적 추론을 통해 자기주장을 정당화한다. 입론에는 주요 개념에 대한 정의 외에도 자기주장의 논리적 정당성을 드러내는 필수 쟁점을 반드시 포함해야 한다.

칼 포퍼식 토론과 같이 입론을 한 번만 허용할 경우 청중이 그 입론을 듣고 충분히 그 주장을 받아들여야겠다는 생각이 들게 하기 위해서는 모든 필수 쟁점을 입론에 포함시켜서 입론 내용을 구성해야 한다. 이에 비해 두 명의 토론자가 각각 입론을 한 번씩 번갈아 가면서 하도록 되어 있는 교차질문형 토론의 경우에는 첫 번째 입론에서 가능한 한 모든 필수 쟁점을 포괄적으로 다뤄줌으로써 처음부터 청중에게 자신의 주장이 타당하다는 것을 보여주고, 두 번째 입론에서는 자신에게 유리한 쟁점들을 중심으로 더욱 상세하게 다루는 전략을 구사할 수도 있다.

주장을 펼 때는 3~5개로 정리해서 두괄식으로 말하는 것이 좋다. 주장을 너무 많이 나열하기보다는 일정한 기준에 따라 정보를 분류한 후 이를 3~5개의 주장으로 정리해서 근거자료와 함께 제시하면 청중이 내용을 더 잘 이해할 수 있다. 이때 말하고자 하는 결론, 즉 주장을 먼저 말한 후에 이를 뒷받침할 수 있는 근거자료를 제시하는 두괄식 구조로 말하는 것도 잊지 않는다.

반대 측은 변화의 필요성에 대해서는 동의하나 찬성 측이 제시한 정책보다 더 나은 대안이 있다고 생각하면 대안을 제시할 수 있다. 대안 제시는 때로는 찬성 측에 맞서는 유용한 전략이 될 수도 있지만 매우 신중하게 사용하는 것이 좋다. 왜냐하면 대안을 제시한다는 것은 상대방이 제시하는 정책으로는 문제가 해결되지 않는다고 생각하기 때문인데, 이것은 근본적으로 해결책이 필요하다고 주장하는 찬성 측 의견에 동의한다는 것을 의미한다. 이처럼 동일한 전제에서 찬성 측의 방안을 완전히 대체할 방안을 제시하기란 쉽지 않다. 그래도 만약 반대 측이 새로운 대안을 제시한다면 반대 측은 반드시 자기주장에 대해 입증 책임을 져야 한다.

4) 입론 요약과 강조

입론 마지막에는 이미 거론한 내용 중에서 주요 내용을 요약해줌으로써 그 내용을 청중에게 다시 한번 각인시키거나 자기주장의 핵심을 집약적으로 잘 드러낼 수 있는 이야기를 들려주거나 속담이나 격언 또는 권위 있는 사람의 말을 인용함으로써 청중에게 강한 인상을 심어줄 수 있다. 특히 후자의 방법은 청중에게 깊은 여운을 남김으로써 청중에게 메시지의 본질을 오랫동안 기억하게 하는 데 매우 효과적이다. 토론자가 선정된 입론의 필요성을 강조하면 좋다.

2.
교차조사

교차조사란 입론을 마친 토론자를 대상으로 상대측 토론자가 발언 내용에 대해 질문하는 과정을 말한다. 교차조사자가 효과적으로 질문하기 위해서는 무엇보다 입론을 경청해야 한다. 찬성 측이든 반대 측이든 입론이 끝난 뒤에 상대측 토론자로부터 질문을 받게 되는데, 이것이 상호 교차로 이루어진다고 해서 '교차조사' 또는 '교차질문', '확인질문'이라고도 한다. 교차조사를 실시하는 취지가 토론자들이 상대측의 주장은 듣지 않은 채 자기주장만 내세우는 고질적인 문제를 극복하는 데 있는 만큼 교차조사에서는 반드시 상대 팀이 발언한 내용에 대해서만 질문해야 한다.

1) 입론에서의 개념과 용어의 정확성 확인

교차조사를 통해 주요 개념과 용어가 정확하게 정의되었는지, 상대 팀 주장 중에 논제에서 벗어난 내용은 없는지, 모순되는 내용이나 표현은 없는지, 논리적으로 취약하거나 오류가 있지는 않은지 찾아내서 이를 부각시킨다. 예를 들어 주장을 뒷받침하는 증거인 사례, 통계 자료, 증언의 신뢰성과 증거에 대해 해석의 정확성을 문제 삼을 수 있다.

2) 상대방의 문제점 코드의 발견

교차조사는 상대방이 발언한 내용을 단순히 확인하는 시간이 아니다. "~라고 말씀하신 거 맞습니까?"라고 사실을 확인한 후 일방적으로 자기주장을 늘어놓는 토론자가 있는데, 이것은 올바른 교차조사가 아니다. 사실 확인 후에는 반드시 이 내용과 관련해서 상대방 주장의 문제점을 드러내는 것으로 연결해야 한다. 문제점이 있다는 것을 부각하기 위해 질문자가 직접 문제점에 대해 한 번에 얘기하는 것보다 문답식으로 몇 개의 질문과 답변을 교환함으로써 유도신문해서 상대방에게 문제점을 스스로 인정하게 만드는 것이 효과적이다. 이처럼 일련의 질문을 통해 단계별로 접근해서 어떤 결론을 이끌어내는 과정은 토론에 역동성을 더할 뿐만 아니라 청중에게 흥미를 선사하기도 한다.

3) 반론을 위한 토대

교차조사 시간을 상대방의 주장에 나타난 문제점을 지적하고 나아가 이를 탄탄한 반론을 펴기 위한 토대로 삼기 위해서는 상대방으로부터 원하는 답변을 충분히 이끌어내야 한다. 그러기 위해서는 질문을 효과적으로 해야 한다. 좋은 질문이란 한 번에 한 가지 논점에 대해서만,

짧게, 그리고 간결한 문장으로 질문하는 것이다. "~에 대해 어떻게 생각하십니까?"와 같은 개방형 질문은 답변이 길어지기 때문에 피하는 것이 좋다.

4) 폐쇄형 질문

주장이나 근거자료 등의 사실 관계를 확인할 때는 "예"나 "아니오"라는 답변을 유도하고, 설명이 필요할 때는 구체적인 문제를 거론하며 짧은 답변이 나올 수 있도록 폐쇄형 질문을 던지는 것이 효율적이다. 또한 간혹 질문하고 답변하는 과정에서 흥분하거나 예의 없는 모습을 보이는 토론자가 있는데, 이는 토론의 윤리에 어긋난다. 주장에 나타난 문제점에만 집중해서 예리하게 질문해야지 주장하는 사람을 공격하는 것처럼 비쳐서는 결코 안 된다.

3.
반론 및 자유토론

반론은 토론에서 가장 어려우면서도 가장 중요한 부분이다. 반론은 주어진 짧은 시간 동안 양쪽의 입론과 교차조사를 통해 드러난 쟁점들을 정리해서 상대방 주장이나 근거가 지닌 약점과 허점을 공격하면서 자신의 주장이 지닌 강점을 강화하는 단계다. 즉, 무조건 상대방 주장에 반대한다거나 앞서 말한 입론 내용을 단순히 반복하는 것이 아니라 상대방 주장과 비교해서 자신의 주장이 더 가치가 있다는 것을 증명해야 한다. 그러기 위해서는 자기주장의 약점이나 한계에 대해 정확히 파악해 둠으로써 예상되는 반론에 대비해야 한다.

1) 입론의 쟁점 반박

토론의 목적은 합당한 근거에 기초해 자기주장을 펴는 것은 물론이고 남의 주장을 비판하는 법을 배우는 데 있는 만큼 반론에서는 입론에서 이미 언급한 쟁점이나 논점에 한해 반박하도록 규정하고 있다. 따라서 입론에서 다루지 않은 쟁점이나 논점을 새롭게 들고나온다면 이것은 심사위원들에게 감점의 요인이 되니 주의해야 한다. 그리고 주장과 근거가 자신의 논지를 약화시키거나 논제의 범위를 벗어나지 않도록 반론을 펴는 것도 잊지 말아야 한다.

2) 상대 주장의 비판

반론에서는 무엇보다 상대방 주장에 잘못이 있다는 것을 꼼꼼하게 비판해야 한다. 예를 들어 상대방이 내세우는 주장이 논제에서 벗어났다는 점, 상대방이 자신의 주장을 뒷받침하기 위해 제시한 근거가 불충분하거나 신뢰할 수 없다는 점, 주장과 근거에서 일관성이 결여되거나 모순이 있다는 점을 들어서 반박할 수 있다. 상대 주장에 대한 비판 능력은 반론에서 가장 중요한 평가 기준이다.

3) 찬반 주장의 대비

시간 관계상 앞에서 거론한 쟁점들을 모두 언급하기에 무리가 있을 때는 첨예하게 대립하는 중요 쟁점 중에서 자기에게 유리한 쟁점을 선택해 이에 대해 집중적으로 반박하는 전략을 펴는 것이 효과적이다. 왜냐하면 상대방이 제시한 논점을 모두 반박하지 않고 그중 결정적인 논점 하나만 제대로 반박해도 상대방 주장이 잘못되었다는 것을 입증하는 셈이 되기 때문이다. 나아가 상대방 주장과 자기주장을 비교하고 대조함으로써 자신의 주장이 상대방보다 우월하다는 것, 또는 상대방이 제시한 증거들보다 자신이 제시한 증거가 좀 더 신뢰할 만하다는 점을 들어서 자신의 주장에 무게를 실어야 한다. 특히 찬성 측은 자기 측이 주장하고 있는 정책이 다른 어떤 대안보다 뛰어난 최선의 정책이라는 것을 입증하는 데 방점을 두어야 한다.

4) 주요 반박 내용 정리

교차조사형과 칼 포퍼식 토론을 진행할 경우에는 최종 발언이 편성되어 있지 않기 때문에 찬성 측과 반대 측은 각각 자기 측 마지막 반론의 말미에 최종 발언을 대신해서 논제에 대한 자기 팀의 주장과 상대 팀 주장에 대한 자기 팀의 주요 반박 내용을 간략하게 정리함으로써 청중과 심사위원들에게 자기 측 입장과 주장을 다시 한번 환기해주는 것이 좋다. 개방형 토론이거나 복합형 토론이라면 토론의 마무리에 진행되는 최종 발언에서는 찬성팀과 반대팀의 논거 3~5가지와 반론에서 나온 상대방의 반박 내용 그리고 자유토론에서 논쟁한 내용 등을 정리해서 발언하게 된다.

4.
토론 내용 구성과 개요표 작성

토론 현장에서는 자기 편은 물론이고 상대편의 입론, 반론, 재반론까지도 예상해서 한눈에 알아볼 수 있도록 적어두는 개요표가 있어야 한다. 이는 토론의 전체적인 흐름을 파악하고 전략을 구체적으로 세우는 데 큰 도움이 된다. 특히 입론의 경우 개괄적인 내용을 주종 관계에 따라 개요서처럼 체계적으로 배열해놓으면 내용을 구체화하고 숙지하는 데 편하다. 그리고 실제 발표할 때는 개요서의 내용을 키워드 중심으로 독서 카드에 옮겨 적은 큐카드를 사용하면 좋다. 마지막으로, 중요한 근거 자료들은 독서 카드를 이용해서 관련 쟁점을 정리해둔다.

1) 토론 내용의 구성 조건

토론이 성립하기 위해서는 몇 가지 원칙이 있으며, 이 원칙들은 토론을 이루게 하는 조건들이다. 토론의 조건들은 추정의 원칙, 입증 책임의 원칙, 논제 관련성의 원칙, 반증의 책임 등이며 이를 바탕으로 사실 토론, 가치 토론, 정책 토론의 필수 쟁점들이 등장하게 된다. 이 장에서는 토론의 원칙을 살펴보고 사실 · 가치 · 정책 토론의 필수 쟁점들을 제시한다.

(1) 추정의 원칙(presumption)

토론 내용의 구성 조건에서 첫 번째는 추정의 원칙으로서 긍정 측이 논제와 관련하여 현재 상태(status quo)에 대한 중요성, 심각성, 시의성 혹은 지속성 등을 제기하지 않으면 현재의 제도가 낫다는 것을 인정하는 것으로 추정한다는 원칙이다. 이는 법정의 무죄 추정의 원칙에 비유할 수 있다. 법정에서 무죄 추정의 원칙(presumption of innocent)에 따라 검사가 기소를 통해 피고의 범법 사실에 대한 증거를 충분히 제시하지 않으면 기각하는 것을 원칙으로 하고 있다. 반면 피고는 원고 혹은 검사가 제시한 증거에 반론을 제기하지 않으면 패소하는 것을 원칙으로 하고 있다.

추정의 원칙은 현재 상태를 지지한다. 다시 말하면 변화의 필요성이 충분히 제기되지 않으면 현재 상태에 머무는 것이 낫다는 관점을 말하는 것이다. 변화는 비용과 위험을 수반하기 때문에 긍정 측은 변화의 필요성을 충분히 제기해야 한다. 정책 토론에서 긍정 측은 추정의 원칙에 의거하여 제시하는 정책이 최소한의 부작용을 초래하면서 최대한의 이익을 가져온다는 입장을 증명해야 한다. 그렇지 않으면 추정의 원칙에 의해 변화하지 않는 것이 낫다는 전제를 인정하는 것이 된다. 문제를 제기하는 긍정 측은 현재 상태가 심각하고 문제가 있으며 논제를 받아들여야 한다는 충분한 논거와 근거를 제시해야 할 의무를 갖게 된다. 그리고 논제는 항상 현재 상태의 변화에 대한 추정을 함축하고 있다.

추정의 원칙에 따르면 만약 토론에서 긍정 측과 부정 측 둘 다 아무 발언하지 않고 토론이 끝난다면 부정 측이 승리하는 것을 원칙으로 하고 있다. 또한 토론에서 긍정 측과 부정 측이 비슷한 논증으로 서로 내용을 전개하여 동률이 나온다면 원칙적으로는 부정 측이 승리했다고 볼 수 있다. 왜냐하면 긍정 측은 현 상태를 변화시켜야 하는 충분한 논증을 제시하지 못했다고 판정할 수 있다.

추정의 원칙은 항상 긍정 측의 부담으로 남는 것은 아니다. 만약 부정 측이 대체 방안이나 부분 개선을 주장한다면 추정의 원칙은 부정 측에 증명의 부담으로 돌아간다. 또한 부정 측이 부작용이 더 심하므로 긍정 측 방안의 실효성이 없다는 주장을 제기한다면 부작용이 많다는 입증의 책임은 부정 측이 제시해야 한다. 예를 들어 "정부는 노숙자들을 위해 직업 재활 교육을 시행해야 한다"는 논제는 너무 당연한 행위를 논제로 선택했기 때문에 직업 재활 교육의 부작용이 토론의 주요 쟁점이 되며 부정 측은 직업 재활 교육의 부작용에 대한 입증의 부담을 갖게 된다. 위와 같은 논제의 경우, 추정의 원칙은 부정 측에 더 책임을 갖게 하는 것이다. 반면 "정부는 신용 불량자의 카드빚을 탕감해야 한다"는 논제를 두고 토론한다면 부정 측의 부작용에 대한 증명의 부담은 줄어든다. 왜냐하면 카드빚 탕감 시행 따른 부작용에 관해 많은 근거와 자료를 추정할 수 있기 때문이다. 위와 같은 특수한 상황을 제외하고 대부분 토론에서 추정의 원칙은 긍정 측의 입증 책임으로 이어지게 되며 부정 측이 현 상태에 대한 옹호로 유리한 고지를 차지한다.

(2) 입증 책임의 원칙(the burden of proof)

긍정 측은 토론의 논제가 제시하고 있는 사실 유무나 가치 우위, 정책 변화를 입증해야 할 책임을 갖게 된다. 법정에서 검사는 피고의 유죄를 입증하기 위해 충분한 증거를 제시하는 책임을 갖는 것과 같다. 토론에서도 긍정 측은 논제를 채택해야 하는 충분한 이유와 근거를 제시해야 할 책임을 갖는다. 입증 책임은 토론을 시작하게 하며 토론이 토론다워지게 하는 원칙이다. 입증 책임은 기존의 믿음, 평판, 정책, 제도에 대한 변화를 요구하는 측이 필요성과 변화의 방향을 분명히 제시해야 하는 책임이다. 그러므로 무책임한 발언이나 근거 없는 공격을 방지할 수 있게 하는 원칙이다. 토론에서 입증의 책임은 긍정 측이 갖는 것을 원칙으로 하고 있다.

토론에서 긍정 측의 입증 책임은 일상적인 증명의 부담과 다르다. 입증 책임은 토론에서 긍정 측이 논제에 대한 변화의 필요성을 증명하는 책임이며, 증명의 부담은 긍정이나 부정 측 어느 누구라도 주장하면 증거를 제시해야 할 의무를 말한다. 부정 측이 현재 "문제가 있지만 그렇게 심각하지 않다"는 주장으로 긍정 측에 공격한다면 부정 측은 심각하지 않다는 근거를 제시해야 한다. 이것이 증명의 부담이다.

입증 책임은 부정 측에게 주어진 논제를 하지 않아야 한다는 것을 입증할 책임이 없다는 것을 명확히 한다. 예를 들어 논제 "원전센터 유치는 그 지역에 이익이 된다"에서 부정 측은 "그 지역에 이익이 되지 않는다"는 것을 입증해야 할 책임을 지는 것은 아니다. 긍정 측이 먼저 이익이 된다는 것을 입증해야 하며, 부정 측은 긍정 측이 제시하는 이익이 큰 이익이 아니라는 것을 증명해도 토론은 부정 측이 승리한다. 대개의 경우 입증 방향은 논제가 함축하고 있는 방향에 따라 정해질 것이며 합리적 청중의 기대에 부합하는 방향으로 전개된다.

(3) 논제 관련성의 원칙(topicality)

논제 관련성이란 논제가 명시하는 범위 안에서 토론을 진행해야 한다는 원칙이다. 긍정 측에게 토론에서 제시하는 사례나 용어와 개념들이 논제의 틀 안에서 이루어지도록 분명하게 하는 원칙이다. 논제와 무관한 근거를 제시한다면 이는 논제와 관련이 없다고 부정 측으로부터 공격을 받을 수 있다.

예를 들어 "건강 보험료를 인상해야 한다"를 논의하면서 "담뱃값을 인상하여 건강보험 재정에 투입하자"는 논지를 펼친다면 이는 논제와 관련되지 않는 주장을 하고 있는 것이다. "소주세를 인상해야 한다"는 토론에서 긍정 측의 "국민 건강을 위해 소주세를 인상해야 한다"는 주장이 비논제적(nontopicality) 주장의 좋은 사례다. 이러한 비논제성은 부정 측 공략의 좋은 발단이 된다.

논제성에 의해 긍정 측은 근거를 제시하며 논제의 주요 용어나 개념에 대한 정의를 분명히 해야 한다. 부정 측으로서도 논제성과 관련하여 긍정 측의 일방적 정의를 따를 필요가 없다. 예를 들어 "행정수도를 이전해야 한다"는 논제를 두고 토론한다면 긍정 측은 '행정수도'라 하면 '수도 이전'과의 차이점을 분명히 하며 행정수도 이전 방법을 분명히 제시해야 할 것이다. 반면 부정 측은 "행정수도 이전이 실질적 수도 이전과 다른 것이 무엇인가?"라며 반론을 제기할 수 있을 것이다. 이와 같이 논제 관련성은 긍정 측이 제공하는 용어나 개념, 근거와 사례들이 논제와 관련되어 있다는 것을 명확히 해야 하는 원칙이다.

(4) 반증의 책임(burden of refutation)

반증의 책임이란 상대의 모든 허약한 주장을 공격하고 자신의 모든 허약한 주장을 보강할 책임을 말한다. 반증의 책임은 넓은 의미에서는 긍정 측과 부정 측 모두에게 적용된다. 그러나 대체로 긍정 측이 입증 책임에 따라 문제를 제기했다면 부정 측이 먼저 반증의 책임을 갖게 된다. 앞서 논의한 추정의 원칙을 깨고 긍정 측이 입증의 책임을 수행했다면 부정 측은 긍정 측이 기소하거나 제기한 문제에 대한 반증의 책임을 갖게 된다는 원칙이다.

부정 측 반증의 책임은 토론마다 다르게 필수 쟁점 중심으로 다르게 나타난다. 긍정 측이 입증에서 제시한 사안들을 점검하며 한 가지 이상을 효과적으로 반증하면 부정 측이 승리하는 것을 원칙으로 하고 있다.

2) 토론 개요표 작성

토론자가 주요 핵심을 담은 주장과 이를 떠받치는 근거를 마련했으면 토론 개요표를 작성해본다. 찬성과 반대는 각각 논제에 대한 찬성 또는 반대 입장을 정한 후에 그 입장을 뒷받침하는 주요 주장을 몇 개 제시한다. 다시 각각의 주장은 몇 개의 하위 주장 또는 증거 자료를 통해 뒷받침해준다. 토론에서는 무엇보다 입론과 반론 능력, 상대방의 예상되는 반론에 대비하는 능력을 갖추는 것이 중요하다. 따라서 토론 개요표에는 논제에 대한 우리 측 입장, 우리 측 입론, 우리 측 입론에 대한 상대측의 반론, 그리고 상대측 반론에 대한 우리 측의 재반론은 물론이고 상대측 입론, 상대측 입론에 대한 우리 측의 반론, 우리 측 반론에 대한 상대측의 재반론까지도 예상해서 한눈에 알아볼 수 있도록 적어둔다. 이로써 토론의 전체 흐름을 파악하고 토론의 전략을 구체적으로 세우는 데 큰 도움이 된다.

토론의 첫 시작을 알리는 입론은 토론의 전체 흐름을 결정할 수 있는 기조 발언의 성격을 띠기 때문에 토론의 필요성과 의미, 그리고 필수 쟁점을 모두 포함해서 내용을 구성해야 한다. 입론은 사전 준비가 가능한 부분인 만큼 입론의 내용을 개요 형태로 미리 작성해두는 것이 좋다.

입론의 내용을 서술문 형식으로 작성할 경우 무엇보다 내용의 관계가 서로 구조화되어 있지 않다 보니 작성하고 외우는 데 시간이 많이 걸린다는 문제점이 있다(백미숙, 2014 참조).

입론의 대본을 보면서 발표하면 청중과 눈 맞춤에 소홀해지고 어느덧 책을 읽는 어조로 변화하여 무미건조하게 흐를 가능성이 크다. 반면 입론의 개괄적인 내용을 주종 관계에 따라 개요서 형식으로 요약 · 정리해놓으면 내용을 구조화하고 암기하는 데 큰 도움이 된다. 입론의 요약에는 반드시 주종 관계를 고려해서 일정한 항목번호를 매기고 들여쓰기를 해야 내용의 관계가 시각적으로 드러나는 효과가 있다. 또한 요약 내용에는 입론의 내용을 구체화하기 위해 완전한 문장으로 적는 것이 좋다. 간혹 간단한 어휘나 어구로 작성된 입론의 내용을 발표할 때 긴장하여 잊어버리는 경우가 종종 발생한다. 이처럼 일정한 형식과 체계에 맞추어 완전한 문장으로 적은 개요서는 토론을 준비하는 단계에서는 많은 도움이 되지만, 실제 토론장에서는 개요서 대신 개요서의 내용을 키워드 중심으로 옮겨 적은 독서카드 비슷한 종류의 큐카드를 사용하는 것이 여러모로 좋다.

미디어 방송의 아나운서가 들고 있는 모양새의 큐카드에는 무엇보다 개요 형식과 구성이 그대로 유지되어 간결하게 적혀 있다. 큐카드는 완전한 문장 대신 주요 내용을 키워드 중심으로 적기 때문에 중간에 키워드를 보면서 말할 내용을 떠올리기가 쉽고 청중의 반응도 함께 살피면서 자연스럽게 말할 수 있다는 장점이 있다. 입론의 내용을 서론, 본론, 결론의 3단 형식으로 구성할 수 있다. 서론에는 논제와 관련된 사회적 배경에 대해 설명하고, 논제에서 제시한 주요 개념에 대해 정의함으로써 논의의 대상을 분명히 하거나 논의의 범위를 한정할 수 있다. 그리고 본론에서 제시하고자 하는 논점에 대해 간략하게 예고하고 소개한다. 본론에서는 주장을 이유와 증거와 함께 배열하고, 결론에서는 본론에서 말한 내용을 간단하게 요약하고 자기주장에 힘을 실어줄 수 있는 이야기나 인용문 등을 제시해서 강한 인상을 심어주는 것이 좋다.

3) 토론 근거 자료

성공적인 토론을 위해서는 객관적이며 권위가 있고 다양한 자료를 조사하고 수집해야 한다. 수집한 자료는 자료로서 얼마나 타당한지 검증한 후에 쟁점별로 정리한다. 아무리 자료 조사를 충분히 했다 하더라도 자료를 체계적으로 분류하고 있지 않다면 토론 상황에서 필요할 때 얼른 찾아볼 수 없어 낭패를 보는 경우가 많다. 그러므로 토론 현장에서 실수를 최소화하기 위한 리허설을 실시하는데, 이것은 근거자료를 체계적으로 정리하는 시간이 되기도 하다. 상대방의 입론 내용을 예상해서 이에 대비해 반론할 자료들까지 준비해야 한다. 자기주장을 강화하거나 상대방 주장을 공격하기 위해 필요한 자료들은 독서카드를 이용해서 관련 쟁점을 중심으로 그 내용과 출처를 적어두면 매우 유용하다. 쟁점과 관련해서 갖는 핵심 주장에 대한 어휘의 정확한 의미 그리고 예시 자료에 대한 출처와 해석도 함께 적어둔다. 모든 자료는 항목번호를 일관성 있게 기입하여 정리해야 한다. 토론 현장에서 하나의 쟁점이 다방면의 반론으로 제기될 수도 있기 때문이다.

실습

입론의 예(백미숙, 2014)를 기반으로 빈 곳을 채워서 발표해봅시다.

서론

1. 최근 아동성범죄가 잇달아 일어나면서 사형제 존폐 논란이 수면 위로 떠오르고 있다.
2. 우리나라는 '실질적 사형폐지국'으로 분류된다.
3. 사형제를 폐지하는 것이 세계적인 추세다.

본론

1. 범죄자의 인권도 보호해야 한다.
   1)
   2)
   3)

2. 범죄 예방 효과가 없다.

1)

2)

3)

3. 오판으로 판정 났을 때 이를 구제할 방법이 없다.

1)

2)

3)

결론

1. 단순히 억울하게 누명을 쓴 사형수의 이야기를 발언하며 청중에게 공감대를 형성한다.

2.

3.

도움받은 곳

강태완 외, 《토론의 방법》, 커뮤니케이션북스, 2001.

백미숙, 《스피치》, 커뮤니케이션북스, 2014.

_____, 《스피치로 승부하라》, 교보문고, 2013.

_____, 《스피치 특강》, 커뮤니케이션북스, 2006.

이두원, 《논쟁》, 커뮤니케이션북스, 2005.

_____, 〈CEDA 찬반 논쟁의 커뮤니케이션 전략 연구: 효과적인 입론, 교차조사, 반박을 중심으로〉, 《커뮤니케이션학 연구》 14(1), 90-123쪽, 2006.

이상철 · 백미숙 · 정현숙, 《스피치와 토론》, 성균관대학교 출판부, 2006.

한상철, 《토론》, 커뮤니케이션북스, 2006.

5.
토론의 형식과 토론 평가

토론의 형식은 토론의 기본 구성요소인 입론, 질문, 반박을 어떻게 편성하느냐에 따라 형식의 차이를 보인다. 질의를 넣을 것인가, 반박할 것인가, 질문과 반론을 한다면 얼마나 중점을 두어야 하느냐, 질의는 언제 하는가에 따라 형식의 차이를 보이며 각기 다른 특성을 가진다. 가치 토론으로는 링컨-더글러스 형식을 많이 이용하고, 사실 토론은 모의재판 토론을 많이 이용한다. 정책 토론으로는 교차조사 형식, 의회 토론 형식, 칼 포퍼 형식을 많이 사용하지만 가치의 논제로도 토론할 수 있다. 우리나라에서는 중앙선거방송토론위원회 주최 전국대학생토론대회를 중심으로 개선된 토론 방식을 활용하여 진행하고 있다. 아래의 몇 가지 토론 형식을 참조해서 실제 토론을 해보자.

1) 교차조사 토론 형식(Cross Examination Debate Association)

CEDA 형식은 토론 교육에 가장 보편적으로 활용되고 있다. 각 팀은 2명으로 구성되며, 각 토론자는 입론-질문-반박을 한 번씩 총 3번의 발언 기회를 가진다. 1947년 미국 육군사관학교에서 전국토론연맹(NDT)이 전국대학생토론대회를 열고 매년 정기적으로 진행했다. 그러나 몇 년 뒤 교차조사학회는 기존 전국토론연맹의 토론 형식이 주장과 반박만으로 이루어져 있어 토론자들은 자신의 주장만 하고 다른 사람의 주장을 귀담아듣지 않는 경향이 생긴다고 보고 상대방의 주장에 대한 질문 시간을 넣었다. CEDA는 그 학회 이름을 붙인 형식이다. 교차조사 방식을 타당하게 받아들여 전국토론연맹도 토론에 교차조사를 도입했다.

교차조사 방식 토론에서 입론은 긍정 측이 먼저 발언하고 반박은 부정 측이 먼저 발언한다. 토론의 마지막 반박은 긍정 측 두 번째 발언자가 하는 것이 특징이다.

이 토론 형식은 다른 토론 형식보다 다소 복잡한 면이 있지만, 상대 측 주장을 귀담아듣고 즉석에서 질문을 구성하거나 반박해야 하기 때문에 자기주장만 늘어놓는 종래의 토론 형식보다 더 발전한 것이다. 상대의 주장이 무엇이건 자신의 주장을 미리 만들어 구성하는 종래의 방식이었다면 이 형식에서는 질문과 반박 과정에서 상대 주장의 허약한 부분이나 오류를 찾아가며 토론의 쟁점들이 더 명확해지는 장점을 갖고 있다.

어느 쟁점을 질문하고 어느 쟁점을 반박할 것인가에 대한 결정이 중요하다. 그리고 즉각적으로 질문이나 반박의 쟁점을 선정하기 때문에 시간 배분이 중요하다. 상대의 발언이 끝난 후 어떤 쟁점에 대해 반박할 것인가를 선택하기 위해 작전타임을 적절히 잘 활용하는 것이 중요하다. 작전타임은 주로 상대 입론 후 자기 편 질문이 들어가기 전에 많이 이용하며, 마지막 반박 내용을 준비할 때 많이 이용한다. 아래 교차조사 토론 형식의 절차 및 발언 시간을 살펴보자.

교차조사 토론 형식(Cross Examination Debate Association)의 대학 토론 수업용

순서	토론 절차	발언 시간
1	긍정 측 첫 번째 토론자의 입론 (First Affirmative Constructive)	4분
2	부정 측 두 번째 토론자의 교차조사 (Second Negative Cross Exam)	2분
3	부정 측 첫 번째 토론자의 입론 (First Negative Constructive)	4분
4	긍정 측 첫 번째 토론자의 교차조차 (First Affirmative Cross Exam)	2분
5	긍정 측 두 번째 토론자의 입론 (Second Affirmative Constructive)	4분
6	부정 측 첫 번째 토론자의 교차조사 (First Negative Cross Exam)	2분
7	부정 측 두 번째 토론자의 입론 (Second Negative Constructive)	4분
8	긍정 측 두 번째 토론자의 교차조사 (Second Affirmative Cross Exam)	2분
9	부정 측 첫 번째 토론자의 반박 (First Negative Rebuttal)	3분
10	긍정 측 첫 번째 토론자의 반박 (First Affirmative Rebuttal)	3분
11	부정 측 두 번째 토론자의 반박 (Second Negative Rebuttal)	3분
12	긍정 측 두 번째 토론자의 반박 (Second Affirmative Rebuttal)	3분
작전타임	준비 시간 10분/긍정 측, 부정 측 팀당 5분 혹은 4분	

2) 의회형 토론(parliamentary debate)

이 토론 형식은 영국의회 토론의 전통을 반영한 것으로 옥스퍼드대학과 케임브리지대학 학생회가 행하던 토론 형식에 기초를 둔 것이다. 각 팀은 2인으로 구성하는 것을 원칙으로 하고 있으며, 그중 긍정 측의 한 명은 수상이라 지칭하고, 긍정 측의 다른 사람은 여당 의원이라 하며, 부정 측의 한 명은 야당 대표라 하며, 부정 측의 다른 한 명은 야당 의원이라 한다. 그리고 한 팀을 세 명의 토론자로도 구성할 수 있으며, 이때 세 번째 토론자의 입론을 두 번째 토론자 다음에 편성하면 된다.

논제는 교차조사 방식처럼 미리 선정하여 사전에 준비하도록 하는 경우와 논제를 토론장에서 시작 전에 공개하는 방법이 있다. 미국의회토론협회의 경우 후자를 택하고 있으며 논제는 토론 시작 15분 전에 주어지는 방식을 취한다. 그러나 상황에 따라 준비 시간을 30분으로도 변형할 수 있다. 또한 논제의 범위에 대한 제한을 미리 공고하지 않을 수도 있으며, 논제의 범위를 정치 · 외교와 같이 광범위한 부문을 공고하기도 하며, 때에 따라서는 구체적 분야로도 한다.

토론 중간에 따로 질문 시간을 배정하지 않으며 대신 상대 토론자의 입론이나 반박 중간에 질문할 수 있게 하는 것이 이 방식의 특징이다. 반드시 심사위원장을 진행자로 두며, 진행자는 장내에 대한 질서를 바로잡을 권한을 갖고 있다. 진행자는 의장의 역할을 수행하는 것으로 상정한다. 그리고 청중이 토론자들의 논리가 뛰어나거나 표현이 좋을 때 책상을 두드리며 응원하는 것을 허용한다.

의회형 토론 형식에서는 약간의 수사적 기법이나 유머러스한 표현도 허용하고 있기 때문에 현재 미국 대학에서 가장 인기 있는 방식으로 많이 채택하고 있다. 이 형식은 토론의 논제가 토론 시작 전에 주어짐에 따라 확실한 근거가 뒷받침된 주장보다는 추론력, 일반지식, 그리고 전달기술이 승패의 관건이 된다.

토론 중 질문 시간이 따로 없으나 상대방이 입론을 발표하는 동안 '보충 질의', '신상 발언', '의사진행 발언' 등을 할 수 있다. 보충 질의는 상대방의 양해를 얻어야 하며, 의사진행 발언이나 신상 발언은 의장의 양해를 구해야 한다.

보충 질의는 상대의 주장에 대한 간단한 답변을 요구하거나 상대 주장에 대한 짧은 반론을 질문 형태로 할 수 있다. 보충 질의는 입론 시작 후 1분 끝나기 전 1분 동안에는 질문할 수 없으며 질문 시간은 15초를 넘기지 않는 것이 예의다. 의장에게 요청하는 것이 아니라 상대 팀에 요구하며, 짧은 주장, 간단한 질문, 설명을 요구하기 위해 사용된다. 의장으로서 진행자는 입론의 1분이 지나면 종을 치거나 탁자를 꽝 두드림으로써 질의 허용 시간과 제한 시간을 알린다.

보충 질의는 말로 요청하지 않으며 비언어 제스처로 요청한다. 영국의회의 전통을 살리기 위해 질문자는 한 손을 머리에 올리고 다른 한 팔은 손바닥을 위로 향하게 펼친다. 그러나 질문 요청의 제스처를 변형하여 사용하기도 한다. 예를 들어 토론자가 그냥 손을 들고 있거나 그 자리에서 일어섬으로써 질문을 요청할 수 있다. 이때 발언하는 토론자는 그 요청을 받아들여 잠시 질문하도록 허용하거나 요청을 무시하고 발언을 계속할 수 있다. 요청을 거부할 때는 "다음에 질문해주십시오" 혹은 "조금만 더 기다려주십시오"라며 정중히 거절할 수 있으며, 요청이 받아들여지지 않는 경우 질문자는 자리에 앉아야 한다. 요청을 자주 거부하면 일방적이라는 인상을 주게 되며 요청을 너무 자주 받아들이면 발언의 주도권을 잃게 될 위험이 있다. 보충 질의는 입론 중 대개 2~4회 정도 일어나며, 2회 이상은 거의 의무적이다. 보충 질의는 반박 시간 동안은 허용되지 않는다. 보충 질의 시간은 입론자의 시간에 포함된다.

신상 발언은 상대 측이 인신공격성 발언을 하거나 자신의 주장이나 근거 혹은 정보에 대한 왜곡 발언을 할 때 요청할 수 있다. 상대방에게 직접 항의하는 것이 아니라 의장에게 요청하며, 의장은 "인정합니다" 또는 "인정할 수 없습니다"로 판결을 내린다. 의장이 판단하기 어려울 때는 심사위원들과 심의를 거치며 심의 시간은 발언 시간에서 제외한다. 의장의 "인정합니다"라는 판결을 받으면 심사의 감점으로 이어질 수 있다.

의사진행 발언은 상대 팀이 토론 규칙을 위반했을 경우 의장에게 요구하는 질의 형태이며 보충 질의만큼 자주 일어나지는 않는다. 상대방이 반박 시간 중에 이미 언급되지 않았던 새로운 주장을 제기하는 경우 또는 지나치게 시간을 초과하여 발언하는 경우에 요청한다.

의회형 토론은 즉석 토론 형태를 취하기 때문에 사전 준비가 어렵다. 논제를 미리 주지 않지만 여러 개의 주제를 주거나 논제의 영역만 주는 경우가 많기 때문에 토론자들은 모든 논제를 사전에 모두 준비한다는 것이 불가능하다. 또한 긍정과 부정 어느 편을 택할지 모르기 때문에 사전 준비가 어려울 수밖에 없다. 그렇다고 사전 준비가 필요 없다는 것은 아니다. 특정한 영역이 먼저 주어지는 경우도 있으며 이럴 때는 사전 준비가 철저해야 한다. 예를 들어 경제 문제가 주어지면 그 영역에 대한 논제가 가능한 영역을 집중적으로 준비해야 한다. 경제 영역에 대해 논제의 대상 10개를 고른다면 10개의 논제에 대한 찬성과 반대 입장을 준비해야 할 것이다.

의회 토론 준비는 논제 영역에 대한 폭넓은 조사와 이해가 승패의 중요한 요인이 되며, 지식의 깊이나 양보다 알고 있는 지식을 주어진 시간 내에 논리적으로 구성하는 능력을 배양하기에 좋은 형식이다.

의회 토론에서는 정책이나 가치 논제를 선택할 수 있으나 가치 토론의 논제도 의회라는 특수성을 감안하여 정책의 방향을 제시하는 것이 바람직하다. 그리고 전달에 있어 설득의 기법을 많이 강조하기 때문에 교차조사 방식과 함께 가장 선호하는 토론 형식이다. 아래 의회토론 형식과 관련된 발언 순서와 발언 시간을 참조해보자.

의회형 토론(parliamentary debate)의 대학 토론 수업용

순서	토론 절차	발언 시간
1	수상의 입론 (Prime Minister Constructive)	7분
2	야당 당수의 입론 (Leader of the Opposition Constructive)	8분
3	여당 의원의 입론 (Member of the Government Constructive)	8분
4	야당 의원의 입론 (Member of the Opposition Constructive)	8분
5	야당 당수의 반박 (Leader of the Opposition Rebuttal)	4분
6	수상의 반박 (Prime Minister Rebuttal)	5분

3) 링컨-더글러스 토론(Lincoln-Douglas debate)

이 토론 형식은 일대일 토론 방식이며, 주로 가치 논제를 다루지만 필요에 따라 정책 논제를 택할 수 있다. 이 토론 형식은 에이브러햄 링컨과 스티븐 더글러스 사이에 있었던 노예제도에 관한 토론에 기인한다. 당시 스티븐 더글러스는 상원의원으로 경제 문제 때문에 노예제를 일정 기간 유지해야 한다는 입장이었으며, 링컨은 노예제를 폐지해야 한다는 입장이었다. 더글러스는 이미 중견 정치인으로 대통령 후보의 물망에 오르기도 한 인물을 상대로 정치 초년생인 링컨이 토론을 먼저 제안했으며, 더글러스가 이를 받아들임으로써 토론이 벌어지게 되었다.

1858년 8월 21일부터 10월 15일까지 총 일곱 차례 진행된 이 토론을 기념하기 위해 '링컨-더글러스 토론 형식'이라 칭했다. 이 토론은 교차조사 방식, 의회 토론 방식과 함께 토론 교육에 많이 이용되는 인기 있는 토론 방식이다. 교차조사 토론과 의회 토론이 팀원 간의 토론이라면, 링컨-더글러스 토론은 일대일 토론 형태를 취하고 있어 주장과 반박의 부담이 한 사람에게 집중된다. 시간 배분에 있어 이 방식의 특징은 부정 측이 입론에서 긍정 측보다 1분을 더 많이 배정받고 긍정 측은 반박에서 1분을 더 배정받는다. 부정 측은 질문한 후 바로 입론에 들어가야 하며 긍정 측은 질문한 후 바로 반박에 들어가야 한다. 원칙적으로 숙의 시간이 없지만 필요에 따라 형식을 변형하여 숙의 시간 1분을 주기도 한다. 긍정 측이 먼저 입론을 하고 긍정 측이 마지막 발언 기회를 가진다. 그러나 긍정 측의 반박은 두 번으로 나누어져 있으며 부정 측은 한 번이다. 아래 링컨-더글러스 토론 형식의 토론 절차 및 발언 시간을 살펴보자.

링컨-더글러스 토론(Lincoln-Douglas debate)의 대학 토론 수업용

순서	토론 절차	발언 시간
1	긍정 측 입론 (Affirmative Constructive)	6분
2	부정 측 질문 (Negative Examination)	3분
3	부정 측 입론 (Negative Constructive)	7분
4	긍정 측 질문 (Affirmative Examination)	3분
5	긍정 측 반박 (Affirmative Rebuttal)	4분
6	부정 측 반박 (Negative Rebuttal)	6분
7	긍정 측 반박 (Affirmative Rebuttal)	3분

링컨-더글러스 토론 형식은 정책 토론과 달리 가치 토론이 많기 때문에 긍정 측은 가치 평가의 대상, 주요 용어와 개념의 정의 및 설명, 가치 평가의 우선순위 선정, 가치 판단의 정당화 등을 입증해야 한다. 부정 측은 위의 쟁점들을 부인하면서 반론의 부담을 갖게 된다. 가치의 논제를 두고 토론하기 때문에 구체적이고 복잡한 주제보다 일반적이며 보편적인 주제가 많다. 그러므로 토론 내용 또한 일반적인 근거가 많이 제시되며, 사회 전반적인 문제들의 개괄적인 사안을 많이 다룬다.

4) 칼 포퍼 토론(Karl Popper debate)

이 토론 형식은 금융계에 인지도가 높은 조지 소로스가 열린사회연구소(Open Society Institute)를 통해 공산주의 국가의 민주화 진척을 위해 토론 문화의 확산이 필요하다는 것을 인식하고 1999년 국제토론교육학회에 지원금을 기증했다. 이 학회는 철학자인 칼 포퍼(Karl Popper)를 기념하기 위해 토론 형식을 개발하고 이를 '칼 포퍼 토론 형식'이라 명명했다.

유대인 철학자 칼 포퍼는 그의 최초의 저서 《탐구의 논리》(1934)에서 "지식은 합리적인 가설의 제기와 그 반증을 통해 시행착오적(試行錯誤的)으로 성장한다"는 '비판적 합리주의'의 인식론을 제창했다. 그 후 이러한 기본사상을 바탕으로 사회과학론 · 역사론 · 인간론 등을 전개했는데, "실수로부터 배움으로써 진리에 접근한다"는 생각은 현대의 많은 지적(intelligent) 세계에 광범위한 영향력을 미쳤다. 1963년 저술한 《추측과 반박(Conjectures and Refutations)》, 1972년 영국 옥스퍼드대학교에서 출간한 《객관적 지식(Objective Knowledge)》에서 "귀납적 논리에 대해 부정적이지만 가설과 연역적인 논리에 의해 합리적인 지식의 도출이 가능하다"고 보았으며, "언어의 기능에 의해 주관적이거나 심리적인 관계에 속박되지 않는 객관적인 지식이 가능하다"고 했다.

칼 포퍼를 기념하기 위해 개발된 이 토론 방식은 3명의 토론자가 한 팀이 되는 토론이다. 각 팀은 한 번의 입론과 두 번의 반박을 하며, 두 번의 교차조사를 한다. 다른 형식의 토론은 두 번의 입론으로 이루어지지만, 이 형식에서는 반박이 두 번 이루어지며 반박에 대한 교차조사를 하는 것이 특징이다. 입론에 대한 교차조사도 하지만 각 팀의 첫 번째 반박에 대해서도 교차조사를 한다. 그러나 마지막 반박은 질문하지 않는다.

이 토론에서 두 번째 토론자는 한 번만 발언하게 된다.

다른 형식과 달리 칼 포퍼 방식의 특징은 긍정 측이 마지막 발언 기회를 갖는 것이 아니라 부정 측이 마지막 반박 기회를 가진다. 이는 긍정 측이 입증 책임을 지며 토론의 부담을 많이 가진다는 다른 토론 형식의 전세와 반대되는 것이다. 그런 선제 자체가 불공평하다는 입상이다. 긍정 측의 '변화의 입증 책임'만큼 부정 측의 '현상 유지 책임'이 존재한다고 전제하며 부정 측을 마지막 발언 기회로 편성한 형식이다. 다른 토론 형식에서는 부정 측이 긍정 측의 쟁점을 부정하면 승리할 수 있다.

칼 포퍼 방식은 3명이 토론하기 때문에 무엇보다 토론에 참여하는 토론자의 팀워크가 매우 중요하다. 두 번째 토론자는 한 번만 반론하기 때문에 토론 과정에서 많은 시간 동안 상대의 발언을 듣게 된다. 그러므로 두 번째 발언자는 상대 발언의 검증과 분석을 하여 다른 팀원을 잘 도와주어야 한다. 두 번째 발언자가 이런 역할을 잘하느냐 못하느냐에 따라 토론의 승패가 좌우된다. 한 번 발언하지만 팀의 조정자 역할을 하는 중요한 구성원이다. 세 번째 토론자는 처음 교차조사를 하고 25분 후에 마지막 반박을 하기 때문에 충분한 시간을 가지며, 두 번째 발언자와 협의하는 시간을 가질 수 있다. 이 형식은 반박하는 시간이 다른 형식보다 많고 첫 번째 반박에도 질문하는 것이 특징이다. 아래 참조에서 일반 토론 형식과 다른 칼 포퍼 토론 형식의 토론 절차와 발언 시간을 살펴보자.

참조

칼 포퍼 토론(Karl Popper debate)의 대학 토론 수업용

순서	토론 절차	발언 시간
1	긍정 측 첫 번째 토론자의 입론 (First Affirmative Constructive)	6분
2	부정 측 세 번째 토론자의 질문 (Third Negative Cross Examination)	3분
3	부정 측 첫 번째 토론자의 입론 (First Negative Constructive)	6분
4	긍정 측 세 번째 토론자의 질문 (Third Affirmative Cross Examination)	3분
5	긍정 측 두 번째 토론자의 반박 (Second Affirmative Rebuttal)	5분
6	부정 측 첫 번째 토론자의 질문 (First Negative Cross Examination)	3분
7	부정 측 두 번째 토론자의 반박 (Second Negative Rebuttal)	5분
8	긍정 측 첫 번째 토론자의 질문 (First Affirmative Cross Examination)	3분
9	긍정 측 세 번째 토론자의 반박 (Third Affirmative Rebuttal)	5분
10	부정 측 세 번째 토론자의 반박 (Third Negative Rebuttal)	5분
작전타임	각 팀당	8분

5) 대학생 토론대회를 위한 토론 형식(칼 포퍼 형식의 변형)

〈강의 시간 활용형〉

이 토론 형식은 대학에서 토론의 전략을 학습하는 학생들에게 무난하게 활용되는 토론 진행방식이라 할 수 있다. 각 팀은 3명으로 구성되며 토론자 개개인은 각각 입론, 교차조사(반박), 최종 발언의 역할을 맡아서 한 번의 발언 기회를 갖고 자유토론에서는 함께 진행하는 방식이다. 토론의 형식에 따라 아래에서 세밀한 진행 순서를 설명한다.

(1) 찬성 측 토론자의 입론

찬성 측 토론자는 논제에 등장하는 주요 개념들을 정의하고 논제가 등장한 현대적 배경이나 역사적 배경 그리고 논제의 현상 및 문제에 관한 분석을 명시하고 자신의 주장을 펼쳐야 한다. 정책 토론일 경우에는 찬성 측 첫 번째 토론자는 토론의 전체적인 방향을 좌우하는 핵심적 요소들을 필수 쟁점으로 제시해야 한다. 찬성 측은 논제의 지속성, 중요성, 해결 가능성을 모두 갖춘 내용을 준비해야 하며 해결 가능성에는 구체적 방안이 포함되어야 한다. 찬성 측에서 입론을 맡은 토론자는 논제가 성립되기 위한 필요조건을 증명해야 하는 증명의 부담을 안는다. 이는 "문제를 제기하는 사람이 관련 증거도 제시해야 한다"는 원칙이다.

〈입론자의 조작적 정의와 필수 쟁점(stock issue)〉

모든 토론은 논제에 등장하는 주요 개념들을 바르게 정의하는 것에서부터 시작된다. 찬성 측 입론자는 개념 정의와 함께 논제가 등장하게 된 배경이나 다양한 현상 그리고 문제에 대한 분석을 명확하게 제시해야 한다. 개념 정의 방법으로는 사례 제시, 권위자의 주장 인용, 조작적 정의(토론자가 특정한 상황에서 특정한 목적을 제시하기 위해 개념을 정의하는 것으로 토론자가 조작적 정의를 내리는 것은 복잡한 사안을 더욱 단순화시키고 이후 당사자의 정책적 방안과 연계되어 제시될 때 주로 활용된다), 비교와 대조, 어원의 제시 등이 있다.

입론자의 필수 쟁점이란 찬성 측이 논제에 내재되어 있기 때문에 반드시 설정해야 한다고 주장하는 사실 혹은 가치와 관련된 진술들을 말한다. 이것은 증명의 부담을 지고 있는 찬성 측에서 제시해야 하는 것으로 토론 논제에 내재된 비판적인 주장들을 의미한다. 반대 측에서는 긍정 측에서 제시한 쟁점 중 한 가지 이상을 성공적으로 논박해야 토론을 승리로 이끌 수 있다. 정책 토론의 경우 필수 쟁점으로 다음 세 가지 요소는 반드시 내재되어야 한다.

① 정당화(justification)
- 제시된 문제가 현 상황에서 지속적으로 내재하는가(inherency)?
- 제시된 문제가 미래까지 심각한 결과를 가져오는가(significance)?

② 방안(plan)
- 제시된 방안이 실행 가능한 것인가(workablity)?
- 제시된 방안이 당면 문제를 해결할 수 있는 것인가(solvency)?

③ 이익(advantage)
- 제시된 방안이 사회적인 이익을 낳을 것인가(advantage)?
- 정책으로 야기된 이익이 불이익보다 클 것인가(disadvantage)?

이에 대해 반대 측은 긍정 측의 개념 정의나 가치 판단에 이견을 보일 수 있다. 또한 긍정 측이 제시한 필수 쟁점과 관련하여 제시한 방안이 본 토론의 논제에서 벗어났다고 주장할 수 있다. 아니면 필수 쟁점을 그대로 받아들인 가운데 해결 가능한 정책적 대안을 놓고 더 나은 대체 방안을 제시하거나 긍정 측이 제시한 해결책이 더 심각한 불이익을 초래한다고 주장함으로써 토론에서 승리할 수 있다.

참조

정책 토론의 필수 쟁점과 관련된 예시

정책 토론의 필수 쟁점들은 문제의 배경, 용어와 개념 정의, 정당화, 방안, 이익과 부작용, 실효성으로 이루어진다.

(1) 개념 정의, 문제의 역사적 배경 및 이론적·철학적 근거

정책 토론은 논제에 나타난 용어와 주요 개념에 대한 정의가 쟁점이 된다. 정책 토론에서 긍정 측은 논제에 대한 주요 용어는 물론 개념에 대한 정의를 입론 과정에 밝혀야 한다. 예를 들어 "정부는 불법 외국인 노동자를 추방해야 한다"는 논제에서 '정부'에 대한 정의도 중요할 수 있으며 '불법'은 물론 '외국인'에 대한 정의를 할 수 있을 것이다. 이때 외국인이라 하면 '재중 교포'도 포함하느냐 마느냐에 대한 논란이 있을 수 있으며, '노동자'라 하면 원어민 영어 강사들을 포함하느냐 하지 않느냐가 대립적 쟁점이 될 수 있다. '추방'이라 하면 강제 추방을 의미하는지 권고 추방을 의미하는지 명확히 제시해야 한다. 가치가 많이 내포된 정책 토론의 논제에서는 용어와 개념에 관한 정의가 방안이나 실효성보다 더 중요한 경우가 많다. 예를 들어 소극적 안락사의 경우 긍정 측은 '죽음의 천사'로 미화하며 정의할 수 있으며, 부정 측은 '연쇄살인범'으로 정의를 내리며 반박할 것

이다. 또한 "동성애자 결혼을 합법화해야 한다"는 예시 논제에서는 동성애자에 관해 네덜란드 사례를 들며 '합법화'를 '결합(union)'이라는 비유로 재정의할 수 있을 것이다. 용어에 대한 정의의 기법은 다양하다. ① 사전적 정의, ② 사례에 의한 정의, ③ 권위 인용을 통한 정의, ④ 부정이나 배제를 통한 정의, ⑤ 비유/유추/대조를 통한 정의, ⑥ 조작적 정의 등이 있다. 용어와 개념에 대한 정의는 애매모호하지 않고 명확해야 한다.

논제가 명시하고 있는 문제의 역사적 배경도 중요한 쟁점이며, 이념적·철학적 근거도 중요한 쟁점으로 부상한다. 예를 들어 "사형제를 폐지해야 한다"는 토론에서 긍정 측은 개인의 생명권에 대한 이론적·철학적 근거를 제시할 것이며, 부정 측은 사형제에 대한 역사적 배경을 근거로 제시할 수 있을 것이다. "스크린 쿼터제를 폐지해야 한다"를 두고 논의한다면 긍정 측은 자유무역협정(FTA)이라는 개념의 사회경제적 이론의 근거를 제시해야 할 것이며, 반면 부정 측은 국익과 자국 산업 보호라는 개념에 대한 이론의 근거를 조사해야 할 것이다.

(2) 정책토론상의 정당화 또는 당위성

정당화(justification) 혹은 당위성은 긍정 측이 주어진 논제가 표현하고 있는 문제점에 대한 정당화를 증명해야 한다. 정책 토론의 논제는 '~해야 한다'로 정해짐에 따라 긍정 측은 현 상황에 대한 변화의 필요성을 정당화해야 할 의무를 갖는다. 그리고 이런 문제 제기는 쟁점화가 된다. 긍정 측은 정당화의 세부 사안들인 중요성, 심각성, 즉시성, 문제의 지속성 등을 제기할 수 있다. 반면 부정 측은 중요성, 심각성, 즉시성, 문제의 지속성 등을 부인할 수도 있다.

논제의 정당화와 당위성으로 다음과 같은 특징을 들 수 있다.

첫째, 중요성을 들 수 있다. 중요성은 긍정 측이 논제가 현 공동체에 중요하다는 것을 쟁점화하는 것이다. 반면 부정 측은 중요하지 않다고 쟁점화할 수 있다. "소주세를 인상해야 한다"에 관해 토론한다면 긍정 측은 소주세 인상의 중요성에 관한 주장을 하고 부정 측은 소주세 인상이 중요하지 않다는 반론을 펼칠 수 있다.

둘째, 긍정 측은 논제가 제기한 문제의 심각성을 쟁점화할 수 있다. 긍정 측은 문제가 현저하게 존재하며 심각한 상황이라고 강조할 수 있는 반면, 부정 측은 문제가 있을 수도 있지만 그렇게 심각하지 않다고 반대 논지를 펼칠 수 있을 것이다. 예를 들어 "낙태(임신중절)를 허용해야 한다"는 논제에서 긍정 측은 산부인과에서 이루어지는 낙태수술 현황의 양적 자료를 제시하며 논제의 심각성을 펼칠 것이다. 그러나 부정 측은 현 상태로 사문화된 법 테두리 안에서 임신중절이 이루어지고 있으며 심각하지 않은 상황이라고 반론을 펼칠 수 있다.

셋째, 긍정 측은 시의성을 쟁점화할 수 있을 것이다. 문제가 심각하며 이른 시일 내에 조치하지 않으면 문제는 악화될 것이라며 긴급성을 강조할 수 있다. 반면 부정 측은 문제가 심각하지 않을뿐더러 지금 조치하는 것은 상황을 더 악화시킬 수 있으므로 시간을 두고 사태의 추이를 올바로 파악한 후 조치해도 된다고 주장할 수 있다.

넷째, 긍정 측이 정당화할 수 있는 사안은 문제의 지속성이다. 문제가 본질적으로 내재되어 있으며 조치하지 않으면 문제가 해결되지 않는다는 것을 쟁점화할 수 있다. 반면 부정 측은 문제가 저절로 해결될 수도 있다는 개연성을 반론의 근거로 제시할 수 있다. 부정 측은 문제가 지속적이지 않으며 해결될 수 있다는 것을 쟁점화할 수 있다. 문제가 지속적으로 제도나 인간의 태도에 내재되어 있지 않고 다른 제도가 개선되면 자동으로 해결될 수 있다고 반격할 수 있을 것이다. 이상과 같이 정책 토론이나 가치 토론에서는 정당화와 합리화가 중요한 쟁점으로 부각되며 긍정 측과 부정 측은 이런 쟁점들을 두고 대립된 의견을 제시하게 된다.

(3) 방안 제시

정책 토론에서는 가치 토론과 다르게 구체적 방안을 제시해야 한다. 정책 토론에서 방안을 제시할 때 실행 가능성(workability)과 해결성(solvency)이 쟁점화가 된다. 실행 가능성은 긍정 측이 제시한 정책 방안의 실효성으로서 쟁점이 될 부분들로서는 인적 자원, 물적 자원 혹은 재원, 자연자원, 사회 제도, 사회적 인식과 가치와 변화 대상의 의지 및 태도 등이 있다. 실효성의 하위 개념 부분들은 논제의 성격에 따라 쟁점이 달라질 수 있다.

인적 자원이라 함은 예를 들어 "영어를 공용화해야 한다"는 논제로 토론할 때 긍정 측은 인적 자원의 한계를 분명히 해야 할 것이다. 전국 모든 공문서를 영어로 공용화할 것이냐며 부정 측은 인적 자원 부문에 대해 공격할 것이다. 같은 맥락에서 부정 측이 공문서를 영어로 이중 보관한다면 재정 문제가 심각해져 실행 가능성이 없다고 공략할 수도 있다. "천성산 터널 공사는 중단해야 한다", "새만금 간척 사업을 중단해야 한다" 등 환경을 주제로 하는 논제의 경우 대부분 긍정 측은 자연자원의 활용과 보호에 대한 방안을 제시해야 할 것이다. 이와 같이 방안 제시에 있어 인적·물적·자연적 자원 같이 물리적인 요인이 쟁점 사안이 될 수 있다.

방안 제시에 있어 행위 주체자들의 인식, 가치, 태도 등의 실행 가능성이 쟁점이 된다. 예를 들어 "호주제를 폐지해야 한다"는 논제가 1950~1960년대에 논의되었다면 당시 사회적 인식과 가치들은 아주 부정적이었을 것이다. 긍정 측은 이를 극복하는 방안을 제시하며, 부정 측은 인식이나 가치를 쟁점화할 것이다. 또한 실행 가능성의 쟁점 사안으로 행위 주체자의 변화 대상 의지가 있다. 예를 들어 "낚시 면허제를 도입해야 한다"는 논제를 두고 토론한다면 낚시꾼들이 비용을 지불하며 면허를 받고 교육을 받을 의지가 있느냐 없느냐가 쟁점화될 것이다. 긍정 측은 이상의 쟁점들을 고려하여 구체적 방안을 통해 논제가 제시하고 있는 문제가 해결(solvency)된다고 강조하는 반면, 부정 측은 그래도 문제가 해결되지 않는다고 반론을 제기할 것이다.

(4) 이익과 부작용

네 번째 정책 토론의 필수 쟁점은 이익(advantage)과 부작용(disadvantage)이다. 정책 방안을 실천함으로써 얻어지는 결과에 대한 쟁점이다. 긍정 측은 다소 부작용이 있을지라도 결과적으로 이익이 더 크다는 입장을 주장할 것이며, 부정 측은 긍정 측 방안은 이익을 가져올 수도 있지만 그에 따른 부작용을 더 강조할 것이다.

(2) 반대 측 토론자의 교차조사

반대 측 토론자의 교차조사는 긍정 측 입론에서 논리상 나타나는 문제를 부각시킬 수 있는 조사 과정(반박)이라 할 수 있다. 교차조사자는 반드시 상대방 입론에서 주장한 내용만 가지고 상대방의 논리적 허점, 오류 등을 부각시킴으로써 토론을 유리하게 끌고 가야 한다. 교차조사자는 상대방이 주장한 입론을 주의 깊게 듣고 이에 대해 자기 팀의 주장과 배치되는 부분이나 논리적 오류를 찾아내 자기 팀이 유리하게 토론을 진행할 수 있도록 날카로운 질문을 할 수 있어야 한다. 교차조사 시에는 질문하는 사람이 정해진 시간 내에 대화를 이끌어갈 통제권을 갖고 있으므로 "예" 또는 "아니오"로 대답을 요구하거나 압박 질문을 하는 경우가 많다.

〈교차조사의 전술〉

① 상대방의 논점이 불명확할 경우 교차조사를 통해 이를 분명하게 제기할 수 있다.

② 상대방이 제시한 자료가 출처나 신빙성 등에 결함이 드러난 경우 이 점을 부각시킴으로써 추후 토론을 유리하게 할 수 있다.

③ 상대방이 자신의 쟁점 가운데 인정한 쟁점을 확인할 수 있다.

④ 상대방이 공격한 자신의 논점을 보완하거나 반박할 수 있다.

⑤ "~에 대해 어떻게 생각하는가?"와 같은 개방형 질문은 피하는 것이 좋다. 상대방이 답변 시간을 끌 수도 있기 때문이다.

⑥ 교차조사 시에는 가급적 "예" 또는 "아니오" 같은 단답형 대답을 유도하는 것이 바람직하다.

⑦ 교차조사는 질의응답 시간이므로 입론에서 발언한 내용과 무관한 새로운 논증을 펼치는 것은 지양해야 한다. 질의응답 결과 새로운 주장을 펼칠 필요가 제기되었을 때는 이후의 반박 시간을 활용한다.

⑧ 질문은 핵심어 중심으로 간결하고 이해하기 쉽게 해야 한다.

⑨ 교차조사에서 던지는 모든 질문은 다음 입론이나 반박에서 자기 팀의 논점에 유리한 정보를 얻기 위한 목적에서 제기한다는 것임을 명심해야 한다.

⑩ 교차조사의 질문 양은 많을수록 상대방을 압박할 수 있으니 미리 입론에 대한 예상 질문지를 준비해놓는 것도 바람직하다.

(3) 반대 측 토론자의 입론

반대 측 입론자는 찬성 측 첫 번째 토론자가 제시한 입론의 연장선상에서 시작하는 것이 좋다. 또한 반대 측에서 질의응답한 교차조사 과정에서 드러난 논리적인 문제들을 중심으로 입론을 시작하는 것이 좋다. 찬성 측이 입론에서 제시한 개념의 정의, 역사, 현황 등의 문제점을 적극적으로 개진한다. 정책 토론의 경우 반대 측 입론자는 찬성 측이 제시한 핵심 쟁점 중에서 견해를 달리하는 부분을 명확히 제시해야 한다. 만일 반대 측 토론자가 입론에서 논박하지 않을 경우, 찬성 측의 내용은 그 논리가 받아들여졌음을 의미하게 되므로 추후 반증의 부담을 안고가야 한다. 반대 측 입론에서 활용될 논박의 기술을 살펴보자.

① 논제 관련성

반대 측은 찬성 측이 제시한 필수 쟁점과 관련된 논의가 토론의 논제에서 벗어나는 주장이라고 반박할 수 있다.

② 일반화

반대 측은 찬성 측이 제시한 사례들이 전체 논지를 정당화하기에 역부족이라는 점을 근거로 반박할 수 있다.

③ 비전형성

반대 측은 찬성 측이 제시한 주장이 논제를 입증하는 어떤 특성도 담지 않은 비전형적 사례라고 주장함으로써 더 강하게 반박할 수 있다.

④ 개념 정의

찬성 측에서 제시한 개념 규정이 합리적일 경우 반대 측은 이를 그대로 받아들이지만 그렇지 않을 경우 반대 측은 개념 규정 자체를 논박할 수 있다.

⑤ 판단 기준

가치 토론의 경우 찬성 측이 제시한 기준과 다른 판단 기준을 제시하여 설득할 수 있다.

⑥ 필수 쟁점

반대 측은 찬성 측이 제시한 필수 쟁점 가운데 중요성이나 지속성을 논박할 수 있으며 더 나은 대체 방안을 제시할 수도 있다. 이때 중요성이나 지속성은 해결책이나 대체 방안과는 양립할 수 없다.

(4) 찬성 측 토론자의 교차조사

반대 측 입론자의 개념 정의나 쟁점에서 논리적 오류를 잘 지적했는지에 대해 질의응답한다. 또한 반대 측 입론자의 대안은 현실에서 효과적인가에 대해 공박할 수 있다. 다른 교차조사 내용과 비슷한 맥락에서 증빙자료의 객관성 및 합리성에 대해 질문할 수 있다.

(5) 최종 반박(최종 발언)

반박은 토론의 최후 발언이다. 반박 시간 동안 앞서 토론한 주장과 쟁점 중에 어떤 것이 중요한가를 가려내어 주장의 우위를 점검하며 청중을 설득하는 시간이다. 반박은 시간이 짧을 뿐만 아니라 쟁점들을 분류해서 어떤 쟁점이 자기 입장에 유리한가를 선택하여 그 쟁점들을 중심으로 자신들의 주장을 강화하며 마무리하는 단계다. 반박에서 어느 토론자가 무엇을 주장했으며 무엇을 주장하지 않았는가를 밝히며 자신들의 주장이 우위에 있다는 것을 말해야 한다. 모든 쟁점을 다 논하려고 하지 않는 것이 좋다. 토론자들은 입론이나 교차조사에서 다룬 대부분 쟁점들에 대해 언급하는 경향이 빈번히 일어난다. 그러나 노련한 토론자들은 중요한 대립적 쟁점들에 대해 각각의 장단점을 비교하며 자신들의 주장을 강화한다. 반박에서는 모든 쟁점을 다 요약할 필요가 없으며 반박에서 이길 수 있는 쟁점을 중심으로 주장을 확장한다. 또한 자신들에게 불리한 쟁점들은 피해야 한다.

반박에서 어느 쟁점을 부각하고 어느 쟁점을 피하느냐에 따라 토론의 승패가 좌우될 것이다. 반박에서는 새로운 주장을 하는 것을 원칙적으로 금하고 있다. 새로운 주장이 나오면 이에 대한 토론을 할 시간이 없기 때문이다. 반박을 구성하며 주의할 점을 정리하면 다음과 같다.

① 요약 · 정리해둔다

각 팀의 토론자는 반박을 준비할 수 없는 것으로 착각하면 안 된다. 내용 구성 요약을 준비하는 과정에서 반박에서 제기할 쟁점들을 단락 형태로 요약해두는 것이 효율적인 전략이다. 토론 현장에서 즉석으로 상대측의 내용을 다 요약하기에 토론은 너무 빨리 진행된다. 미리 준비과정에서 반박에 활용할 쟁점들과 그에 대한 근거나 증거들을 요약해두어야 한다.

② 핵심 쟁점만 설득한다

최종 반박에서 모든 쟁점을 다 논하려 하지 않는다. 무엇이 유리한 쟁점이며 무엇이 불리한 쟁점인가를 파악해야 하고, 쟁점에 대한 자신들의 주장이 우위에 있다는 것을 청중에게 제시하며 설득적으로 전달해야 할 것이다.

③ 상대방보다 신뢰성 있고 타당한 증거를 제시한다

단순히 증거를 제시하는 것으로 끝나면 안 된다. 상대가 제시한 근거나 증거들보다 자신들이 제시한 증거나 근거가 더욱 신뢰성 있으며 타당성이 더 높다는 것을 제시해야 한다.

④ 상대방보다 권위 있는 근거를 제시한다

반박은 주장의 반복이 아니다. 입론의 주장을 단순히 반복해서는 안 된다. 자신들의 주장이 더 타당하며 권위가 있다는 근거를 제시해야 한다.

⑤ 최종 반박에서는 새로운 주장은 반칙이다

반박에서는 새로운 주장을 하는 것을 원칙적으로 금하고 있다. 자신들의 주장을 강화할 새로운 증거들을 제시할 필요는 있지만, 새로운 주장을 하는 것은 반칙으로 간주한다.

⑥ 명료한 발화를 한다.

반박 시간이 짧으므로 토론자들은 말을 빠르게 하기 쉽다. 천천히 보내야 하는 시간은 아니므로 빠르게 하되 청중에게 전달될 수 있는 범위 내에서 한다.

⑦ 쟁점은 짧게 말해야 효율적이다

반박에서는 주장에 대한 설명을 길게 하지 않는 것이 효율적이다. 청중에게 주장을 새롭게 설명하기에는 시간이 짧으므로 쟁점 사안별로 내용을 구성하며 각 쟁점을 비교하는 것이 효율적이다. 그러므로 선택한 쟁점들을 시간별로 고르게 구성하면 효과적이다.

⑧ 팀원 간 역할 분담을 확실히 한다

팀원 간 쟁점에 대한 역할 분담을 효율적으로 한다. 확실히 유리한 쟁점들은 두 토론자 모두 반복해서 하는 전략을 구사할 수 있겠지만, 쟁점에 대한 역할을 분담하여 진행하는 것이 좋다.

대부분 토론에서는 부정 측이 먼저 반박하고 긍정 측이 마지막으로 반박하기 때문에 반박의 순서에 따른 다양한 전략이 있다. 부정 측은 자신의 증거들을 제시하며 긍정 측에 답변이나 의견을 제시해달라는 요청의 형식을 빌려 긍정 측 반박에 부담을 줄 수 있다. 특히 부정 측 마지막 발언자는 부정 측 첫 번째 발언자가 요청한 사안을 긍정 측이 반박에서 답하지 않았다면 이를 재확인하며 공격할 수 있다. 부정 측은 마지막 반박에서 입장을 강화하는 전략을 택할 수 있다. 앞 단원에 제기한 필수 쟁점 중 1~2개의 쟁점에 초점을 맞추어 집중공략하는 것이다. 정당화, 용어 및 개념 혹은 이념적 · 철학적 근거, 방안의 실효성, 이익과 부작용 중 한두 개 사안을 선택하여 집중공략하는 것이다. 긍정 측의 주장은 논제가 제시하고 있는 문제점을 충분히 제시하지 못했다는 것을 공략할 수 있을 것이다. 혹은 긍정 측의 정의보다 부정 측의 정의가 더 설득적인 근거를 제시했다는 입장을 강화할 수 있다. 또한 긍정 측 방안의 실효성이나 부작용에 대해 집중 반박할 수 있다.

긍정 측은 부정 측 다음에 반박하고, 특히 마지막 발언은 긍정 측 두 번째 토론자가 함으로써 후미 효과를 최대한 활용할 수 있다. 토론 쟁점들의 우위를 판가름하기 어려운 토론일수록 마지막 발언의 효과는 더 크다. 마지막 발언에서 긍정 측이 반격을 가해도 부정 측은 더 이상 발언할 기회가 없다. 긍정 측은 토론에서 부정 측이 갖고 있는 모순을 파악하는 것이 반박에 도움이 된다. 긍정 측은 부정 측이 '막연한' 미래의 부작용을 추정하는 모순을 안고 있다고 공략할 수 있다. 부정 측이 '비합리적

참조

토론 내용 구성 중 양측의 대체 방안(counterplan)

반대 측은 찬성 측의 개념 정의(지속성과 중요성)를 전부 혹은 부분적으로 부정하거나 아니면 개념 정의를 받아들인 가운데 정책의 실현 가능성이나 대안적 정책을 놓고 효율성을 따져보는 입장 중 하나를 취해야 한다. ① 찬성 측의 방안과 완전히 분리된 것 ② 찬성 측의 방안보다 우수해야 함 ③ 찬성 측의 방안을 완전히 대체하는 것이어야 함 ④ 찬성 측의 방안과 동시에, 순차적 또는 영역별로 병행할 수 있는 것이 아니어야 한다.

찬성 측은 ① 대체 방안이 찬성 측이 제시한 방안과 병행할 수 있거나 찬성 측의 방안에 흡수될 수 있다는 것을 입증하거나 ② 대체 방안 자체가 실현 가능성이 없다는 것을 입증하거나 ③ 대체 방안이 문제를 해결할 능력이 없다는 것을 입증하거나 ④ 대체 방안이 찬성 측 방안보다 더 많은 역효과를 낳을 수 있다는 것을 입증하면 된다.

인 추정'에 근거하여 부작용이나 실효성을 의심한다고 반박할 수 있을 것이다. 특히 마지막 반박은 전체적인 토론의 쟁점을 간략히 논평하고 쟁점에 대해 긍정 측이 승리했다는 논거와 근거를 제시하며 심사자들이나 청중을 설득한다.

6) 토론의 평가

토론은 공적 말하기와 관련된 의사소통 행위로서 논리적 측면과 설득적 측면이 모두 중요하다. 음성언어로 전달되는 구어체 형식의 토론은 현시적이며 심사평가자를 둔 대중적 말하기라 할 수 있다. 또한 찬반 양측의 공격과 방어가 즉각적으로 일어남에 따라 비판적 사고와 순발력 그리고 창의력이 중요한 요소가 된다. 순발력과 창의력은 비판적 사고를 갖고 토론 준비를 철저히 했을 때 배가된다. 토론 교육의 평가 기준은 미국식 모델을 바탕으로 한 것이며, 강태완 외 3인(2001)은 다음과 같은 기준을 제시하고 있다.

① 논증과 분석력: 논리적이고 일관성 있는 분석을 토대로 상대방의 주장을 더욱 분명하고 확실하게 제압해야 한다.

② 내용 지식: 증거나 통계 외에 실제 생활의 사례나 구체적인 지식을 통해 추상적인 주장을 제시하거나 강화하는 방법이 동원되어야 한다.

③ 상대 논점 제압: 자신의 일방적인 쟁점만 제시하는 것이 아니라 상대방의 논점을 조목조목 반박하여 제압할 수 있어야 한다.

④ 내용 구성: 자신의 주장을 분명하고도 사려 깊게 구성하여 전달해야 한다.

참조

토론의 중요 평가 요인 세 가지

논증력(토론의 논리적 승패를 가름하는 요인)

① 용어 정의: 토론은 논제에 사용되는 주요 개념들을 올바르게 정의했는가? 토론 과정에서 논의할 개념을 적절히 제시했는가?

② 구성과 전개: 토론의 입론, 교차조사, 반론의 내용 구성이 잘 이루어졌는가? 각 부분의 논리 전개가 일관적인가? 증거, 논거, 출처, 자료 제시가 명확하고 타당했는가?

③ 분석력: 상대방 논리에 대한 이해와 분석력을 교차조사나 반박 과정에서 잘 제시했는가?

응용력(논제에 대한 비판적 연구와 응용 능력)

① 준비성: 논제에 대해 충분히 심도 있게 연구되었는가? 자료나 논거 제시가 광범위하고 타당했는가?

② 순발력: 준비된 자료로 상대방의 논리적 허점을 적절히 공격했는가? 상대방으로부터 공격에 대한 방어를 순발력 있게 대처했는가?

전달력(토론자의 언어적·비언어적 능력)

① 언어적 측면: 어휘와 수사적 표현, 비유 등 청중의 주목도를 높이고, 유머 제시, 창의적 문제 설명 방식 등 스타일을 효율적으로 사용했는가?

② 준언어적·비언어적 측면: 발음, 목소리의 강약, 말의 속도, 어조, 시선, 몸동작(제스처) 등이 적절했는가?

⑤ 수사 기법: 주장을 전달하는 방식은 주장의 내용만큼 중요하다. 수사적 기법을 동원하여 매끄럽고도 확신에 찬 스타일로 내용을 전달해야 한다. 적절한 유머의 사용도 강력한 전달 효과를 갖는다.

⑥ 팀워크: 토론의 구성원들은 상대방의 주장을 보강해주면서 토론 과정 내내 일관된 팀의 입장을 제시해야 한다.

⑦ 보충 질의: 상대방의 논리나 구성상의 문제점에 대해 빠르고도 효과적으로 대응하여 보충 질의를 제기하는 것은 토론을 유리하게 진행하는 관건이 된다.

(6) 토론평가표

찬성 측				반대 측			
순서	토론	내용	점수	순서	토론	내용	점수
1	입론 (갑) 5분	- 개념 정의가 충분한가? - 핵심 쟁점이 잘 정리되었는가? - 예시 등을 활용하여 논제에 대한 호기심을 불러일으켰는가? - 발언 태도가 적절한가?		2	교차 조사 (을) 2분	- 찬성 측 입론자의 개념 정의를 효과적으로 공박했는가? - 찬성 측 입론자 자료의 신빙성을 공박했는가? - 찬성 측 입론자의 논리적 허점을 지적했는가?	
4	교차 조사 (병) 2분	- 반대 측 입론자의 개념 정의나 쟁점에서 논리적 오류를 잘 지적했는가? - 반대 측 입론자의 대안을 효과적으로 공박했는가? - 반대 측 입론자 자료의 신빙성을 공박했는가?		5	입론 (갑) 5분	- 찬성 측과 다른 자신들의 쟁점을 효과적으로 제시했는가? - 발언 태도가 적절했는가? - 찬성 측과 다른 대처방안을 제시하고 있는가? - 자신들의 주장이 가진 장점을 잘 표현했는가?	

찬성 측				반대 측			
순서	토론	내용	점수	순서	토론	내용	점수
5	반박 (을) 3분	- 교차조사한 내용을 바탕으로 찬성 측의 입론을 발전시키고 있는가? - 발언 태도가 적절한가?		6	교차 조사 (병) 2분	- 찬성 측의 반박 내용에서 논리적 허점을 잘 지적했는가? - 반대 측의 입론을 발전시킬 수 있는 이점을 마련했는가?	
8	교차 조사 (을) 2분	- 반대 측의 반박 내용에서 논리적 허점을 잘 지적했는가? - 반대 측의 반박에서 새로 제시된 내용을 효과적으로 공박했는가?		7	반박 (을) 3분	- 교차조사한 내용을 바탕으로 찬성 측의 입론을 발전시키고 있는가? - 발언 태도가 적절한가?	
9	최종 발언 (병) 2분	- 교차조사의 내용을 바탕으로 상대의 주장을 효과적으로 반박했는가? - 토론의 진행 과정을 바탕으로 찬성 측 입론을 잘 보완해 제시하고 있는가? - 발언 태도가 적절하며 효과적인가?		10	최종 발언 (병) 2분	- 상대의 최종 발언에 효과적으로 대응하고 있는가? - 토론의 진행 과정을 바탕으로 반대 측 입론을 잘 보완해 제시하고 있는가? - 발언 태도가 적절하며 효과적인가?	

도움받은 곳

강태완 · 김태용 · 이상철 · 허경호, 《토론의 방법》, 커뮤니케이션북스, 2001.
백미숙, 《스피치》, 커뮤니케이션북스, 2014.
______, 《스피치로 승부하라》, 교보문고, 2013.
______, 《스피치 특강》, 커뮤니케이션북스, 2006.
이상철 · 백미숙 · 정현숙, 《스피치와 토론》, 성균관대학교 출판부, 2006.
장혜영, 《발표와 토의》, 커뮤니케이션북스, 2009.
한상철, 《토론》, 커뮤니케이션북스, 2006.

8장

면접 스피치

1. 면접의 개념과 유형
2. 면접 스피치 준비를 위한 자아 분석
3. 면접을 위한 기초 준비
4. 성공적인 면접을 위한 핵심 내용
5. 실전 면접 스피치

1.
면접의 개념과 유형

면접이란 필기시험이 끝난 후 최종적으로 응시자의 인품, 언행, 지식의 정도 등을 알아보는 구술시험 또는 인물시험이다. 보통 필기시험 또는 서류전형으로 그의 기초실력은 확인할 수 있으나 그것만으로는 그 수험생의 사람 됨됨이를 모두 알 수 없기 때문에 직접 그의 면모를 통해 잠재적인 능력이나 창의력 또는 업무 추진력, 사고력 등을 알아보기 위해 실시하는 공적 말하기의 일종이다. 한국경영자총연합회, 한국능률협회나 상공회의소 등에서 조사한 바에 의하면, 면접 스피치 능력이 자기소개서의 스펙 성적을 압도하고 있다고 한다. 시험 성적은 암기력이 좋거나 획일적인 공부에 익숙한 사람들에게 유리한 반면, 면접은 발표력이 뛰어나고 순발력과 긍정적인 가치관, 적극성 · 겸손함 · 친밀감 등이 뛰어난 사람들에게 유리한 측면이 있다. 인공지능 시대를 맞이하여 기업에서는 획일적인 지식을 암기한 수재보다는 응용력과 도전정신, 창의성과 긍정적인 마인드를 갖춘 인재를 선호하기 때문에 면접 스피치가 큰 영향력을 미치는 경우가 많아지고 있다.

면접은 심사자와 면접 대상자 수와 면접 질문 방식에 따라 그 유형이 분류된다.

1) 개인 면접

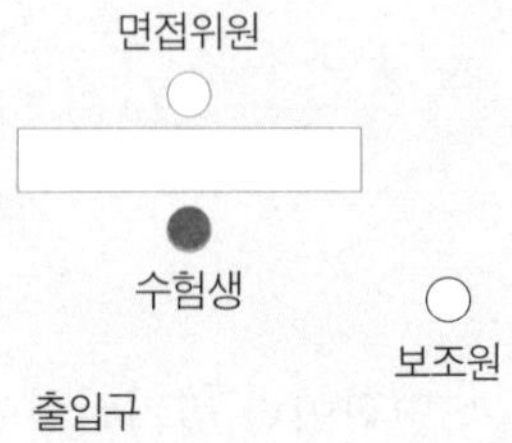

면접 대상자를 한 사람씩 불러 한 면접관이 개별적으로 질의응답하는 일반적인 방법이다. 면접관 여러 명이 한 사람을 불러놓고 질문하는 개별 면접 형식도 있다. 개인 면접의 경우, 대개 처음 2~3분 동안은 자기소개와 관련된 스피치를 한 후 지망 동기, 직업관, 성격, 친구 관계 등 공통적인 질문을 한다. 면접관을 상대로 명확하게 답변하는 것이 중요하기 때문에 미리 관련 내용을 정리해두어야 하며 스피치 내용이 다른 면접응시자와 똑같으면 감점을 받을 수 있으니 주의해야 한다.

2) 집단 면접

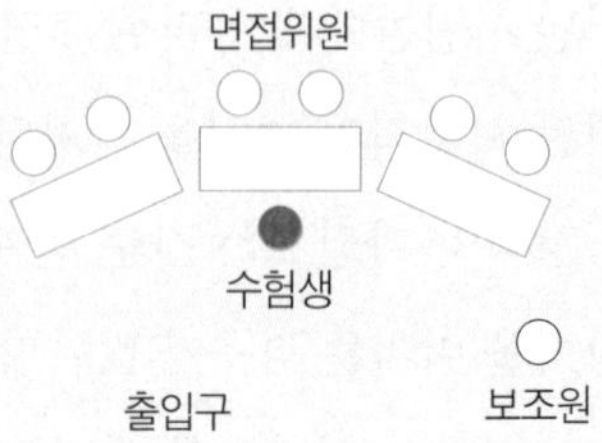

면접관 여러 명이 면접 대상자 여러 명을 한꺼번에 면접하는 방법을 말한다. 면접관 한 사람이 한 가지 질문을 여러 수험생에게 동시에 하는 경우도 있다. 이때 서로 비슷한 내용을 답해도 큰 불이익은 없으나 다른 면접생보다 뛰어난 대답을 하는 것이 좋다. 하지만 혼자서 자기주장만 하거나 다른 사람이 말할 때 한눈을 팔거나 본인의 발언 기회를 놓치고 침묵으로 일관하면 안 된다. 집단 면접은 정답을 요구하는 토론 시간이 아니므로 다른 사람을 설득하기 위해 자기 의견을 지나치게 고집하는 것보다는 남의 의견을 경청하고 수용하면서 자기 주관을 담담하게 펼치는 전략이 효과적인 스피치라 할 수 있다.

3) 집단 토론 면접

면접 대상자 여러 명에게 한 과제를 주어 면접 대상자끼리 서로 토론을 전개시켜 그 과정에서 특출한 인재를 고르는 방법이다. 즉 전체 속에서 개인의 리더십, 판단력, 설득력, 협동성 등을 평가하는 방법이다. 집단이라는 점에서 남을 무시하거나 또한 자신이 위축될 일도 아니다. 그러므로 면접 대상자는 과격한 언행이나 흥분하는 일 없이 차분히 자기 논리를 전개해나가면 좋을 것이다. 이 자리에서 누구를 면박하거나 비웃음을 주면 면접관 눈에 거슬리게 될 것이다.

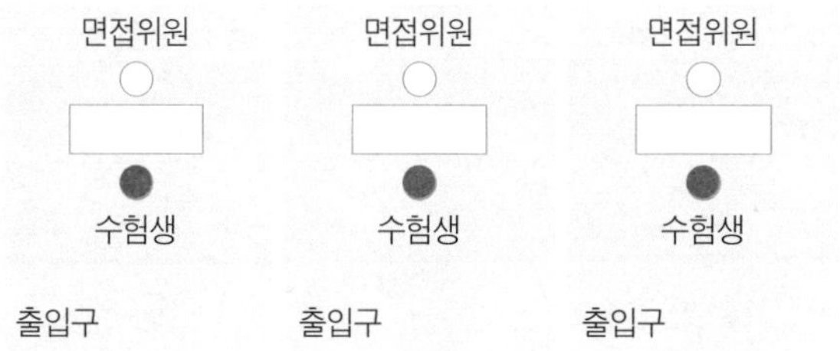

4) 합숙 전형 면접

대기업에서 주로 진행하는 면접 유형으로 면접 대상자와 면접자가 2박 3일 정도로 합숙하면서 인재를 고르는 방법이다. 기업 측에서는 비용과 시간이 많이 들지만, 확실한 사원을 발굴한다는 측면에서 종종 채택되는 면접의 유형이다.

5) 프레젠테이션 면접

요즘 많이 채택되고 있는 것으로 현장 실무자들이 면접자가 되어 면접 대상자의 의견을 개진하는 면접 방식이다. 설득할 대상이 무엇을 생각하고 원하는지를 파악하는 것이 중요하고 처음부터 끝까지 의문을 허용하지 않는 자세로 진행한다. 시선을 똑바로 하고 진행해야 하며, 모든 준비는 반드시 스스로 하면서 리허설을 해야 한다.

2.
면접 스피치 준비를 위한 자아 분석

면접 스피치를 준비하기 위해서는 평소 자신에 대한 분석이 우선이다. 자신의 전공과 관련하여 세부적으로 어떤 분야에서 어떤 일을 하고 싶은가를 생각하고, 그 일을 수행하기 위해 자신이 가진 장단점이 무엇인지 분석한다. 자신의 장점을 극대화하고 단점을 보완하기 위한 노력을 수시로 해야 하는 것은 오랜 시간이 걸리므로 대학 생활을 하는 동안 늘 염두에 두고 고민해야 한다. 자기 자신에 대한 분석과 자기 관리를 위한 몇 가지 질문에 대해 서술한 후 발표해보자.

실습

자아 분석 질문지

1. 지금까지 좋아한 것, 열중한 것은 무엇인가?

   [대상] 예: 추리소설/야구/커피/드라마/바다/춤/공부…

   ____

   ____

[행동] 예: 친구 만나기/수다 떨기/여행하기/청소하기/노래 부르기/춤추기/영화 보기

2. 상을 받은 적이 있는가?/자격증은 무엇을 가지고 있는가?

[초등학생] 예: 웃는 얼굴이 멋진 사람 1등/달리기 대회 2등

[중학생] 예: 부반장

[고등학생] 예: 인기 투표 1위/반장

[대학생] 예: 정보처리기사/운전면허 1급

3. 존경하는 사람은 누구인가?

[존경하는 사람] [이유]

(왜 존경하는가?/어떤 면에서 매력이 있는가?)

①

②

③

4. 내가 죽은 뒤, 주위 사람들은 나를 어떤 사람으로 기억할까?

(친구 또는 부모님, 형제자매 입장에서 적어보자.)

예: 그녀는 늘 밝은 카리스마가 있었다. 박식한 매력과 허당미가 공존해서 좋았다.

5. 무슨 일이든 할 수 있다면 어떤 일을 하고 싶은가?/왜 하고 싶은가?

예: 나무가 많은 프라하에 가서 바리스타를 하고 사진가로 살고 싶다. 빈티지 아트갤러리 주인장이 되고 싶다.

6. 꼭 이루고 싶은 일은 무엇인가?

[하고 싶은 일]

[하고 싶은 이유 & 할 수 없는 이유]

[앞으로 해야 할 일]

7. 아르바이트 경험이 있는가?

[아르바이트 이름] [업무 기간] [업무 내용]

8. 당신이 싫어하는 사람은 어떤 사람인가?/그 이유는 무엇인가?

9. 당신이 생각하는 자신의 단점은 무엇인가?

[단점] 예: 우유부단한 성격

[예시] 예: 어느 것이든 다 "좋아요"라고 말한다.

[단점이 장점으로 되는 코드] 예: 경청을 잘하며 상대방을 이해하고 협력적이다.

10. 미래에 어떤 일을 희망하는가?

[업계] 예: 공무원

[직종] 예: 영업부

[일에 필요한 나의 자질] 예: 서비스 정신, 인맥, 체력

11. 당신이 생각하는 자신의 장점은 무엇인가?

[장점] [이유] (구체적인 사건 또는 예시를 말한다)

12. 앞으로 나의 계획은 무엇인가?(현재/3년 후/5년 후/10년 후)

[현재]

[3년 후]

[5년 후]

[10년 후]

3.
면접을 위한 기초 준비

① 면접자와 면접 회사에 대해 조사한다.

② 면접 예상 질문을 적는다.

③ 면접 예상 질문에 따라 응답할 내용을 작성한다.

④ 면접자에게 어떻게 반응해야 할지를 미리 생각하여 준비한다.

⑤ 면접자에게 좋은 인상을 줄 수 있는 계획을 세운다.

⑥ 면접에 대한 역할 연기를 해본다.

회사의 성격과 특성을 고려하여 자료를 조사한 결과를 가지고 여러 가지 예상 질문지와 말하고 싶은 내용을 적는다. 면접 내용에 중점을 둬야 할 것은 내가 회사에 어떤 기여할 것인가를 바탕으로 자신의 가치와 능력, 개인 성격, 미래 계획, 혁신적인 생각 등을 마련한다. 많은 회사의 인사담당자들은 면접에서 지원자의 자신감 있는 태도와 의사전달 능력, 표현력을 중요하게 여긴다. 또한 인사담당자들은 지원자의 용모와 태도, 적극성이 중요하다고 판단하기 때문에 응시자의 전문성이나 능력이 검증된 서류전형 통과자의 경우, 실제 면접에서는 지원자의 외형으로 드러나는 모습에 합격 여부가 크게 좌우되기도 한다. 그러므로 구직을 위해서는 면접 전략을 잘 세워야 성공할 수 있다.

면접자는 면접 대상자가 어떤 성격과 특성을 가지고 있는지에 관한 사전 정보를 미리 가지고 있지 않은 상황에서 말투, 머리 모양, 얼굴 생김새, 옷차림 등 드러내는 외적인 측면을 보고 그 사람의 성격과 특성을 미루어 짐작하는 경향이 있다. 겉으로 드러나는 외적인 측면들이 그 사람의 내적인 성격 특징이나 자질들과 항상 일치하지는 않는다. 그러나 많은 사람이 처음 접하는 상대방에 대해 첫인상만 보고 어떤 평가나 판단을 내리며, 이렇게 한 번 내려진 평가나 판단은 계속 유지되는 경향이 있다는 것이다.

구직 면접에서도 마찬가지다. 구직자의 옷차림이나 겉모양이 얼마나 성실하고 책임감 있는지, 얼마나 열성적으로 업무를 수행할지는 사실상 아무런 관련이 없지만, 구인자들에게 중요한 인상을 주기 때문에 구직자는 면접에 임하기 전에 자신의 옷차림새가 구인자에게 어떤 인상을 줄 것인지를 미리 생각하여 준비하는 것이 좋다.

면접에 임할 때 대개의 경우 정장을 입은 사람이 더 훌륭하고 책임감이 있다고 생각하는 경향이 있으므로 정장을 입는 것이 표준의상이라 생각한다. 회사가 가치를 두는 특성에 따라 그에 어울리는 차림새를 하는 것도 좋다. 창조적인 아이디어를 강조하는 광고회사일 경우에는 자신 또한 창조적인 사람임을 나타내줄 수 있는 차림새를 하는 것이 오히려 바람직하다.

면접 대상자는 면접 시 요점을 분명하게 대답해야 좋은 인상을 남길 수 있다. 따라서 자신이 하고자 하는 말은 핵심적인 내용을 위주로 명확하게 전달해야 한다. 진지하고 성실한 자세로 면접에 임하는 것이 중요하다 진지한 자세는 신뢰할 수 있는 사람이라는 인상을 주는 반면, 진지하지 않은 자세는 성실함과 책임감을 의심하게 할 수 있다. 따라서 심사자와 마주하여 말을 듣거나 할 때 항상 진지한 자세를 유지해야 한다.

면접 대상자가 또렷한 목소리와 발음으로 자신이 하고자 하는 말을 확실하게 전달하는 것이 면접에서 높은 점수를 받는 데 유리하다. 작은 목소리는 자신감이 없다는 것을 나타낼 수 있으므로 구직자는 자신의 목소리 크기가 상대방이 듣기에 적절한지를 점검해야 한다. 구직자가 분명한 발음으로 또박또박 이야기해나감으로써 업무 처리 또한 확실하게 하는 사람이라는 인상을 줄 필요가 있다. 또한 구직자는 구인자와의 직접적인 시선 접촉을 유지하는 것이 중요하다 일반적으로 시선 접촉을 피하는 것은 자신감이 없다는 것을 나타내므로 면접 대상자는 면접관과 빈번히 시선 접촉을 함으로써 자신감 있는 태도를 보이는 것이 바람직하다.

4.
성공적인 면접을 위한 핵심 내용

1) 좋은 첫인상을 준다

좋은 첫인상을 주기 위해서는 면접시험 15분 전에는 면접장에 도착하도록 하여 차분히 마음을 가라앉혀야 한다. 면접장에서 전혀 긴장하지 않을 수는 없을 것이다. 그러나 지나친 긴장은 실수를 유발할 가능성이 있다. 이럴 때는 천천히 심호흡을 몇 차례 함으로써 긴장을 줄일 수 있다. 그리고 면접이 시작되어 면접실로 들어가면 면접관이 앉으라고 하기 전까지는 앉지 말아야 한다. 앉으라고 하기도 전에 앉으면 무례한 사람으로 보이기 쉽다. 대화 중에 옷을 매만지거나 머리를 긁지 말아야 한다. 자칫 침착하지 못하고 자신 없는 사람으로 보인다.

좋은 첫인상을 주기 위해서는 대개 첫 질문인 자기소개를 잘해야 한다. 자기소개를 할 때, 남들이 흔하게 사용하는 용어나 어디선가 들어본 듯한 표현은 피하며 짧으면서도 명료한 문장으로 답해야 한다. 같은 문장을 두세 번 읽게 해서는 면접관이 지루하게 생각할 수 있으니 피해야 한다. 특히 첫 번째 문장은 개성과 전문성이 돋보이도록 자신만의 특징을 20~30자 안에 담아 이야기하는 것이 좋다.

2) 진지함을 보여라

면접관이 질문할 때 손을 만지작거리거나 시선을 다른 데로 두면 곤란하다. 구인자의 입술이나 양미간을 바라보면서 진지하게 듣고 있다는 표정 관리가 필요하다. 답변하기 어려운 질문이 주어지더라도 표정을 일그러뜨리지 말고 끝까지 듣는 진지함을 보여야 한다. 면접관이 무엇을 묻고 있는지, 무슨 이야기를 하고 있는지 정확한 의도와 내용을 파악해야 적절한 답변이 가능하다. 요지 파악이 안 되었으면, 그냥 대충 넘어가거나 우물쭈물하지 말고 과감하게 "죄송하지만 다시 한번 말씀해주시겠습니까?"라고 정중히 요청한 다음, 질문의 의미를 이해하고 대답하도록 한다.

3) 결론부터 말한 다음 쉽게 말한다

배경 설명부터 한 다음에 결론을 이야기하면 지루한 느낌을 주기 쉽다. 결론을 먼저 이야기한 다음, 필요한 부분을 부연 설명하는 것이 더 적절하다. 어려운 용어나 전문 용어, 은어, 사투리 등을 무분별하게 사용하면 면접관이 이해하기 어렵게 된다. 일상적이면서도 간단명료한 말로 쉽게 말하는 것이 좋다. 말끝을 흐리게 되면 분명하지 못하다는 인상을 줄 수 있다. 따라서 말끝을 분명히 함으로써 자신감 있는 태도를 유지할 필요가 있다.

4) 흥분하지 말고 자신 있는 부분에서 승부를 건다

자신의 약점이나 경력상의 부족한 부분 등 민감한 부분에 대해 질문을 받게 되면 누구나 흥분하기 쉽다. 이런 질문을 받을 때일수록 침착하고 자신 있는 태도를 유지하는 것이 바람직하다. 면접관이 던지는 많은 질문에 전부 다 자신 있게 답변할 수는 없을지도 모른다. 그러나 자신의 특기나 장점과 연결될 수 있는 질문에 대해서는 기회를 놓치지 말고 특기나 장점을 적극적으로 전달해야 한다.

집단 면접의 경우 패기를 넘어선 지나친 경쟁 심리를 피하는 것이 좋으며, 자신의 차례가 끝났더라도 다른 응시자가 답변할 때는 경청하는 태도를 보이는 것이 바람직하다. 같은 주제에 대해 토론할 때는 결론에 집착하지 말고 자신의 의견을 분명하고도 논리적이면서 설득력 있게 전달하는 데 중점을 두어야 한다.

5) 긍정적이고 낙관적인 모습을 보여라

면접관의 질문들은 흔히 면접 대상자가 어떤 사람인지를 알아내기 위한 것이므로 어울리기 쉽고, 함께 지내는 것이 즐겁고 편안하다는 것을 면접관에게 보여주는 것이 필요하다. 구인자에게 자신이 긍정적인 성격 특성을 가지고 있음을 보여주는 상황들을 언급하는 것이 좋다. 예를 들어 "저는 ○○회사에서 인턴으로 근무할 때 정말 신바람 나게 일했습니다. 유능한 사람들이 주위에 많이 있었고, 우리는 훌륭한 업무팀을 이루었습니다. 저는 그때 사람들과 마음을 합쳐 서로 도와가면서 일한다는 것이 얼마나 중요한지를 체험할 수 있었습니다" 등과 같이 자신을 나타내는 것이 좋다.

6) 자신의 배경에 대한 질문에 자신감 있게 말하라

상세하고 구체적인 예를 들어 자신의 기술들과 업적들을 설명한다. 예를 들어 "제가 함께 일했던 품질관리팀은 제품 불량률을 5%나 줄였는데, 그것은 한 해에 수천만 원을 절약하는 효과가 있었습니다. 저는 이 회사에서도 제 그런 경험을 살리고 싶습니다" 등과 같이 표현하는 것이 좋다. 자신의 배경에 대한 어떤 두려움도 떨쳐버린다. 예를 들어 "저는 돈이 부족했기 때문에 학교를 일찍 그만두고 돈을 벌어야 했습니다. 하지만 제가 잘하는 것에 대한 다양한 훈련을 쌓았으며 그 과정에서 배운 일이 지금 이 직업에 직접적으로 적용할 수 있다는 자부심이 있습니다"로 표현하는 것이 좋다.

7) 개방형 질문은 면접자가 원하는 것이 무엇인지 정확히 파악하고 말하라

개방형 질문에 그대로 답할 것인지, 아니면 질문 내용을 더 명료하게 하는 질문을 구인자에게 할 것인지를 먼저 결정해야 한다. 예를 들어, "자기소개를 한번 해보십시오"라는 개방형 질문을 한다면 "제가 살아온 이야기나 직업 배경, 혹은 훈련과 교육에 대해 말씀드려도 되겠습니까?" 라고 되물을 수 있다. 답변자의 재량에 따라 답변 내용을 자유롭게 구성할 수 있는 질문들은 거의 모든 면접에서 빠지지 않고 행해진다. 대답할 수 있는 것은 아주 많은 대신, 면접관이 원하는 것이 정확히 무엇인지를 분명히 알기가 어렵기 때문이다. 실제로 면접관도 분명한 생각을 가지고 있지 않을 수도 있다. 대개 이런 질문들은 구직자가 어떤 유형의 사람인지를 알기 위한 탐색 작업으로 이루어진다.

8) 인상에 남는 스피치로 면접을 마무리하라

면접관이 더 이상 질문하지 않고 면접을 마무리하려는 낌새를 보이면, 가만히 있기보다는 이제까지 해왔던 이야기를 요약할 기회를 가지는 것이 좋다. 이렇게 함으로써 면접관에게 자신에 관한 분명한 인상을 심어줄 수 있다. 이때 채용 조건과 관련하여 당신이 가진 장점을 전달하라. 주어진 일자리에 필요한 중요한 자질들을 먼저 언급하고, 당신이 그러한 자질들을 보유하고 있음을 알리는 것이 좋다. 주어진 일자리가 이제까지 해온 본인의 업무와 많이 다르더라도 "도전해볼 만한 기회를 가지게 되어서 오히려 다행스러우며, 이제까지 그러해왔듯 이 새로운 일자리에 곧 적응할 수 있고, 또 그럴만한 능력을 가지고 있음"을 적극적으로 알려야 한다. 주어진 일자리와 회사에 대해 긍정적인 면들을 요약하는 것이 좋다. "면접관님께서는 어떻게 생각하실지 모르겠습니다만, 저는 이 자리가 저에게 꼭 맞는다고 생각합니다", "저는 이 일을 무척 하고 싶습니다. 그리고 제 적성과 잘 어울린다고 생각합니다" 등과 같이 면접이 잘 진행되었든 그렇지 않든 간에 주어진 일자리에 대한 당신의 흥미와 관심을 요약해서 말한다.

9) 면접 실제 상황에서 말하기의 유의점

① 대화 도중에 수식어를 지나치게 사용하지 말라. 핵심이 없는 대답이 되기 쉽다.

② 질문 후에 급히 답변하지 말라. 약 2초의 여유가 필요하다.

③ 면접관의 책상 위 서류에 집착하지 말라.

④ 농담하지 말라. 경망스러움으로 취업에 대한 의지를 의심받는다.

⑤ 답변을 장황하게 늘어놓지 말라.

⑥ 답변이 생각나지 않는다고 고개를 숙이거나 먼 산을 보지 말라.

⑦ 모르는 내용을 질문받았을 때는 아는 척하거나 우물쭈물 얼버무리지 말고 솔직하게 모른다고 답하는 것이 바람직하다. 무기력하고 불성실해 보인다.

⑧ 자신 있다고 빨리, 큰소리로, 너무 많이 말하지 말라. 말의 핵심을 놓치거나 가벼운 사람으로 보일 수 있다.

⑨ 면접관이 서류를 검토하는 동안에는 말하지 말라. 예의가 없고 분별력이 없어 보인다.

⑩ 면접관을 이기거나 압도하려 하지 말라. 자신감과 용기로 평가되기보다는 무례하고 독단적으로 보인다.

⑪ 면접장에 타인이 들어온다고 해서 일어서지 말라. 면접에 집중하지 않고 산만하다는 인상을 줄 수 있다.

⑫ 연설 또는 군대식으로 말하지 말라. 스피치 경험이 없어 보인다.

⑭ 최종결정이 이루어지기 전까지 급여에 대해 말하지 말라. 보수가 조금이라도 많으면 딴 직장으로 옮길 수 있는 사람으로 보인다.

⑮ 답변이 미흡하거나 경쟁자들보다 못했다는 느낌이 들더라도 포

기하지 말고 마지막 질문까지 최선을 다하는 태도를 보여라.

참조

일반적인 면접 질문 속 의도 파악하기

개인정보 및 가족관계

① 1분간 자신 있는 외국어로 자기소개를 하세요(지원자의 기본적인 외국어 능력).

② 가족끼리 여행을 다녀온 적이 있습니까? 있다면 그 여행을 통해 얻은 것이 무엇이라고 생각합니까?(지원자의 가족관계)

③ 당신의 생활신조는 무엇입니까?(성품 및 자질)

④ 애인과 선약이 있는데 직장상사가 술 한잔 하자고 할 때 어떻게 하시겠습니까?(지원자의 융통성)

성격 및 가치관

① 자기 성격의 장점과 단점이 무엇입니까?(지원자의 성격)

② 자신을 '사물'에 비유해보세요(지원자의 사고의 유연성).

③ 혹시 좌절한 적이 있습니까?(지원자의 긍정적 태도)

④ 어떤 문제에 부딪혔을 때 혼자 해결하는 편인가요, 누구와 의논하는 편인가요?(지원자의 문제 해결 태도)

입사 지원 및 포부

① 사회인과 학생의 차이를 말해보세요(지원자의 태도).

② 일하는 목적은 무엇입니까?(지원자의 일에 대한 사고방식)

③ 우리 회사에 대해 아는 대로 말해보세요(지원자의 준비성).

④ 10년 후 귀하의 자화상을 그려보세요(지원자의 포부).

친구 및 이성 관계

① 친구란 무엇인지 정의해보세요(지원자의 동료애).

② 친구들은 귀하를 어떻게 평가합니까?(지원자의 친구 관계)

③ 어떤 면을 보고 친구를 사귑니까?(지원자의 친구에 대한 가치관)

④ 당신의 이상형은 어떤 사람입니까?(지원자의 연애관)

교내 및 교외 활동

① 부모님을 떠나 살아본 적이 있습니까?(지원자의 독립성)

② 학창 시절에 가장 관심 있었던 일은 무엇이었습니까?(지원자의 관심사)

③ 당신의 전공을 한 문장으로 말해보세요(지원자의 학습능력).

④ 학창 시절 중 대표의 경험을 해본 적이 있습니까?(지원자의 리더십)

5.
실전 면접 스피치

실제 면접 현장에서 발화된 면접관의 질문과 답변을 요약 · 정리했다.

1) 마지막으로 하고 싶은 말이나 질문 있습니까?

[면접을 잘 봤을 경우]

- 입사하게 된다면 업무 성과로 보여드리겠습니다.
- 합격하게 되면 꼭 면접관님과 술 한잔 하고 싶습니다.
- 없습니다.

[면접을 망쳤을 경우]

- 회사 관련 내용을 조사하여 그에 대한 답안 준비

  └→ 선배들과 소주잔을 기울이며 "a회사에서 일하는 제 모습을 끊임없이 상상했습니다. 그만큼 저에게는 하나의 목표였고 반드시 이루고 싶었던 미래였습니다. 그 미래를 현실로 만들기 위해 영어 공부, 학교 공부, 다양한 동아리 활동을 했습니다. 노력하고, 항상 실천으로 성과를 낼 줄 알기에 자신 있게 A기

업에 도전합니다. 제 열정을 봐주십시오."

2) 우리 회사와 다른 회사 어디어디에 지원했습니까?

[후속 질문]

- (발표 대기 중이라고 답변한 경우) 여러 군데 합격하면 어떻게 할 겁니까?
- 다른 회사는 왜 떨어졌다고 생각합니까?
- (지원한 적 없다고 답변한 경우) 취업이 힘든 상황인데, 다른 곳은 왜 지원 안 했나요?

[유사 질문]

- 지금까지 이력서를 몇 번 정도 냈습니까?/합격하면 정말 입사할 건가요?

↳ "다른 곳에 지원한 상태지만, kt가 제가 제일가고 싶은 기업입니다. 하지만 취업재수를 하고 싶지 않아서 일단 kt에 떨어질 것을 대비하여 많은 곳에 원서를 넣었습니다. 하지만 kt에 합격하면 다른 회사는 포기하고 반드시 kt에 입사할 생각입니다."

3) 지방 근무는 가능합니까?

"회사에서 필요하다고 생각하면 얼마든지 가능합니다."

4) 자신의 취미활동에 대해 말해보세요.

[후속 질문]

- 그 취미는 언제부터 어떻게 하게 되었나요?
- 최근에 취미 관련 활동 내용을 말해보세요.

[유사 질문]

- 입사지원서에 기재한 취미에 대해 상세히 말해보세요.
- (골프, 당구인 경우) 얼마 치는가?

↳ "제 취미는 운동하는 것입니다. 달리기를 하면 스트레스도 해소되고 체력도 기를 수 있어 대학교 때부터 시작하여 체력을 단련시켜왔습니다."

5) 가족을 소개해보세요.

- 가족들의 직업과 경제활동 여부에 대해 말해보세요.
- 가족 중 귀하에게 가장 영향을 준 사람은?

↳ "저희 아버지는 대한투자신탁증권에 다니시고 지점장이셨습니다. 아버지는 평소 저에게 독립심을 강조하여 무엇이든 스스로 할 수 있도록 가르치셨습니다. 이러한 아버지의 영향을 받아서 대학에 와서는 스스로 생활비와 등록금을 해결했습니다.

↳ 저희 어머니는 평범한 가정주부이십니다. 교회에 다니시는데 평소 저에게 정직성과 배려심을 강조하셨습니다. 이러한 어머니의 가르침 때문에 항상 남을 배려하게 되었고 자연스럽

게 사람들과 어울리는 방법을 배우게 되었습니다.

↳ 저희 형은 현재 대학원에 재학 중이고, 저희 가족 중에서 가장 부지런한 사람입니다. 형에게 영향을 받아서 저도 아침형 인간이 되었고 매일 아침 일찍 하루를 준비하게 되었습니다."

6) 주량은 얼마나 됩니까?

[유사 질문]

- 술 좋아합니까?/자신만의 술버릇이 있다면?
- 친구들과 술은 얼마나 자주 마십니까?
- 술에 대해 어떻게 생각하십니까?

[후속 질문]

- (술을 못하는 경우) 불가피하게 술을 마셔야 하는 상황이라면 어떻게 할 것인가?

  ↳ "술은 친구들과 즐겁게 얘기할 수 있을 정도로 분위기에 맞춰 적당히 먹습니다. 하지만 술 자체를 별로 좋아하지 않아 집에서 혼자 마시지는 않고, 친구들과 모임이 있을 때만 먹습니다."

7) 입사 후 포부를 말씀해보십시오(장래희망, 각오 등).

[유사 질문]

- 우리 회사에서 이루고 싶은 경력목표는?

• 우리 회사에서 자신의 비전을 말해보세요.

• 회사에 어떤 마음가짐으로 일할 생각입니까?

└→ '항상 신입사원의 마음을 가지고' - 끊임없는 자기계발

└→ "신입사원으로 입사하여 가장 빨리 출근하여 가장 늦게까지 근무하는 모습으로 사내 모범을 보이겠습니다. 입사 후 1년 안에 회사 업무를 파악하고 완벽하게 적응하여 업무성과로 성과급만큼은 최고를 받는 직원이 되는 것이 제 첫 목표입니다. 그 후에는 지속적으로 기술 동향을 파악하고 관련 지식을 습득하여 맡은 직무에 전문성을 키워 5년 후 동기 중 가장 빨리 진급하겠습니다. 글로벌 시대에 도태되지 않도록 사내동아리 및 사내학습 프로그램을 잘 활용하여 영어뿐만 아니라 중국어에도 능통한 인재가 되도록 항상 자기계발에 힘쓰겠습니다. 항상 신입사원과 같이 노력하여 급변하는 환경과 상황에 대처할 수 있는 노련한 사원이 되어 LG전자의 핵심 인재가 되겠습니다."

8) 자신의 장점(강점)은 무엇입니까?

[후속 질문]

• 그 장점이 지원 분야에 어떻게 도움이 됩니까?

[유사 질문]

• 자신의 강점 세 가지는?/자신이 자랑할 수 있는 것은?

• 가장 자신 있는 것을 말해보라.

• 자기소개서에 써놓은 장점 말고 다른 장점을 말해보라.

ㄴ 장점: 제 장점은 무엇이든 시작할 때 체계적으로 계획하며 그것을 실천하기 위해 부단히 노력한다는 것입니다.
학업의 경우도 체계적으로 계획하며 꾸준히 실천했고, 매 학기 좋은 성적을 받아 학부 수석을 할 수 있게 되었습니다.

ㄴ "진심으로 다가서기"
사람에게 진심으로 다가서는 대인관계 능력이 제 장점입니다. 학교에서 외국인 유학생 멘토링 활동을 2학기 동안 참여하면서 외국인 유학생이 학교생활에 적응할 수 있도록 도와줬습니다. 중국인 친구는 이것저것 모르는 걸 물어봤고, 진심으로 귀 기울이고 자기일 같이 도와주고 나니 어느덧 서울 곳곳을 함께 구경 다닐 정도로 친해질 수 있었습니다. 이와 같이 진심으로 다가서는 자세는 동부화재의 영업에서 가장 중요한 능력으로 작용할 것입니다.

ㄴ "경영학적 마인드를 가진 공학인"
공대생으로서 금융 분야에 진출하기에는 경영, 경제에 대한 지식이 부족했습니다. 학교 수업을 듣는 것보다는 깊이 있는 공부를 하기 위해 휴학한 후 회계, 재무, 경제 등 경영학, 경제학 전반에 대한 지식을 쌓기 위해 공인회계사 과목을 1년 동안 공부했고 경영학과 졸업생 못지않은 지식을 쌓는 기회가 되었습니다.

9) 살면서 가장 힘들었거나 어려웠던 일은 무엇이었습니까?

[후속 질문]

- 어떻게 극복했습니까?

[유사 질문]

- 학교생활, 대학생활하면서 무엇이 힘들었는가?

  ↳ "자립심을 키우려는 아버지의 영향으로 생활비를 혼자 벌어야 한 것이 가장 힘들었습니다. 공대생이라 과제가 많아 주말에는 아르바이트하고 와서도 과제를 해야 했을 때가 힘들었습니다."

- 가장 좌절하거나 방황한 경험은?
- 최근 어려웠던 점과 극복사례를 말해보세요.

  ↳ "대학입학을 위해 수능을 준비했을 때가 가장 힘들었습니다. 고등학교 때 공부를 하지 않고 뒤늦게 공부를 시작했기 때문에 모르는 것이 많고 시간도 많이 촉박했습니다. ○○○대학교를 목표로 5개월 동안 친구들과 연락을 끊고 집중하여 공부했고, 결국 대학에 합격하게 되었습니다."

10) 자신만의 특기(장기)를 설명해보세요.

[후속 질문]

- 그 특기를 어떻게 배웠습니까?/그 분야에 어느 정도 되면 특기(장기)라고 할 수 있습니까?

[유사 질문]

- 재미있는 특기를 기재했는데 설명해보세요.
- 자신의 특기가 지원 분야에 어떻게 도움이 됩니까?
- 전공과 관련된 특기를 말해보세요.

↳ "제 특기는 오래달리기입니다. 처음에는 살을 빼려고 달리기를 시작했지만 이제는 특기가 되었습니다. 달리기를 통해 스트레스도 해소할 수 있고 인내심을 길러낼 수 있었습니다."

11) 귀하의 동아리 활동에 대해 말해보세요.

[후속 질문]

- 어떤 동아리이며 가입한 이유는 무엇입니까?
- 동아리에서 귀하가 맡은 역할은 어떤 것이었습니까?
- 동아리 활동에서 힘들었던 점은 무엇입니까?
- 동아리 활동을 통해 얻은 것은 무엇있니까?(잃은 것은 무엇입니까?)

↳ "저는 맛집 동아리를 만들어 운영했습니다. 제가 맛있는 걸 먹는 것과 사람들 만나는 것을 좋아했기 때문입니다. 동아리를 만들면서 가장 힘들었던 점은 처음에 역할을 분담하기 전에 모든 것을 제가 다 준비해야 했던 것입니다. 동아리를 만들면서 느낀 점은 사람들이 모이는 자리가 제대로 돌아가기 위해서는 누군가 한 명이 희생해야 그 동아리가 잘 돌아갈 수 있다는 것이었습니다. 제가 입사하게 되면 제가 속한 부서가 잘 돌아갈 수 있도록 최선을 다해 노력하겠습니다."

12) 자신의 장단점에 대해 말해보세요.

[후속 질문]

- 그 단점을 해결하기 위해 무슨 노력을 하고 있습니까?

[유사 질문]

- 자신의 강약점은?/지원한 직무와 어떻게 연결되는가?

↳ "제 장점은 무엇이든 시작할 때 체계적으로 계획하며 그것을 실천하기 위해 부단히 노력한다는 것입니다. 학업의 경우도 체계적으로 계획하며 꾸준히 실천했고, 매 학기 좋은 성적을 받아 학부 수석을 할 수 있게 되었습니다.
제 단점은 다양한 경험이 부족하다는 점입니다. 학업에 집중한 나머지 인턴이나 공모전, 어학연수 등 대외적인 활동에는 소홀했던 경향이 있습니다. 이러한 단점을 보완하기 위해 최근에는 영어회화 스터디를 만들어 스스로 조직하여 진행하고 있습니다."

13) 우리 회사가 귀하를 채용해야 하는 이유는?

[유사 질문]

- 우리 회사에서 왜 귀하를 채용해야 합니까?
- 귀하를 뽑지 않으면 우리 회사가 후회할 점에 대해 말해보세요.

↳ "저는 군대를 전경 행정병으로 다녀와서 2년간 문서작성, 엑셀, 파워포인트 등을 만들면서 실무능력을 배워왔고, 누구보

다 열심히 학업을 준비하여 수석으로 졸업할 수 있게 되었습니다. 이런 부분이 kt에 입사해서도(지원한 직무에서도) 경쟁력으로 작용하여 큰 성과를 낼 수 있을 거라 생각합니다. 인사담당자님께서 저를 채용하셔야 하는 이유라고 할 수 있습니다."

14) 아르바이트 경험이 있습니까?

[유사 질문]

- 아르바이트 때 어떤 일을 했습니까?

  ↳ "저는 1년 정도 케빈클라인진 본사에서 아르바이트했습니다. 학교에 다니면서 생활비를 벌어야 했기 때문에 주말에만 근무했습니다 제가 하는 업무는 각 백화점 매출을 엑셀로 정리하여 보고하는 것입니다. 실제 회사에서 사무보조를 하는 것이라 사회 경험을 하는 데 많은 도움이 되었습니다."

15) 감명 깊게/재미있게 읽은 책은 무엇입니까?/ 최근 읽은 책은?

스펜서 존슨《누가 내 치즈를 옮겼을까?》

[후속 질문]

- 그 책의 어떤 점이 인상적이었는가?/그 책에서 무엇을 얻었는가?

  ↳ "이 책은 우리의 인생을 미로 속을 헤매는 두 생쥐에 빗대놓

았습니다. 미로 속에서 치즈를 찾기 위해 헤매고 마침내 치즈를 찾게 되지만 치즈는 그들이 먹을수록 줄어들었고, 줄어든다는 변화를 받아들이지 못한 생쥐와 단순히 쉽게 받아들인 두 생쥐의 예를 들어 우리 인생의 나아갈 바를 제시한 내용입니다. 변화라는 두려움을 극복하기 위해 항상 노력해야 한다는 것을 배웠습니다."

16) 10년 후 자신의 모습은 어떠할 것으로 생각합니까?

[유사 질문]

- 10년 후 무엇을 하고 있을 것 같은가?
- 10년 후 포부는?(인생목표/비전)
- 앞으로 10년간 커리어를 어떻게 쌓아나갈 것인가?(경력개발)

↳ "통신기술은 하루하루 새롭게 발전해나가고 있습니다. 그중에서도 유무선 컨버전스는 시대의 대세이며, 더욱더 발전이 기대되는 분야입니다. 앞으로 유선망은 물론 4세대, 5세대 무선 이동통신 기술을 고객에게 빠르고 안정적으로 서비스할 수 있는 역할을 하여 kt가 국민통신사를 넘어서 세계시장에서도 주도권을 쥘 수 있는 글로벌 IT 리더로 성장하는 데 함께하고 싶습니다."

17) 귀하 성격의 장단점에 대해 말씀해보십시오.

저의 장점은 끈기와 오기입니다. 한번 시작한 일은 꼭 끝까지 마무리합니다. 그렇지만 되지도 않을 일을 계속 붙잡고 있지는 않습니다. 일을 처음 시작할 때 제 능력으로 할 수 있는 일인지 판단하여 아무리 노력해도 할 수 없는 일은 처음부터 시작하지 않습니다. 이런 면에서 저는 현실적이고 현명한 사람이라고 할 수 있습니다.

일을 처음 배우는 데 있어 자세하고 정확하게 배우려 하기 때문에 다른 사람보다 시간이 오래 걸립니다. 하지만 한번 일을 배우고 나면 남들보다 빠르고 정확하게 일을 처리합니다.

[후속 질문]

- 성격의 단점을 극복하기 위해 어떤 노력을 했나요?
  └→ "똑같은 일을 처음 배우는 데 시간이 더 오래 걸렸기 때문에 자유시간이나 잠자는 시간을 포기해서 남들보다 더 노력했습니다."

18) 봉사활동 경험이 있습니까?/귀하의 봉사활동에 대해 말해보세요.

[후속 질문]

- 봉사 경험이 있는 경우: 왜 하게 되었나요?/무엇을 느꼈나요?/장애인들이 가장 필요로 하는 것은?
- 봉사 경험이 없는 경우: 봉사활동을 왜 한 번도 안 했나요?

• 봉사 기간이 짧은데 전략적인 선택 아닙니까?

ㄴ "신곡사회복지관에서 장애인을 상대로 공부를 가르쳤습니다. 처음에는 일반인을 상대로 과외활동을 하는 줄 알고 지원했지만 처음 복지관에 가서 장애인을 대상으로 가르치는 것을 알게 되었습니다. 장애인들 중에는 말이 통하는 아이들도 있고 말이 안 통하는 아이들도 있었습니다. 하지만 전부 순수하고 착했습니다. 말이 잘 안 통하는 아이들 때문에 많이 힘들었지만 그만큼 보람도 많이 느꼈고 정상적으로 태어난 것에 대해 감사함을 느꼈습니다."

19) 자신만의 경쟁력이나, 자신이 이것만큼은 최고라고 생각하는 것을 말해보세요.

"제 경쟁력은 일할 때 우선 체계적인 계획을 세우고 실천하기 위해 많은 노력을 들이는 것입니다. 이런 성격 때문에 시험공부를 할 때도 계획을 세우고 그것을 실천하기 위해 노력했고, 결국 좋은 성적을 받아 매 학기 장학금을 탈 수 있게 되었습니다."

[후속 질문]

• 그런 사례나 근거를 말해보세요.

[유사 질문]

• 자신이 다른 사람보다 더 잘할 수 있는 것은? 다른 지원자에 비해 다른 점은?
• 주위 사람이 인정하는 귀하의 장점 또는 경쟁력은?

• 회사에 들어와서 가장 잘할 수 있는 것은?
• 직무 분야 중 자신이 잘하는 것은 무엇인가?

↳ "저는 군대를 전경 행정병으로 근무함으로써 2년 동안 간접적인 사회 경험을 했습니다. 행정병으로 근무하면서 한글, 엑셀, 파워포인트 등 실무에서 사용되는 프로그램을 많이 다루었고 매일 공문서를 작성하여 문서작성 능력을 키워왔으며 전체 의경을 관리하면서 인사에 대해서도 경험해보았습니다. 그뿐만 아니라 집회 등이 발생하면 이에 대한 대책을 수립해봤으며 기밀문서 등도 작성해보았습니다."

20) 가장 존경하는 인물은 누구입니까?/ 그 이유는 무엇인가요?

[유사 질문]

• 롤 모델이 되었던 사람은? 가장 닮고 싶은 사람은?
• 지원 분야와 관련하여 존경하는 사람은?
• 존경하는 기업인 또는 역사적 인물은?

↳ "빌 게이츠입니다. 운영체제를 개발한 것보다 운영체제를 모든 사람이 사용하는 독점 소프트웨어로 만든 능력 때문입니다. 운영체제를 일정 금액을 받고 판매하지 않고 컴퓨터 1대당 비용을 받아 운영체제 권리를 유지했고 대중화되기까지 불법 소프트웨어가 난무해도 이를 묵인하여 모든 사람이 사용하는 데 익숙해진 후 이를 단속하여 현재의 마이크로소프

트를 만들었기 때문입니다. 또한 성공했지만 끊임없이 노력하기 때문에 제가 가장 닮고 싶은 사람이기도 합니다."

21) 귀하의 전공과목을 간략히 소개해보세요.

"제 전공은 정보통신입니다. 전공과목에서 가장 핵심적인 과목은 네트워크와 디지털신호처리라고 생각합니다. 인터넷으로 정보가 전달되는 과정을 배우고 그러한 과정에서 어떤 문제점이 있는지 배웁니다. 또한 푸리에변환 등을 배워 아날로그 신호를 복조하고 변조하는 과정을 배웁니다."

22) 노조/노사문제에 대해 어떻게 생각하십니까?

"근무환경 개선과 노조-노사 쌍방의 발전을 위해 노조는 존재해야 한다고 생각합니다. 하지만 각자의 권리와 이익만을 추구하고 원활한 소통이 부재하는 현재의 노조문화는 개선되어야 한다고 생각합니다."

[후속 질문]

- 노사문제 해결을 위해 노동자 측과 회사 측에 요구되는 사항은 무엇인가요?

  ↳ "노동자 측과 회사 측 모두 개인이 아닌 회사를 생각하는 마음으로 노사문제에 임해야 한다고 생각합니다. 노사갈등 문제가 야기되는 것은 타협을 위한 투쟁이 아닌 투쟁을 위한 투

쟁이 반복되고 있기 때문이라고 생각합니다. 노동자 측은 회사 측을, 회사 측은 노동자 측을 이해하고 타협과 상생을 목적으로 노사협정에 임한다면 원활한 노사관계 개선이 가능할 것이라 생각합니다."

23) 귀하의 꿈(자신의 비전, 미래상, 인생의 목표)은 무엇입니까?

"저는 CEO가 되는 것이 목표입니다. 공대생으로서 CEO가 되기 위해서는 경영학적 지식이 필요하다고 생각했습니다. 저는 복수전공은 하지 않았지만 경영학 공부에 흥미를 가져 1년 동안 회계, 세법, 재무, 경제 과목을 공부하면서 경영학적 마인드를 쌓아왔습니다. 이러한 지식이 회사생활과 사회생활을 하는 데 도움이 되리라 생각됩니다."

[유사 질문]

- 궁극적으로 무엇이 되고 싶습니까?/장차 어떤 사람이 되고 싶습니까?
- 장래 희망은 무엇인가?/이유는?

24) 귀하의 성격은 스스로 어떻다고 생각합니까?

[후속 질문]

- 그 구체적 사례를 들어보라.

[유사 질문]

- 성격이 안 좋아 보이는데 원래 그러한가?/자신의 실제 성격은 어떠한가?

  ↳ "저는 일단 모든 사람을 만나는 데 있어서 진심으로 대합니다. 조금 더 다른 사람의 말에 기울이고 조그마한 선의를 베풀면 대부분 마음을 열고 친해지기 때문입니다."

25) 자신의 단점은 무엇입니까?

단점: 일을 처음 배우는 데 있어 자세하고 정확하게 배우려고 하기 때문에 다른 사람보다 시간이 오래 걸립니다. 하지만 한번 일을 배우고 나면 남들보다 빠르고 정확하게 일을 처리합니다.

[후속 질문]

- 성격의 단점을 극복하기 위해 어떤 노력을 했나요?

  ↳ "똑같은 일을 처음 배우는 데 시간이 더 오래 걸렸기 때문에 자유시간이나 잠자는 시간을 포기해서 남들보다 더 노력을 했습니다."

26) 업무 간에 동료불화를 해소하는 방법은 무엇입니까?

"동료불화의 원인에 따라서 다르게 해소할 것입니다. 우선 공적인 일들로 동료불화가 발생하면 일의 효율성을 최우선으로 생각할 것입니다. 그 결과 제 생각이 더 효율적이면 상대방을 설득하려고 노력하고 상대방이 더 효율적이면 상대방의 의견을 기꺼이 따르겠습니다. 물론 사적인 불화라면 술자리를 가져서 쌓인 것을 풀어가겠습니다.”

27) 하루를 어떻게 계획하고 실천하십니까?

“저는 오늘 반드시 해야 할 일과 시간적 여유를 두고 해도 되는 일을 구분하여 계획합니다. 반드시 해야 할 일을 중심으로 하루를 계획하고, 2~3시간 정도의 여유시간은 항상 비워두는 편입니다. 갑작스럽게 처리해야 할 일이나 약속이 지연되는 등 돌발 상황이 발생하더라도 계획에 혼선이 생기지 않도록 하기 위함입니다. 계획한 일이 빨리 마무리되거나 여유시간에 갑작스러운 일이 발생하지 않을 경우에는 시간적 여유를 두고 해도 되는 일을 함으로써 시간을 낭비하는 일을 최소화하려고 노력하고 있습니다.”

28) 내일이 마지막이라면 오늘 하고 싶은 것은 무엇입니까?

“가족과 함께 보내고 싶습니다. 가족은 공기와 같이 항상 존재하기 때문에 소중함을 느끼지 못한 것 같습니다. 마지막 날 그동안 느끼지 못했던 가족의 소중함을 느끼며 가족과 마지막을 보내고 싶습니다.”

29) 반드시 이루고자 하는 목표가 있으십니까?

"현재의 목표는 대학생 때부터 가고 싶던 기업인 kt에 입사하는 것입니다. 입사 후 5년, 10년 후에는 제 분야의 전문성을 갖춰서 기업을 이끌어가는 인재가 되도록 하겠습니다."

30) 살아가는 데 가장 중요하다고 생각하는 것은?

"인생을 즐길 줄 아는 것이라 생각합니다. 일도 즐기면서 해야 능률이 올라가기 때문입니다."

31) 다룰 줄 아는 프로그램이나 OA는?

"자격증은 마이크로소프트 오피스 관련 자격증인 MOS와 IT MOSTER 워드를 가지고 있습니다. 실제로 케빈클라인진 본사 아르바이트와 전투경찰 행정병을 근무하면서 실무에서 사용되는 기능을 익혔습니다. 또한 학교에서 C, C++ 프로그램을 배웠기 때문에 비주얼 스튜디오도 능숙하게 다룰 수 있고 이와 관련된 프로그램 언어도 쉽게 접근할 수 있습니다."

32) 업무 외에 다른 업무를 맡거나 병행하게 된다면?

"물론 제가 원하는 업무가 있고 그것을 통해 경력개발의 목표를 이루고 싶지만 다른 업무를 맡게 된다면 그 업무에서 새로운 것을 배워나가겠습니다. 전에 스펜서 존슨의 《누가 내 치즈를 옮겼을까》라는 책을 읽은 적이 있었습니다. 그 책을 통해 변화를 두려워하지 않고 적응해야 한다는 것을 배웠습니다. 무슨 일을 맡든 그 분야에 빠르게 적응하여 새로운 업무를 배움으로써 회사의 제너럴리스트가 되기 위해 노력하겠습니다."

33) 부하직원 20명이 있는데 새로운 프로젝트를 진행하기 위해 5명을 선정해야 한다면, 어떤 선정 프로세스를 통해 팀원을 선발하겠습니까?

"맡은 프로젝트를 성공적으로 이끌기 위해서는 경쟁을 통해 최고의 인력을 선발해야 하는데, 우선 저는 경험과 도전적일 수 있는 프로젝트에 열정을 낼 수 있는 직원을 뽑겠습니다. 대학교 때 취업 스터디를 위해 스터디원을 모집하고 있을 때 예상보다 많은 인원이 지원해 놀랐습니다. 석 달간의 꾸준한 스터디를 위해 저는 두 가지 선발원칙을 세웠습니다. 첫째, 전에 스터디를 해본 경험이 있는 지원자입니다. 둘째, 중간에 빠지지 않고 꾸준히 할 수 있는 지원자입니다. 대강의 이력과 면접을 통해 총 6명을 선발했고 그렇게 뽑았던 그룹원들과 성공적으로 스터디를 할 수 있었습니다. 마지막으로는 원했지만 아쉽게 떨어진 인원에게 선발원칙을 충분히 설명하는 것도 잊지 않았습니다."

34) 입사한 지 수년이 지나 역량이 상당해진 직원이 퇴사한다면, 회사는 어떻게 해야 하는가?

"우선 직원이 퇴사하게 된 원인을 파악해야 합니다. 만약 그 원인이 직원에 대한 복지나 급여에 관한 것이라면 직원을 좀 더 붙잡아둘 수 있도록 개선해야 합니다."

35) 고객 불만에 대해 대처할 수 있는 자신만의 노하우를 말해보세요.

"고객 불만에 대해 대처할 수 있는 방법으로는 무조건 사과하기보다는 고객 입장에서 불만을 가진 원인을 생각해보는 것입니다. 고객이 불만을 가진 이유를 끝까지 들어본 후 불만이 생긴 원인을 파악하고 고객이 납득할 수 있도록 발생 원인을 설명하고 재발 방지를 약속할 것입니다."

36) 불량제품 또는 서비스에 대해 강제 판매 할당량이 주어진다면 어떻게 하겠는가?

"우선 직장 선배에게 이러한 문제 해결에 대한 조언을 구하겠습니다. 그 결과 고객과의 거래로 원만히 해결할 수 있으면 따를 것입니다. 하지만 불량제품에 대한 판매는 하지 않거나 고객에게 충분히 주의를 주고 판매할 것입니다. 불량제품은 회사의 이미지와도 관련된 것이기 때문에 단기적인 이익으로 제품을 판매하면 결국 회사에 장기적인 손실을 가져올 수 있기 때문입니다."

37) 직장상사가 부정을 저지르고 있다면, 어떻게 하겠는가?

"직장상사와 단둘이 왜 그런 부정을 저지르고 있는지 조용히 얘기하고 바로잡을 수 있도록 설득하겠습니다. 하지만 아무리 설득해도 통하지 않는다면 회사에 알리는 것도 검토해보겠습니다."

38) 인터넷 연결이 되지 않는다는 항의 전화를 받고 방문했다. 문제의 원인이 고객의 PC에 있었다면 화난 고객을 어떻게 설득하겠는가? 끝까지 고객이 막무가내로 나오며 경쟁사로 옮기겠다고 한다면 어떻게 대응하겠는가?

"우선 고객 PC에 문제가 있다고 말씀드리지 않겠습니다. 화난 고객에게는 무슨 말을 해도 변명으로 들리기 때문입니다. 고객님의 불만을 계속 경청하고 죄송하다고 말씀드리고 나서 천천히 인터넷에 연결할 수 있도록 도와드리겠습니다. 필요시 집에 직접 방문해서 PC 문제를 빠르게 해결해 다른 경쟁사에 비해 kt의 신속한 서비스를 부각하여 계속 이용해줄 것을 권유하겠습니다. 그래도 안 될 경우 1~2개월의 무료인터넷 서비스를 제안하여 고객에게 계속 이용해줄 것을 요구하겠습니다. 회사 입장에서는 1~2개월의 서비스를 주고 1년간 고객을 잡아두는 게 더 유리하기 때문입니다."

39) 최근에 본 광고 중에서 가장 인상 깊었던 것은 무엇인가?

"동부화재의 '차보다 사람이 먼저입니다'라는 광고입니다. 직장생활에 있어서 일도 중요하지만 대인관계가 더 중요하다고 생각합니다."

40) 스스로 리더십을 발휘하여 난관을 극복한 사례를 제시해보시오.

"대학 시절에 맛집 동아리를 처음 만들었습니다. 그 당시 홍보 끝에 10여 명의 회원을 모을 수 있었습니다. 처음 만나서 각자의 역할을 주려고 할 때 아무도 책임 있는 역할을 맡지 않으려고 했고 동아리는 존속하기 힘들어 보였습니다. 결국 제가 임의로 역할을 부여했고 잘할 수 있도록 개인적으로 도와주었습니다. 그 결과 처음 멤버들과 1년 동안 매달 맛집을 탐방할 수 있었습니다."

41) 모든 사람이 악법이라고 말하는 법이 있다. 어떻게 대응하겠는가?

"악법도 법이라고 생각합니다. 군대에서 신병으로 부대에 갔을 때 이등병은 각을 잡고 앉게 하는 악습이 있었습니다. 이등병 때는 이런 걸 왜 시키는지 단지 괴롭히려고 만든 악습이라고 생각했지만, 제가 병장이 되어 각 잡는 악습을 없애본 결과 부대에서 크고 작은 사고가 더 많이 발생하는 것을 보고 악법도 나쁘기만 한 것이 아니라 장점이 있고 법이라면 반드시 지켜야 한다고 느꼈습니다."

42) 당신이 운전 중인 한밤중에 아무도 없는데 신호등이 빨간색이다. 어떻게 하겠는가?

"일반적인 상황이라면 신호등이 한밤중이든 아니든 신호를 지킵니다. 하지만 급박한 상황이라면 예를 들어 가족이 다쳤거나 회사에 급하게 가볼 일이 생길 경우에는 융통성을 발휘하여 주위를 잘 살피고 그냥 지나갑니다."

43) 살면서 가장 중요하게 생각하는 것 또는 가치는 무엇입니까?

"제가 인생에서 가장 중요하게 생각하는 가치는 행복, 건강 그리고 이것들을 유지하기 위해 필요한 돈입니다. 제가 ○○에 입사하면 일을 즐기면서 할 수 있어서 행복함을 느낄 수 있고 그에 걸맞은 연봉으로 행복을 유지하기 위한 재정도 유지될 것이라 생각합니다."

- 살면서 가장 가치 있다고 생각하는 것 세 가지는?(가치관)
- 자신의 인생철학을 한 문장으로 표현한다면?(인생관)
- 살면서 가장 애착을 가졌던 부분은?
- 가장 중요하다고 생각하는 도덕적 가치는 무엇인가?

44) 귀하의 생활신조 또는 좌우명은 무엇입니까?

"작은 노력으로 큰 효용을 거두지 않는다. 남들보다 3배 이상 노력하여 성과를 거둔다. 남들보다 작은 노력으로 큰 효용을 거두는 것은 경제학 법칙입니다. 하지만 저는 남들보다 항상 3배 이상의 노력을 하고 일을 성취합니다."

45) 가장 기억에 남거나 관심 있게 들었던 과목은?

- 수강과목 중 가장 자신 있는 과목은 무엇입니까?
- 전공수업 중 가장 기억에 남는 수업은?

  ↳ "데이터통신 과목이었습니다. 평소 컴퓨터를 통해 데이터를 주고받을 때 원리를 생각해본 적이 없었는데, 이 수업을 듣고 디지털 데이터가 어떤 방식으로 전환되어 각자의 5계층 레이

어를 거쳐 랜을 통해 컴퓨터로 전달되는지 알 수 있게 되었습니다.

ㄴ→ 금융권의 경우에는 '미시경제학, 거시경제학'이라 말합니다. 수요와 공급, 가격 탄력성 등 낯설기만 한 용어들이 어떻게 작용하고 현실에 어떤 방식으로 적용되는지 알 수 있게 되었습니다. 또한 거시경제학을 공부하면서 경제신문을 통해 한국 경제 전반에 대한 거시적인 안목을 키울 수 있게 되었습니다."

46) 주위 사람 또는 친구들이 귀하를 보통 어떠하다고 평합니까?

"항상 노력하는 친구라고 표현합니다. 저는 남들의 2배 이상의 노력을 기울여 더욱 좋은 성과를 거둡니다. 남들보다 작은 노력으로 큰 효용을 거두는 것은 경제학 법칙이지만, 일에 있어서는 더 많은 노력이 더 좋은 성과로 나타나는 것 같습니다."

47) 전공이 우리 회사 업종과 맞지 않은데, 지원한 이유는 무엇입니까?

"경제학에 관심이 많아 1년간 휴학하고 회계, 경제, 재무에 대한 공부를 했습니다. 자발적인 흥미에 의한 학습이었기 때문에 더욱 재밌게 공부할 수 있었고, 스스로 즐기며 학습했기 때문에 학업 능률도 높았습니다. ○○에 행원으로 입사한 후에도 끊임없이 자기계발을 하여 CFA, CFP 등 전문자격증을 취득하여 고객에게 신뢰받는 행원이 되도록 하겠습니다."

48) 희망연봉은 어느 정도입니까?

"저는 연봉에 상관없이 입사하겠습니다. 제 능력에 맞춰 회사에서 연봉을 주리라 믿기 때문입니다 하지만 최고의 성과를 내서 성과급만큼은 최고로 받고 싶습니다."

- 희망연봉에 맞는 능력이 있다고 생각합니까?

ㄴ "학창 시절 전공과목과 경영학에 대해 남들보다 열심히 공부했고 더 좋은 성적을 거뒀습니다. 그뿐만 아니라 군대를 행정병으로 갔다 와서 간접적인 사회 경험이 있습니다. 많은 공문서를 작성했기 때문에 다른 지원자보다 더 회사에 빠르게 적응할 수 있는 능력과 경험이 있다고 생각합니다."

49) 귀하의 학교생활에 대해 말해보세요.

[유사 질문]

- 학창 시절 주로 무엇을 했습니까?

ㄴ "학기 중에는 주로 전공 공부에 매진했습니다. 그 결과 4년간 장학금을 놓치지 않았고 학부 수석을 할 수 있었습니다. 그뿐

만 아니라 사람 만나는 것을 좋아해 틈틈이 시간을 내서 맛집 동아리 활동, 외국인 유학생 멘토링 활동, 장애학우 봉사활동 등 많은 친구를 만날 수 있는 활동을 했습니다."

50) 대학 졸업이 늦은 이유는?/학교를 오래 다닌 이유는?

"공부를 남들보다 늦게 시작하여 학교를 늦게 들어왔습니다. 학교에 늦게 들어온 만큼 남들보다 더 노력해서 매 학기 장학금을 타고 수석을 할 수 있었습니다."

[유사 질문]

- 휴학한 이유는?

ㄴ"경제학에 관심이 많아 1년간 경영학 전반에 대해 공부해보고 싶었습니다. 학창 시절이 아니면 따로 공부하기가 힘들다고 생각했기 때문입니다. 경제학에 대한 공부가 회사 업무를 배우는 데 도움이 되리라 생각합니다."

몇 가지 조언

1.
성공하는 스피치 매뉴얼

☆ 질문하는 사람이 우위를 차지한다

질문하는 사람은 자신이 원하는 방향으로 논쟁을 이끌어갈 수 있다. 이때 질문은 질문하는 사람이 모르는 사실을 알아내기 위한 것이 아니라, 그 답을 잘 알고 있으면서도 상대를 공격하기 위해 하는 질문을 말한다. 그렇기 때문에 논쟁에서는 질문하는 사람이 대답하는 사람보다 훨씬 유리한 입장에 설 수 있다. 질문하는 사람은 자신에게 유리하고 상대방에게는 불리한 말을 선택해 질문을 만들어야 한다. 그리고 그 질문으로 우위를 차지하고자 한다.

☆ 전문 용어로 오류를 지적하라

"질문에 대응하는 단어에는 '대답(answer)' 말고도 '항변(retort)'이 있다."(러스 매너) 대답이 '예/아니오'로 답변하는 것이라면(양자택일의 질문, 폐쇄형 질문의 경우) 항변은 그 질문의 타당성이나 질문하는 행위의 옳고 그름을 문제 삼는다. 논쟁에서 이길 수 있는 가장 효과적인 방법은 상대방의 말에 드러나는 허위를 지적하는 것이다. 따라서 상대방이 궤변을 사용하거나 혹은 그럴 생각은 아니었지만 무언가 논리적인 허위를 범했다면 그것을 절호의 기회로 삼아야 한다. 특히 상대방이 오류를 범하게 된 이유를 정확하게 분석하고 나아가 그 오류의 형식을 전문 용어로 지적할 수 있다면 그것은 상대에게 치명타가 된다.

☆ 암시 화법

사람을 움직이는 데 효과가 큰 것은 암시(暗示) 화법이다. 인간은 많든 적든 암시에 걸리기 쉬운 경향을 띠고 있다. 암시에 걸리기 쉬운 정도는 성인보다는 소년이, 소년보다는 아기가 더하다. 특히 부모의 자식에 대한 권위적인 암시력은 강하다. 또 일방적으로 여성은 남성보다, 무지한 사람은 교양인보다 암시에 걸리기 쉽다고 한다. 암시 작용을 이용한 화법은 다음과 같이 두 가지 경우로 나누어 생각할 수 있다.

첫째, 소극적인 암시 화법이다. 소극적인 암시 화법은 침묵에 의한 암시다. 화법이 능한 사람은 의식적으로 침묵한다. 침묵하는 것으로 의사와 감정을 표현하는 것이다. 한 가지 포인트를 강조할 때, 큰 목소리로 과장되게 떠드는 것만이 능사는 아니다. 때로는 침묵하는 편이 훨씬 포인트를 강조하는 효과가 있다. 사람을 꾸짖을 때, 칭찬할 때, 타이를 때는 침묵하는 편이 좋은 경우가 있다. 또 질문을 받고 침묵하고 있을 때는 의문이나 거부, 반항을 의미할 경우가 있다. 침묵은 소리 없는 암시 화법이다.

둘째, 적극적인 암시 화법이다. 이 화법은 직함이나 큰 숫자 같은 것은 그 자체에 암시력을 갖는다. A 상점에서는 9,500원짜리를 8,500원에 할인하고 B 상점에서는 10,500원짜리를 9,500원으로 할인했는데, 어느 쪽의 할인이 더 많으냐고 질문해오면 대부분은 B 상점의 것이 더 많다고 대답한다. 광고 카피라이터들은 이런 암시 화법에 가득 찬 카피를 창안하는 데 노력하고, 판매에 능한 세일즈맨은 언어의 암시력을 엄청나게 활용한다. 한 예로, "이것은 우수한 상품입니다. 하나 사시죠"가 아니라 "파리의 여성들은 모두 이것을 애용하고 있습니다"라고 하면, 사달라고 하지 않더라도 여성의 마음을 움직인다. 베테랑 세일즈맨은 이 같은 암시 화법을 잘 쓴다. 주유소에서는 운전자에게 "얼마나 넣을까요?" 하고 묻지 않고, "만땅이시죠?" 하고 재질문하거나, 백화점에서 리미티드 에디션으로 작게 표기해서 소비자에게 구매 욕망을 자극하는 기술도 이 암시 화법에 속한다.

☆ 완곡어법(euphemism)

남을 불쾌하게 만들거나 감정을 상하게 할 수 있는 말을 부드럽고 간접적으로 표현하는 수사법을 가리킨다. 기업들이 '해고' 대신에 '구조조정'이나 '기구축소'라는 표현을 사용한다거나, 미국의 일부 대학에서 학생들에게 'F(failed)' 대신 'NP(not passing)'라는 학점을 주는 게 바로 그런 경우다. 패스트푸드점인 켄터키프라이드치킨이 상호를 KFC라고 바꾼 건 'fried(기름에 튀긴)'라는 단어를 발음하지 않게끔 하려는 완곡어법 효과를 겨냥한 것으로 볼 수 있다. '청소원'을 '환경미화원', '미용사'를 '헤어

디자이너', '보험원'을 '생활설계사'로 부르는 것도 완곡어법이다. 완곡어법은 예의를 지키거나 감정 자제를 위해 필요하기도 하다. 특히 비분강개를 자제하기 위해 완곡어법을 익히는 것은 꼭 필요한 일이다.

이 밖에 신체 부위, 신체적 기능 및 성(性)에 관하여 조심스럽게 언급할 때도 자주 사용된다. 즉 공중변소를 '편안한 곳(comfort station)'이라 표현하고, 빅토리아 시대에는 다리(leg) 대신에 '사지(limb)'를, 성행위 상대자(sexual partner) 대신에 '친구(friend)'라는 말을 사용했다. 그리고 지금은 잘 쓰이지 않는 전통적인 표현으로, 남녀 다수가 어울린 좌석이나 문학작품에서는 고대 영어에서 유래한 4개의 문자로 된 외설어(cunt, fuck, shit 등) 대신 라틴어에서 유래한 말을 사용하기도 했다

☆ 속어(slang)

일반 대중에게 널리 통용되면서도 정통어법에서는 벗어난 비속(卑俗)한 언어의 일종이다. '슬랭'이라고도 한다. 교육을 받은 계층에서도 흔히 쓰인다는 점에서는 비어(卑語)와도 구별되고, 사용되는 범위가 넓다는 점에서는 은어(隱語)와도 다르다.

속어적인 특성은 발음이나 어조, 또는 문법적인 측면에서도 발견되지만, 특히 그것은 어휘면(語彙面)에서 가장 두드러지게 나타난다. 삥땅(부분적인 횡령행위) · 공갈(거짓말) · 사쿠라(한통속 · 야바위) 등에서도 곧 알 수 있듯이, 정식 대화에 쓰이는 언어나 문장어(文章語)로서는 선뜻 내키지 않는다. 하지만 경우에 따라 문학작품 등에서 그 신선한 어감(語感) 효과를 계산하여 속어를 사용하는 수도 있다. 속어가 발생하는 경로 또한 다양해서 새로운 어형(삥땅의 경우), 기존 어휘에 덧붙여진 새로운 뜻(공갈), 외국어나

방언에서 차용(借用)하는 경우(사쿠라) 등 여러 가지 경우가 있다.

☆ 은어(隱語)

특정한 어떤 집단 안에서 서로 비밀을 유지하기 위해 독특하게 사용되는 언어다. 보통어와 대립하는 말로서 '변말'이라고도 한다. 은어는 같은 환경에서 같은 운명에 놓여있거나, 공통된 생활을 영위하면서 어떤 고립된 집단을 구성하고 있는 구성원 사이에서 발달하는 것이 보통이다. 그러나 학생 · 군인 · 체육인 등 집단에서 쓰이는 독특한 언어에 은어가 많다. 미디어에서 익숙하게 사용되는 은어의 몇 가지를 함께 살펴보자.

① 거지(乞人)의 은어

왕초(거지 대장), 양아치(거지 동지), 내초(새로 나온 거지), 묵은초(묵은 거지), 똘마니(거지 어린애), 걸(밥), 냉걸(찬밥), 탈(물), 모라이(밥), 꿀꿀이(식당밥)

② 군대 은어

짠물(인천 출신), 깎사(이발사), 올빼미(유격대), 어머니(인사계), 말뚝(장기복무자), 새총(M1 총), 걸레장수(군수병), 핀셋(의무병), 큰집(본부), 쪼인트 깨졌다(발로 얻어맞았다), 빨리 3층집을 부숴야지(빨리 병장이 되어야지), 별들에게 물어봐(나는 모른다)

③ 대학생 은어

벽계수(고고한체하는 사람), 명동(여드름 많은 이), 병풍(무능력자), 민주주의(추남 추녀, 제멋대로 생겼다), 권총차다(F학점 맞다), 팔짱끼다(결혼하다), 샌드위치데이트(2 대 1의 데이트), 소가 워커 신고 지나갔다(멀건 국), 권총차다(F학점 받다)

④ 버스 은어

빵땅(수입금 유용), 한탕(1회 운행), 아다리쳤다(손님이 많아서 수입이 올랐다), 쇼부본다(교통법 위반을 적당히 해결한다)

2.
프레젠테이션의 기술자, 스티브 잡스

스티브 잡스가 이 시대 최고의 프레젠터였음을 의심하는 사람은 아마 드물 것이다. 전 세계 수많은 사람의 이목은 열광적인 찬사와 함께 그의 프레젠테이션에 집중되었다. 스티브 잡스의 프레젠테이션을 표본으로 삼아 사람들은 효과적이고 강렬한 프레젠테이션 방법이 무엇인가를 분석하기 위해 그가 사용하는 단어의 종류와 빈도, 몸짓, 복장, 보조자료 등 세밀한 요소까지 관심을 가졌다. 이번 기회를 통해서는 그의 여러 훌륭한 발표 중에서도 대표적인 것으로 여겨지는 스탠퍼드 축사(2005)와 iPhone 출시와 관련된 스피치(2007)를 영상과 함께 확인해보자.

☆ 스탠퍼드 축사(Stanford Commencement Speech, 2005)

이 프레젠테이션은 2005년 스탠퍼드의 학위수여식 축사를 위한 자리였다, 다수 대중 앞에서 일방적인 커뮤니케이션 전달이 목적인 자리였으며, 적절한 엄숙함과 형식이 요구되었다. 그리고 그 혼자만의 프레젠테이션을 위한 자리가 아닌, 일련의 학위수여식 절차 중의 하나로 스티브 잡스의 축사가 예정된 상황이다. 이러한 상황에서 스티브 잡스의 프레젠테이션에는 다음과 같은 특징이 있었다.

① 3의 법칙 활용

3단위 구성을 적절히 활용하는 것이 사람의 인지구조 능력상 메시지 전달에 가장 효과적이라는 이론에 맞춰 스티브 잡스는 3의 법칙을 즐겨 사용했다. 발표의 시작과 함께 항상 전체 내용에 대한 로드맵을 3막으로 구성하여 제시하며, 제품의 사양이나 시연도 3부로 구성하는 것으로 유명하다. 이러한 3의 법칙은 이번 발표에서도 동일하게 적용되었다. 프레젠테이션 시작과 함께 세 가지 이야기를 할 것(Today, I want to tell you three stories from my life)이라는 로드맵을 제시하면서 청중의 관심을 집중시켰으며, 전체 연설을 ㉮인생의 전환점 ㉯ 사랑과 상실 ㉰ 죽음에 대한 세 가지 논지로 구성하여 체계적인 스토리텔링을 만들어냈다.

② 사례 적용

스티브 잡스는 장마다 입양, 자퇴, 회사의 설립과 사퇴, 재기, 암 투병 등 자신이 과거 실제로 경험했던, 그리고 극복해냈던 사례를 언급했다. 그는 포기하지 않는 열정과 밝은 미래에 대한 긍정과 기대를 바탕으로 자신이 직면했던 위기들을 극복해냈기 때문에 지금의 성공이 있을 수 있다고 주창했다. 청중은 막연하고 형식적인 축사보다 자신의 실제 경험과 극복, 그리고 열정적인 자세에 대해 언급하는 스티브 잡스의 모습에서 훨씬 더 큰 현실성과 동질감을 느꼈을 것이다.

③ 헤드라인 사용

이번 연설에서는 크게 두 가지 헤드라인이 등장한다. 'Stay foolish, Stay hungry'가 대표적인 헤드라인으로 스티브 잡스는 이 문구를 연달아 세 번 반복했다. 연설 중간에는 'Keep looking, Don't settle'라는 헤드라인을 두 번 반복하며 상조했다. 긴 발표 속에서도 자신이 전달하고자 하는 핵심 메시지를 간결하고 명확한 문장으로 구성하여 청중에게 더욱 쉽게 각인시키기 위한 요소라 볼 수 있다.

④ 감탄 어구와 형용사의 적극적인 사용

스티브 잡스는 연설 중 감탄사와 함께 amazing, successful, wonderful 등의 형용사를 함께 사용하며 격앙된 느낌을 자아냈다. 일반적인 내용을 말할 때도 이와 같은 감탄사를 함께 사용하면서 더욱 긍정적이고 열정적인 느낌을 표출하는 성향을 보였다.

☆ 아이폰 발표 프레젠테이션(iPhone Presentation, 2007)

위의 스탠포드 축사 때의 환경과 달리 2007년도에 있었던 iPhone 발표 프레젠테이션은 견고하고 치밀하게 구성된 시청각 자료와 조명, 사전 준비 여건 등 스티브 잡스를 위해 절대적으로 맞춰진 환경이라고 볼 수 있다. 제품의 론칭과 홍보, 그리고 성공을 위해 전 세계 고객의 관심을 이끌어내야 하는 중요한 자리이니만큼 스티브 잡스는 다양한 요소를 활용한 집약적인 프레젠테이션을 선보였다. 하나의 쇼라고 볼 수 있을 정도의 스토리가 있었고, 통합적인 프레젠테이션이라고 볼 수 있었다.

먼저 스탠퍼드 축사 때와 동일하게 사용된 요소들에 대해 살펴보자.

스티브 잡스는 3의 법칙을 동일하게 적용하여 프레젠테이션의 큰 맥락을 iPod, Phone, Internet이라는 스토리로 구성해나간다. 그 하위의 요소 또한 대부분 3~4가지로 구성하여 3의 법칙을 여전하게 유지하며, 청중의 주목성과 인지력을 고려했다. 또한 연설 및 시연 과정에서 스티브 잡스는 'Incredible', 'Amazing', 'Unbelievable', 'Cool' 등의 감탄 어구와 형용사를 적극적으로, 그리고 습관적으로 사용하면서 제품의 이점을 부각시켰다. 중요한 부분에서는 위의 단어를 사용할 때 말의 속도나 억양을 강조하면서 효과를 배가시켰다. 위의 사항들은 스탠퍼드 축사 때와 같은 요소들이 적용되었다고 볼 수 있다. 그렇다면 프레젠테이션 효과를 극대화하기 위해 스티브 잡스가 추가로 적용한 요소들은 무엇인지 영상과 함께 확인해보자(강의 시간에 교수자는 학생들에게 관련 영상을 공유해야 함).

① 개방된 몸짓과 시선

스티브 잡스의 손에는 스크립트가 없다. 그의 눈은 발표 내내 청중과 시선을 주고받고 있으며, 발표가 아닌 마치 일대일로 대화하는 듯한 느낌을 받게 한다. 대부분 발표자가 스크립트를 확인하느라 죄를 지은 듯 발표 내내 고개를 숙이고 있는 모습과 달리 스티브 잡스는 무대를 종횡하며 자유로운 발표와 시선으로 청중을 끌어들인다. 친구와 대화하는 듯 다소 과장된 몸짓도 청중에게 방어적 태도를 풀게 하고 조금 더 자연스럽게 다가갈 수 있도록 만드는 요소다.

② 격앙된 어조의 조절과 위트

스티브 잡스는 발표 내내 격앙된 어조를 보였다. 프레젠테이션의 흐름에 따라 그 수위는 조절되지만 그의 어조에는 어서 빨리 자신의 제품을 보여주고 싶어 안달이 난, 그리고 지금의 일을 본인 스스로 너무 즐거워하는 듯한 들떠 있음이 묻어져나온다. 청중은 그의 격앙됨과 흥분에 사로잡혀 동일시되고, 점점 더 스티브 잡스의 프레젠테이션 속으로 빨려들게 되는 것이다. 수많은 청중의 각자 다른 흐름을 스티브 잡스는 혼자임에도 불구하고 어조의 조절을 통해 집중시키고 끌고 나간 것이다. 스티브 잡스는 프레젠테이션 곳곳에서 순간적인 위트를 선보이며, 청중의 관심을 환기시키기도 한다. 위젯 기능을 설명하며 애플 주가가 올랐다는 위트(Look, Apple's up!)로 청중의 웃음과 박수를 받거나, 구글 맵스를 시연하면서 근처 스타벅스에 장난전화를 하며 청중의 큰 웃음을 이끄는 등 자칫 청중의 집중력이 분산될 수 있는 시점에 스티브 잡스는 다양한 위트를 선사하며 계속해서 청중의 관심을 유지해나간다.

③ 시연

스티브 잡스의 프레젠테이션은 대부분 시연으로 이뤄진다. 본인이 직접 시연하면서 청중에게 기능을 설명한다. 스티브 잡스는 자신의 제품을 시연하면서 마치 장난감을 다루는 듯이 즐거워하며, 고객을 동일화한다. 위에서 말한 바와 같이 시연하는 과정에서 끊임없이 감탄사와 형용사를 사용하면서 고객에게 제품의 우수함을 강조하기도 한다.

④ 단순명료한 프레젠테이션 시청각 자료

스티브 잡스의 프레젠테이션 중 가장 핵심적 요소 중 하나는 단순명료한 시청각 자료로 볼 수 있다. 핵심적인 키워드와 이미지만으로 구성되는 그의 시청각 자료는 많은 사람의 본보기가 되었다. 복잡한 전문

용어나 데이터 수치 등을 보여주는 대신, 가장 주요한 단어와 이미지를 내세움으로써 청중의 머릿속에 더욱 용이하게 각인되게 만든다.

위의 내용처럼 스티브 잡스의 프레젠테이션은 주어진 환경과 목적에 따라 다양한 요소를 적용하며 이루어졌다.

① 자연스럽고 변화 있는 시선과 억양, 그리고 감탄사의 적극적인 활용으로 프레젠테이션의 에너지를 지속적으로 유지하는 것
② 자신의 사례 또는 시연을 통해 청중에게 자신의 경험을 간접적으로 공감하도록 만드는 것
③ 헤드라인이나 단순명료한 시청각 자료를 통해 청중에게 중요 내용을 각인시키게 하는 것
④ 3의 법칙을 적용하여 프레젠테이션의 큰 방향을 제시하고 발표내용의 견고한 체계구조를 갖는 것

이 밖에도 효과적인 프레젠테이션을 위해 그가 보여준 언어적 · 비언어적 요소는 셀 수 없이 많다. 스티브 잡스 외에도 유명한 프레젠터들의 모습 또한 벤치마킹하고 장단점을 분석하여 뛰어난 프레젠터가 되기 위해 꾸준한 노력을 지속해야겠다.

3.
목수의 언어로 이야기하라

"목수와 이야기를 나누려면 목수의 언어로 이야기하라."

- 소크라테스

☆ '철학'을 담는 스피치의 법칙

<김은성 KBS 아나운서, 한국경제매거진, 2017 일부 참조>

• 공감의 언어

2011년 1월 8일 미국 애리조나주에서는 또다시 총기 난사 사건이 벌어진다. 이 사건으로 연방하원의원이 중상을 입고 6명이 사망하게 된다. 미국 전역은 충격에 휩싸이게 된다. 그리고 1월 12일 희생자의 장례식에서 버락 오바마 전 미 대통령이 연설한다. 연설 도중 아홉 살 크리스티나의 죽음을 이야기하며 오바마 전 미 대통령은 말을 잊지 못한다. "나는 우리의 민주주의가 크리스티나가 상상한 것과 같이 좋았으면 한다"면서 "우리 모두는 아이들의 기대에 부응하는 나라를 만들기 위해 최선을 다해야 한다"고 목청을 높였다.

이후 그는 연설을 중단했고, 10초 후 오른쪽을 쳐다본 뒤 20초 후 심호흡을 했으며, 30초 후에 눈을 깜빡이기 시작했다. 무려 51초간의 침묵이 흐른 뒤 그는 어금니를 깨물고는 연설을 다시 이어갔다. 51초. 생중계되는 그 상황에서 오바마 전 미 대통령은 침묵으로 유가족과 공감하고 있었다. 그 상황에서 그 어떤 말로도 유가족들을 위로할 수 없었다. 그저 바라보고 울어주는 것이 최고의 소통 방법일 수 있다. 우리는 상대와 공감하기 위해 무엇인가를 하려고 의도하는 경우가 많은데, 그저 들어주고 같이 아파하고 곁에 있는 것이 최고의 공감일 수 있다. 공감의 언어는 나의 언어를 쓰는 것이 아니라 상대의 언어를 쓰는 것이다.

• 반응의 언어

"군자는 말을 잘한다고 해서 그 사람을 쓰지 아니하며, 사람이 나쁘다 하여 그의 좋은 말까지 버리지 않는다."

- 공자

동양의 전통에서 보면 의사소통은 표현적 양식과 수용적 양식의 조화다. 즉, 말하기와 듣기가 조화롭게 됐을 때 인간관계가 완성된다. '성인(聖人)'이라는 한자를 보더라도 귀와 입이 크고 성대해 완성된 상태를 말하며, 인간 성숙의 마지막 중간 단계로 60세를 이순(耳順), "귀가 순해진다"고 말한다. 그런데 우리의 요즘 모습을 보면 말문은 트여 있지만 말귀는 닫아둔 상태다. 사실 예전 권위주의 시대에는 입은 봉쇄하고 다수에게 듣기를 강요했지만, 이제는 반대로 내 말만 하고 다른 사람의 의견 듣기를 거부한다. 말문 트임과 말귀 열림이 조화롭게 이루어져야 한다. 반응은 상대를 인정한다는 의미다. 다시 말해 상대방과의 관계를 존중하고 몰입하고 있다는 것을 뜻한다. 사람은 인정을 받고자 하는 욕구가 있다. 그렇다면 좋은 반응의 조건은 무엇일까? 우선 몸으로 반응해야 한다. 몸으로 듣는 것이다. 부하직원이 상사에게 이야기하거나 보고하는 것은 큰 용기와 많은 준비가 필요하다. 리더인 나는 큰 고민 없이 하는 반응 하나하나에 부하직원은 민감하게 받아들이는 것은 너무나 당연하다. 따라서 고개를 끄덕거리고 메모하며 추임새를 넣어주는 것이 필요하다. 열린 마음으로 반응해야 한다. 우리는 서로 같을 수 없다. 서로가 자라온 환경과 여건이 다르기 때문이다. 즉, 가치관과 신념이 다르다는 것이다. 상대방의 말을 있는 그대로 받아들이고 반응하는 연습이 필요하다. 다음으로 즉시적이고 구체적이고 명확하게 반응해야 한다. 결재보고 시 가장 답답한 경우는 아무 반응을 보이지 않는 때라고 한다. 이 보고서가 마음에 드는지 아니면 어떤 문제가 있는지 리더가 반응을 보이지 않으면 부하직원은 자기 자리에 돌아가서 상사가 어떤 생각을 하고 있는지 고민하는 것으로 시간을 허비하게 된다.

설령 판단이 서지 않더라도 그 내용을 명확히 말하는 것이 좋다. "내가 판단이 서지 않으니 조만간 판단해서 연락하겠네." 이런 표현이 더 효과적이지 "어, 나가봐"라고 하면 부하직원은 만감이 교차하게 된다.

또한 가급적이면 긍정적으로 반응하는 것이 좋다. 긍정이라는 것은 사람을 안정시키며 자존감을 키워준다. "안 돼", "문제가 있어", "다시 해봐", "어려워" 등 이런 표현보다는 "이런 부분을 보완하면 좋을 것 같은데, 이런 식으로 접근해보면 어떨까? 고민해보자"라고 반응하는 것이 부하직원에게 큰 힘이 된다.

• 균형의 언어

리더는 균형의 언어를 사용해야 한다. 배려와 원칙의 언어가 조화롭게 균형을 이루어야 한다. 많은 사람의 가치와 이익이 다른 상황에서 인정과 정리에 이끌리면 문제를 그르치게 된다. 또한 리더의 언어는 추상적인 것과 구체적인 것의 조화가 필요하다. 예를 들어, 소통에 대한 주제로 이야기할 때 배려와 공감이라는 단어를 사용하는 것은 좋다. 하지만 그것의 구체적인 사례를 언급할 필요가 있다. 그렇지 않으면 추상적인 구호에 그칠 수 있기 때문이다. 또한 "인사를 잘하자"라는 구체적인 행동지침도 좋지만 왜 인사를 잘하는 것이 조직 전체를 위해 좋은지 설명하는 것이 더 효과적이다.

리더의 언어는 언어와 비언어의 균형이 필요하다. 모 방송에서 30대에 성공한 최고경영자(CEO)를 인터뷰하면서 특징들을 뽑아냈다.

첫째가 빠른 걸음이었다.

젊은 CEO답게 빠른 걸음으로 바쁘게 움직였다. 심지어 엘리베이터를 타지 않고 매일 계단으로 뛰어 올라가는 리더도 있었다.

둘째 특징은 자기관리였다.

운동, 피부관리, 의상, 식사법 등 리더로서 다른 사람들에게 좋은 인상을 줄 수 있는 다양한 방법 등을 시도했다.

셋째는 적극적인 제스처였다.

성공한 리더는 앉아서 회의를 진행할 때도 가만히 있지를 않았다. 다양하고 적극적인 제스처로 사람들을 설득했다. 제스처를 잘해서 성공했는지 성공했기 때문에 여유를 가지고 제스처를 쓰는지는 논리적으로 밝혀지지 않았지만, 확실한 것은 이것이다. 제스처를 쓰면 설득력이 높아진다는 것이다. 리더들은 특히 말 한마디 한마디가 팔로워들에게 미치는 영향이 대단하기 때문에 오해가 없도록 전력을 다해 메시지를 전달해야 한다. 그러기 위해서는 언어와 비언어의 균형이 필요하다.

넷째 최고의 균형적인 언어는 리더의 사과다.

리더가 자신도 실수할 수 있다는 자기인정은 많은 민중의 균형을 맞추게 한다. 리더가 권위적이지 않고 인간적 실수를 인정하는 것이야말로 리더와 민중 간 균형을 맞추는 중요한 언어다.

4.
스피치의 매력, 바람직한 매너

☆ 시선의 매너

대화는 자신의 의사를 표현하고 마음을 전하는 매우 중요한 의사소통의 수단이며, 상대방의 인격 · 교양 · 사고의 깊이와 너비를 가늠할 수 있고 대화 상대가 누구이든 바람직한 대화를 통해 호감을 얻도록 실천해야 한다. 대화 중 시선이 주위를 두리번거리거나 창문 등 엉뚱한 곳을 응시하는 것은 큰 실례다. 상대방의 눈과 눈 사이를 바라보고, 시선의 공간은 가로는 어깨너비보다 좁게 이동하고, 세로는 이마에서 상체 사이에 두며, 적당한 간격으로 움직이는 것이 좋다. 들으면서 다른 행동을 하는 것도 무례한 매너다.

☆ 세련된 목소리의 매너

미국의 심리학자 앨버트 메라비언의 연구 결과에 따르면 메시지 전달에서 메시지 내용은 7%이고 나머지 93% 중 표정이 35%, 태도가

20%, 목소리가 38%를 차지한다고 밝혔다. 따라서 좋은 목소리를 가졌으면 이미 38%의 긍정적인 힘을 가지고 대화를 주도할 수 있다는 것을 의미한다.

아름다운 목소리는 마음을 평온히 하고 목소리를 낮추어 안정감 있게 친친히 소리 내는 것이 좋은데, 개인의 목소리는 외모와 함께 첫인상을 좌우하는 주요 변수이기도 하다. 목소리로 인해 여린 외모와 다르게 카리스마가 발현되기도 하고, 타인을 설득하는 힘도 발현된다.

- 연설할 때: 듣는 이가 긴장하도록 톤을 높여 강하게 한다.
- 상담할 때: 부드럽고 중성적인 목소리로 안정감을 준다.
- 면접 볼 때: 원래의 목소리와 속도를 유지하면서, 톤을 일정하게, 강조하고 싶은 부분을 먼저 말하면서 약간 악센트를 준다.
- 발표할 때: 목소리를 다양하게, 데이터를 말할 때는 소리를 높이고, 성과를 말할 때는 짧게 끊듯이 강하게 말하며, 제안할 때는 톤을 낮춰 부드럽게 말해야 설득의 효과가 커진다.

① 명령형을 요청형으로

- 줄 좀 서세요. → 줄 좀 서주시겠습니까?
- 기다리세요. → 잠시 기다려주시겠습니까?
- 이쪽으로 가세요. → 이쪽으로 가주시겠습니까?

② 부정형을 긍정형으로

"틀렸어요", "안 돼요", "싫어요" 등의 표현은 상대방이 낸 의견이나 이야기를 부정하기 쉽고 상대방의 자존심을 상하게 하여 불쾌감을 느끼게 한다.

• 모릅니다. → 제가 알아봐드리겠습니다.
• 안 됩니다. → 하면 가능합니다.
• 못 합니다. → 도와드릴 수 있는 방법을 찾아보겠습니다.

③ 쿠션 언어의 사용

상대방이 원하는 것을 들어주지 못하거나 상대방에게 부탁해야 할 경우에 언짢아지는 기분을 최소화하는 방법- 미안합니다만, 죄송합니다만, 실례합니다만, 바쁘시겠지만.

☆ 겸손한 경청의 매너

① 가벼운 맞장구

"저런", "그렇습니까?", "아닙니다", "잘됐습니다", "그렇게 하세요" 등 반응을 보여줌으로써 상대방의 기분을 돋워줌.

② 동의하는 맞장구

"과연!", "정말 그렇겠군요", "알겠습니다" 등 공감하는 기분을 솔직하게 나타내는 것이 핵심

③ 정리하는 맞장구

"그 말씀은 이것과 이것을 말하고 싶다는 것이지요?", "이런 측면도 있습니다만…", "말하자면 이런 것입니까?" 상대방을 말주변이 없는 사람이라고 규정하지 말고 정리해주거나 핵심을 분명히 해주면 서툰 사람도 능숙해짐.

④ 몸으로 하는 맞장구

고개 끄덕임, 눈맞춤, 고개를 갸우뚱거림, 손으로 가리킴.

⑤ 심리학에서 성공적인 경청 방법: FAMILY 법칙

- Friendly: 우호적인 감정으로 듣기
- Attention: 집중해서 듣기
- Me too: 맞장구치며 듣기
- Interest: 흥미를 표현하기
- Look: 상대를 바라보며 듣기
- You are centered: 대화의 중심이 상대임을 느끼도록 하기

☆ 전화 매너

① 전화 끊을 때

- 전화를 끊을 때는 건 쪽에서 먼저 끊는 것이 원칙아며, 상사나 손님일 경우에는 상대방이 전화를 끊은 것을 확인하고 끊는 것이 예의

② 전화 받을 때

- 전화벨이 세 번 울리기 전에 즉시 받는다(늦게 받았을 때는 "늦게 받아서 죄송합니다"라고 부드럽게 응대한다).
- 회사명과 부서명 및 이름을 밝힌다. "감사합니다. ○○ 소속 ○○입니다." "여보세요. 여보세요. 어디시죠?"라고 하는 것은 세련된 매너가 아니다.
- 차분하고 책임 있게 상대편의 말을 경청하며 요점을 요약한다.
- 용건이 끝나면 통화내용을 요약한 뒤 복창하여 확인한다.
- 끝맺음 인사를 한다. "고맙습니다", "좋은 하루 되세요"라고 발화하면 무난하다.

5.
대학생을 위한 표준 외래어법

원어	연습하기	표준 외래어
accessory		
ad lib		
air conditioner		
barbecue		
battery		
biscuit		
blind		
blouse		
body		
buffet(프랑스어)		
business		
cake		
cardigan		
catalog		
center		
centimeter		
chocolate		
collection		

원어	연습하기	표준 외래어
color		
cover		
cunning		
contents		
curtain		
data		
digital		
encore(프랑스어)		
enquete(프랑스어)		
family		
fighting		
flash		
flute		
fresh		
frypan		
gas		
gas range		
giant		
Hollywood		
juice		
junior		
Las Vegas		
makeup		
mania		
massage		
motor		
network		
nonsense		

원어	연습하기	표준 외래어
nylon		
pamphlet		
panda		
panel		
placard		
plastic		
plaza		
radar		
royal		
sash		
sausage		
service		
set		
shutter		
sofa		
soup		
special		
staff		
sunglass		
supermarket		
symbol		
talent		
tape		
ton[豚] kasu		
total		
Valentine Day		
workshop		
wrecker		